21世纪工商管理特色教材

管理决策方法

问题、模型与决策

MANAGEMENT
DECISION METHODS

王延章　郭崇慧　叶鑫 ⊙ 编著

清华大学出版社
北　京

本书封面贴有清华大学出版社防伪标签,无标签者不得销售。
版权所有,侵权必究。举报:010-62782989,beiqinquan@tup.tsinghua.edu.cn。

图书在版编目(CIP)数据

管理决策方法:问题、模型与决策/王延章,郭崇慧,叶鑫编著. —北京:清华大学出版社,2010.6
(2023.8重印)
(21世纪工商管理特色教材)
ISBN 978-7-302-22379-5

Ⅰ. ①管… Ⅱ. ①王… ②郭… ③叶… Ⅲ. ①管理学:决策学－高等学校－教材 Ⅳ. ①C934

中国版本图书馆 CIP 数据核字(2010)第 060322 号

责任编辑:刘志彬
责任校对:王荣静
责任印制:丛怀宇

出版发行:清华大学出版社
    网   址:http://www.tup.com.cn,http://www.wqbook.com
    地   址:北京清华大学学研大厦 A 座   邮   编:100084
    社 总 机:010-83470000   邮   购:010-62786544
    投稿与读者服务:010-62776969,c-service@tup.tsinghua.edu.cn
    质 量 反 馈:010-62772015,zhiliang@tup.tsinghua.edu.cn
印 装 者:北京国马印刷厂
经   销:全国新华书店
开   本:185mm×260mm   印   张:14   字   数:319 千字
版   次:2010 年 6 月第 1 版   印   次:2023 年 8 月第 14 次印刷
定   价:38.00 元

产品编号:035346-02

21 世纪工商管理特色教材

编辑委员会

名誉主任　王众托

主　　任　苏敬勤

副 主 任　李新然

成　　员　（按姓氏笔画排列）

　　　　　王延章　王雪华　王淑娟　刘晓冰

　　　　　李延喜　李文立　仲秋雁　朱方伟

　　　　　陈树文　党延忠　戴大双

协　　调　张秋艳

总序

在管理教育和人才培养的各种制度中,工商管理硕士(MBA)制度是一项行之有效、富有成果的制度,它培养的是高质量的、处于领导地位的职业工商管理人才。工商管理硕士教育传授的是面对实战的管理知识和管理经验,而不是侧重理论研究;注重复合型、综合型人才培养,重视能力培养。在发达国家其已经成为培养高级企业管理人才的主要方式。

我国正式开始引进工商管理硕士学位制度始于1984年。但是早在1980年,按照1979年邓小平同志访美期间向当时的美国总统卡特提出由美方派遣管理教育专家来华培训我国企业管理干部的要求,中国和美国两国政府成立了坐落在大连理工大学的"中国工业科技管理大连培训中心"。在开始的几年内,办起了学制为8个月的厂长经理讲习班,其教学内容是按照MBA教育的框架"具体而微"地设计的,并开设了MBA教育中所有的核心课程。这种培训教育曾被认为是"袖珍型MBA",这可以说是MBA理念引入我国的开始。

1984年开始,根据中美两国有关合作进行高级管理人员的第二个五年的协议,由中国的大连理工大学与美国布法罗纽约州立大学合作开办三年制的MBA班,这是对我国兴办MBA教育的一次试点。与此同时,培训中心将美国教授在大连讲学的记录整理出版了一套现代企业管理系列教材,原来共9种,后来扩展为13种,这套教材由企业管理出版社出版,发行超过百万册,填补了当时缺乏面向实际应用类型教材的空白,也为后来的MBA教材建设奠定了一个基础。

我国从1991年开始,正式开办MBA专业学位教育。在经过10多年的实践和摸索之后,中国的MBA教育已经进入一个新的发展时期,目前中国拥有MBA招生和培养资格的院校已经有100余所。这种专业学位的设置使我国的学位制度更趋完善,推动了我国高级专门人才培养的多样化,使学位制度进一步适应科学技术事业和经济建设发展的需要。MBA教育需要适合面对实战的管理知识和管理经验的教材。从1998年开始,作为培训中心依托单位的大连理工大学管理学院,就开始在原来培训班的系列教材的基础上，吸收近期国内外管理理论和实践的发展成果，结合自己的教学经验，组织编写了 MBA 系列教材 18 种，由大连理工大学出版社出版，共印刷发行了 40 余万册，被许多院校的 MBA 教学和干部培训选用，受到广大读者的欢迎。2005 年，又出版了新的教材系列。

进入 21 世纪以来，国外的管理思想、理论与方法又有了发展。随着我国改革开放步伐的加快和经济建设的进展，在我们的管理实践中，在吸收消化国外先进管理的理论、方法的同时，针对我国在转型期的具体情况，探索具有中国特色的管理思想、方法，也得到很多的成果。目前我们已经可以像我国已故的哲学大师冯友兰教授所说的，从"跟着讲"发展到开始"接着讲"了。因此在管理教育中编写具有中国特色的教材，既有必要性，又有可能性。在 MBA 专业教育方面，我国在多年实践的基础上，也积累了许多经验。特别是由于 MBA 与学术型管理学硕士的培养目标、教学内容与方式有所不同，我国的各院校都注意在教学中引入了案例教学、角色扮演、模拟练习等新型教学活动，这样在我国自编的教材中就有可能选入符合国情的具体内容。

大连理工大学管理学院在从 20 世纪 80 年代就开始进行 MBA 试点以及近 20 年来进行 MBA 学位教育的基础上，决定重新编写一轮新的教材，总结过去的教学与培训经验，吸收国外的最新理论成就，使教材上升一个新的台阶。本次的教材系列包括"管理学"、"财务管理"、"技术管理"、"战略管理"、"管理决策方法"、"管理信息系统"、"营销管理"、"运营管理"、"企业法律环境"、"创业与企业成长"、"投资风险管理"、"项目管理"、"商业伦理"、"会计学"、"现代物流管理"、"项目投融资决策"、"企业知识管理"、"企业社会责任管理"、"创新与变革管理"、"企业文化"、"电子商务"、"人力资源管理"、"组织行为学"、"公司治理"、"管理经济学"、"管理沟通"共 26 种，涵盖了 MBA 基础课程、专业课程与部分新学科的内容，本轮教材的组织和撰写具有覆盖面广、关注到新的管理思想和方法、充分利用了自编案例等特点，反映了 MBA 教育的新进展。希望这个教材系列能为我国 MBA 教材添砖加瓦，为 MBA 教育作出应有的贡献。同时也希望这些教材能成为其他专业学位教育和各类管理干部培训的选用教材和参考资料，以及创业人士的有益读物。

衷心盼望采用这些教材的老师和学员在使用过程中对教材的不足之处多提宝贵意见，以便在下一轮修订过程中加以改进。让我们共同努力，把我国的 MBA 教育提高到一个新水平。

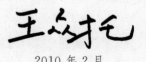

2010 年 2 月

前言

人的一生有两个最重要的管理者角色：一是自我管理；二是所承担的社会责任对应的管理，或称社会管理。自我管理的核心是管好身与心，做到身心合一。社会管理包括家庭与社会经济活动的管理，是要做到人我合一。管理的核心是决策，也有学者认为管理就是决策。人的这两个角色有生即来，伴其一生，不可辞退。人生的快乐与幸福、贡献的大与小、辉煌与平凡主要取决于这两个角色做得好与否。古人云"正心、修身、齐家、治国"正是这两类管理的要旨。由于现代科技文明的发展，关于心、身、家、国及整个世界的认知日益深入，身体的复杂性、心理的复杂性、社会的复杂性以及世界的复杂性日益凸显。现代人正处身于信息、知识经济时代，处身于复杂的社会、经济、自然及心理环境之中。因此，我们必须在传承前人的"正、修、齐、治"的精要基础上，学习掌握现代科学管理决策方法，做好自我管理者和社会管理者。

管理决策方法的核心是运筹学。本书之所以不叫运筹学也不叫数量决策方法，初衷主要是期望它更利于面向管理活动系统的视角思考和发展。现代管理活动离不开信息技术的支撑，信息系统以及决策支持系统已是管理决策的重要支撑环境。而由于管理决策问题的复杂性，决策过程的关键不仅在于问题或模型求解，更取决于如何发现问题、科学定义问题和建立科学的模型。随着知识科学、知识工程以及知识管理学科的发展，相关研究成果自然而然会被引入管理决策方法体系中，一些非数量化的决策方法也会相得益彰。

本教材主要面向管理及相关专业的学生和实际工作者，以管理应用为主导，以问题为切入点，以问题定义和模型建立为重心，以决策分析为要旨，并以综合案例融会相关概念与方法，力求便于读者系统理解与掌握管理决策方法论。本书依据 MBA 教指委相关精神，主要参考了韩大卫的《管理运筹学——模型与方法》，宁宣熙、刘思峰的《管理预测与决策方法》，David R. Anderson、Dennis J. Sweeney 和 Thomas A. Williams 的 *An Introduction to Management Science* 等国内外书籍。同时总结补充了编者等人多年的教学实践和管理决策应用的工程及科学研究实践工作。本书简化了相关的数学理论叙述，突出了问题描述与定义，强化了应用案例。

全书共分6章。第1章为管理决策概述，主要介绍共性基础概念，给出管理决策活动系统行为以及管理决策方法论整体框架。第2章为数学规划方法，主要讲述线性规划、整数线性规划、目标规划，以及存储论和排队论的问题、模型和决策方法。第3章为网络分析，简要介绍图与网络、运输问题、最短路、最小支撑树、最大流和计划评审与优化问题及其决策方法。第4章为预测与仿真，主要介绍时间序列预测、因果关系仿真及预测、定性预测方法和投入产出法。第5章为决策分析，讲述无概率决策、有概率决策、具有预知信息的决策、群决策和对策的问题与方法。第6章为综合案例分析，给出数学规划、网络分析、预测分析和决策分析四个综合案例。

本书第1、4章由王延章编写，第5、6章由郭崇慧编写，第2、3章由叶鑫编写，王延章为主编。本书在编写过程中得到了大连理工大学管理学院及相关老师与研究生的大力支持和帮助，在此深表谢意。

由于编者水平和篇幅所限，书中不足在所难免，殷切希望有关专家和广大读者给予批评指正。

编　者

2009年12月

目录

第1章 管理决策概述 … 1

1.1 基本概念 … 1
- 1.1.1 什么是管理决策 … 1
- 1.1.2 什么是管理科学 … 2
- 1.1.3 什么是运筹学 … 2
- 1.1.4 什么是预测 … 3
- 1.1.5 什么是模型 … 3

1.2 一般决策问题 … 4
- 1.2.1 决策问题的概念模型 … 4
- 1.2.2 决策方案 … 6
- 1.2.3 决策的约束条件 … 6
- 1.2.4 决策问题的分类 … 7

1.3 决策目的描述模型 … 8
- 1.3.1 成本数量模型 … 9
- 1.3.2 收益数量模型 … 10
- 1.3.3 效用模型 … 10
- 1.3.4 属性模型 … 11
- 1.3.5 多目的折中模型 … 12

1.4 管理决策过程 … 13
- 1.4.1 科学决策的认知过程 … 13
- 1.4.2 一般决策过程 … 15
- 1.4.3 问题发现与目标确定 … 17
- 1.4.4 决策分析与方案选择 … 18

1.5 决策支持 … 19
- 1.5.1 决策支持方法 … 20
- 1.5.2 信息分析支持 … 21
- 1.5.3 模型分析支持 … 21
- 1.5.4 决策支持系统 … 23

习题 … 25

第 2 章　数学规划方法 ·· 26

2.1　基本概念及模型 ·· 26
2.1.1　数学规划 ·· 26
2.1.2　线性规划 ·· 27
2.1.3　整数规划 ·· 27
2.1.4　目标规划 ·· 28
2.1.5　非线性规划 ·· 28

2.2　线性规划建模方法 ·· 28
2.2.1　决策变量的识别与描述 ·· 28
2.2.2　目标函数的识别与描述 ·· 29
2.2.3　约束条件的识别与描述 ·· 29

2.3　线性规划求解及决策分析 ·· 30
2.3.1　线性规划的求解方法 ·· 30
2.3.2　线性规划问题的标准化 ·· 31
2.3.3　线性规划的解 ·· 32
2.3.4　线性规划问题的灵敏度分析概述 ·································· 34

2.4　管理中的线性规划问题 ·· 35
2.4.1　人力资源分配问题 ·· 35
2.4.2　生产计划问题 ·· 36
2.4.3　套材下料问题 ·· 37
2.4.4　配料问题 ·· 38
2.4.5　投资问题 ·· 40
2.4.6　市场营销调查问题 ·· 41
2.4.7　收益管理问题 ·· 42

2.5　线性规划的对偶问题 ·· 44
2.5.1　线性规划的对偶问题概述 ·· 44
2.5.2　线性规划的对偶关系 ·· 45
2.5.3　对偶变量的经济学含义 ·· 46

2.6　整数线性规划问题 ·· 47
2.6.1　整数线性规划的类型 ·· 47
2.6.2　工厂的选址问题 ·· 47
2.6.3　固定成本问题 ·· 49
2.6.4　投资决策问题 ·· 51
2.6.5　指派问题 ·· 52
2.6.6　产品设计和市场份额的优化问题 ·································· 53

2.7　目标规划问题 ·· 56
2.7.1　目标规划问题实例 ·· 56

　　　　2.7.2 目标规划问题的一般建模方法 ⋯⋯⋯⋯⋯⋯⋯⋯⋯⋯⋯⋯⋯⋯⋯⋯⋯⋯⋯⋯⋯ 57
　　　　2.7.3 目标规划问题的求解与分析 ⋯⋯⋯⋯⋯⋯⋯⋯⋯⋯⋯⋯⋯⋯⋯⋯⋯⋯⋯⋯⋯ 59
　2.8 存储论简介 ⋯⋯⋯⋯⋯⋯⋯⋯⋯⋯⋯⋯⋯⋯⋯⋯⋯⋯⋯⋯⋯⋯⋯⋯⋯⋯⋯⋯⋯⋯⋯⋯ 60
　2.9 排队论简介 ⋯⋯⋯⋯⋯⋯⋯⋯⋯⋯⋯⋯⋯⋯⋯⋯⋯⋯⋯⋯⋯⋯⋯⋯⋯⋯⋯⋯⋯⋯⋯⋯ 64
　习题 ⋯⋯⋯⋯⋯⋯⋯⋯⋯⋯⋯⋯⋯⋯⋯⋯⋯⋯⋯⋯⋯⋯⋯⋯⋯⋯⋯⋯⋯⋯⋯⋯⋯⋯⋯⋯⋯ 68

第 3 章　网络分析 ⋯⋯⋯⋯⋯⋯⋯⋯⋯⋯⋯⋯⋯⋯⋯⋯⋯⋯⋯⋯⋯⋯⋯⋯⋯⋯⋯⋯⋯⋯⋯ 71

　3.1 图与网络的基本概念 ⋯⋯⋯⋯⋯⋯⋯⋯⋯⋯⋯⋯⋯⋯⋯⋯⋯⋯⋯⋯⋯⋯⋯⋯⋯⋯⋯⋯ 71
　3.2 运输问题 ⋯⋯⋯⋯⋯⋯⋯⋯⋯⋯⋯⋯⋯⋯⋯⋯⋯⋯⋯⋯⋯⋯⋯⋯⋯⋯⋯⋯⋯⋯⋯⋯⋯ 74
　　　　3.2.1 产销平衡问题 ⋯⋯⋯⋯⋯⋯⋯⋯⋯⋯⋯⋯⋯⋯⋯⋯⋯⋯⋯⋯⋯⋯⋯⋯⋯⋯⋯⋯ 74
　　　　3.2.2 产销不平衡问题 ⋯⋯⋯⋯⋯⋯⋯⋯⋯⋯⋯⋯⋯⋯⋯⋯⋯⋯⋯⋯⋯⋯⋯⋯⋯⋯⋯ 75
　　　　3.2.3 转运问题 ⋯⋯⋯⋯⋯⋯⋯⋯⋯⋯⋯⋯⋯⋯⋯⋯⋯⋯⋯⋯⋯⋯⋯⋯⋯⋯⋯⋯⋯⋯ 77
　3.3 最短路问题 ⋯⋯⋯⋯⋯⋯⋯⋯⋯⋯⋯⋯⋯⋯⋯⋯⋯⋯⋯⋯⋯⋯⋯⋯⋯⋯⋯⋯⋯⋯⋯⋯ 79
　3.4 最小支撑树问题 ⋯⋯⋯⋯⋯⋯⋯⋯⋯⋯⋯⋯⋯⋯⋯⋯⋯⋯⋯⋯⋯⋯⋯⋯⋯⋯⋯⋯⋯⋯ 80
　3.5 最大流问题 ⋯⋯⋯⋯⋯⋯⋯⋯⋯⋯⋯⋯⋯⋯⋯⋯⋯⋯⋯⋯⋯⋯⋯⋯⋯⋯⋯⋯⋯⋯⋯⋯ 81
　3.6 网络的计划评审与优化问题 ⋯⋯⋯⋯⋯⋯⋯⋯⋯⋯⋯⋯⋯⋯⋯⋯⋯⋯⋯⋯⋯⋯⋯⋯⋯ 83
　　　　3.6.1 活动时间确定的项目 ⋯⋯⋯⋯⋯⋯⋯⋯⋯⋯⋯⋯⋯⋯⋯⋯⋯⋯⋯⋯⋯⋯⋯⋯⋯ 83
　　　　3.6.2 活动时间不确定的项目 ⋯⋯⋯⋯⋯⋯⋯⋯⋯⋯⋯⋯⋯⋯⋯⋯⋯⋯⋯⋯⋯⋯⋯⋯ 88
　　　　3.6.3 网络计划的优化 ⋯⋯⋯⋯⋯⋯⋯⋯⋯⋯⋯⋯⋯⋯⋯⋯⋯⋯⋯⋯⋯⋯⋯⋯⋯⋯⋯ 91
　习题 ⋯⋯⋯⋯⋯⋯⋯⋯⋯⋯⋯⋯⋯⋯⋯⋯⋯⋯⋯⋯⋯⋯⋯⋯⋯⋯⋯⋯⋯⋯⋯⋯⋯⋯⋯⋯⋯ 92

第 4 章　预测与仿真 ⋯⋯⋯⋯⋯⋯⋯⋯⋯⋯⋯⋯⋯⋯⋯⋯⋯⋯⋯⋯⋯⋯⋯⋯⋯⋯⋯⋯⋯⋯ 96

　4.1 基本概念及原理 ⋯⋯⋯⋯⋯⋯⋯⋯⋯⋯⋯⋯⋯⋯⋯⋯⋯⋯⋯⋯⋯⋯⋯⋯⋯⋯⋯⋯⋯⋯ 96
　　　　4.1.1 预测与仿真的必要性 ⋯⋯⋯⋯⋯⋯⋯⋯⋯⋯⋯⋯⋯⋯⋯⋯⋯⋯⋯⋯⋯⋯⋯⋯⋯ 96
　　　　4.1.2 预测与仿真问题 ⋯⋯⋯⋯⋯⋯⋯⋯⋯⋯⋯⋯⋯⋯⋯⋯⋯⋯⋯⋯⋯⋯⋯⋯⋯⋯⋯ 97
　　　　4.1.3 基本原则 ⋯⋯⋯⋯⋯⋯⋯⋯⋯⋯⋯⋯⋯⋯⋯⋯⋯⋯⋯⋯⋯⋯⋯⋯⋯⋯⋯⋯⋯⋯ 98
　　　　4.1.4 方法分类 ⋯⋯⋯⋯⋯⋯⋯⋯⋯⋯⋯⋯⋯⋯⋯⋯⋯⋯⋯⋯⋯⋯⋯⋯⋯⋯⋯⋯⋯⋯ 100
　4.2 时间序列预测 ⋯⋯⋯⋯⋯⋯⋯⋯⋯⋯⋯⋯⋯⋯⋯⋯⋯⋯⋯⋯⋯⋯⋯⋯⋯⋯⋯⋯⋯⋯⋯ 101
　　　　4.2.1 时间序列预测问题 ⋯⋯⋯⋯⋯⋯⋯⋯⋯⋯⋯⋯⋯⋯⋯⋯⋯⋯⋯⋯⋯⋯⋯⋯⋯⋯ 101
　　　　4.2.2 时间序列的组成因素 ⋯⋯⋯⋯⋯⋯⋯⋯⋯⋯⋯⋯⋯⋯⋯⋯⋯⋯⋯⋯⋯⋯⋯⋯⋯ 102
　　　　4.2.3 移动平均模型 ⋯⋯⋯⋯⋯⋯⋯⋯⋯⋯⋯⋯⋯⋯⋯⋯⋯⋯⋯⋯⋯⋯⋯⋯⋯⋯⋯⋯ 103
　　　　4.2.4 指数平滑模型 ⋯⋯⋯⋯⋯⋯⋯⋯⋯⋯⋯⋯⋯⋯⋯⋯⋯⋯⋯⋯⋯⋯⋯⋯⋯⋯⋯⋯ 109
　　　　4.2.5 混合时间序列模型 ⋯⋯⋯⋯⋯⋯⋯⋯⋯⋯⋯⋯⋯⋯⋯⋯⋯⋯⋯⋯⋯⋯⋯⋯⋯⋯ 112
　4.3 因果关系仿真及预测 ⋯⋯⋯⋯⋯⋯⋯⋯⋯⋯⋯⋯⋯⋯⋯⋯⋯⋯⋯⋯⋯⋯⋯⋯⋯⋯⋯⋯ 113
　　　　4.3.1 因果关系仿真及预测问题 ⋯⋯⋯⋯⋯⋯⋯⋯⋯⋯⋯⋯⋯⋯⋯⋯⋯⋯⋯⋯⋯⋯⋯ 113
　　　　4.3.2 线性回归模型 ⋯⋯⋯⋯⋯⋯⋯⋯⋯⋯⋯⋯⋯⋯⋯⋯⋯⋯⋯⋯⋯⋯⋯⋯⋯⋯⋯⋯ 114
　　　　4.3.3 非线性回归模型 ⋯⋯⋯⋯⋯⋯⋯⋯⋯⋯⋯⋯⋯⋯⋯⋯⋯⋯⋯⋯⋯⋯⋯⋯⋯⋯⋯ 117
　　　　4.3.4 类神经元网络模型 ⋯⋯⋯⋯⋯⋯⋯⋯⋯⋯⋯⋯⋯⋯⋯⋯⋯⋯⋯⋯⋯⋯⋯⋯⋯⋯ 119

4.4 定性预测方法 121
4.4.1 定性预测问题 121
4.4.2 专家判断法 122
4.4.3 德尔菲法 125
4.4.4 调查预测法 130
4.5 投入产出法 133
4.5.1 基本问题 134
4.5.2 基本投入产出模型 134
4.5.3 企业投入产出模型及预测 137
4.5.4 部门间投入产出模型及预测 139
4.5.5 投入产出线性规划模型 144
习题 145

第5章 决策分析 147

5.1 无概率决策问题 147
5.1.1 基本问题 147
5.1.2 决策的基本准则 147
5.1.3 决策结果分析 151
5.2 有概率决策问题 151
5.2.1 基本问题 151
5.2.2 最大可能性准则 152
5.2.3 期望值准则 153
5.2.4 最小期望机会损失准则 153
5.2.5 决策树方法 154
5.2.6 序贯决策树 154
5.3 具有预知信息的决策分析 156
5.3.1 基本问题 156
5.3.2 先验概率 156
5.3.3 灵敏度分析 158
5.3.4 信息的价值 159
5.3.5 贝叶斯决策分析 159
5.4 群决策问题 161
5.4.1 基本问题与概念 161
5.4.2 社会选择与投票表决规则 161
5.4.3 专家咨询与多目标群决策方法 164
5.5 对策问题 169
5.5.1 基本概念 169
5.5.2 矩阵对策问题建模与求解 170

        5.5.3 二人无限零和对策问题建模 ··· 175
        5.5.4 二人有限非零和对策问题建模 ··· 176
        5.5.5 多人对策问题建模 ·· 179
    习题 ··· 181

第6章 综合案例分析 ·· 184

6.1 数学规划综合案例 ·· 184
    6.1.1 案例背景 ··· 184
    6.1.2 案例分析 ··· 185
    6.1.3 结束语 ·· 189
6.2 网络分析综合案例 ·· 190
    6.2.1 案例背景 ··· 191
    6.2.2 案例分析 ··· 192
    6.2.3 结束语 ·· 195
6.3 预测分析综合案例 ·· 196
    6.3.1 案例背景 ··· 196
    6.3.2 案例分析 ··· 197
    6.3.3 结束语 ·· 200
6.4 决策分析综合案例 ·· 201
    6.4.1 案例背景 ··· 201
    6.4.2 案例分析 ··· 203
    6.4.3 结束语 ·· 206

参考文献 ·· 207

第 1 章 管理决策概述

1.1 基本概念

1.1.1 什么是管理决策

人们的社会经济实践活动,本质上就是认识相关的客观事物特征及其变化规律,认知自身的活动目的性和建立相应目标,并利用客观规律按照设定的目标改造客观世界的过程。管理决策就是有关目的性设定、规律及限制条件辨识和活动方案选择的行为活动。

例 1-1 设某个生产型企业可以生产 n 种产品,需要 m 种生产要素的投入,即包括人、财、物的投入,虽然可通过购置增加资源,但是有限。每种产品市场销售价格和投入要素的价格随市场供需平衡关系变化而变化。各种产品的生产能力可以通过技术投入和加强管理得到提高,但也有限。同时,某种产品的生产要素投入也可通过技术改造进行调整。那么,对应的管理者最典型的管理决策活动就包含了产品生产计划、市场促销、资源投入、技术改造和提升管理水平等,活动的目标就是追求企业利润最大化。

管理决策活动普遍存在于人们生活及企业、政府部门等广义组织的日常及重大事务处理过程中。由于它的普遍性和涉猎的学科之广,直至 20 世纪 70 年代左右才得到普遍认识,"决策"一词才出现在中国字典上,在中国的《辞海》、《辞源》中都没有解释。但我国古人很早就使用了决策的概念、决策的方法。如《史记·高祖本纪》:"夫运筹帷幄之中,决胜于千里之外,吾不如子房",这里的"运筹"就是决策。在国外决策即"decision making",这个词首先是美国管理学者巴纳德(C. Barnard)和斯特恩(E. Stene)等在其所著的管理著作中采用的,用以说明组织管理的分权决定问题。后来美国著名的管理学家西蒙(H. A. Simon)进一步发展了组织理论,提出了"管理就是决策"的著名观点。中国学者在翻译时最初用"作出决定",后来有人用"决策"这个词,这个译法简练而又确切,因此被广泛采用。

决策的字面意义就是"作出决定",俗话称为拍板,其含义是在几种方案中进行选择。这是对"决策"概念最狭义的理解。从广义上来讲,有的学者提出决策的定义是"为实现某一特定目标,借助一定的科学手段和方法,从两个或两个以上的可行方案中选择一个最优方案,并组织实施的全部行为过程"。也有学者在定义中,包括了更详细的内容,将决策定义为"决策是为了按预期的目的去完成某项任务或解决某个问题,运用各种方法,在系统地分析主客观条件之后,考虑到未来的状态,根据决策准则,对提出的多种可行方案,进行优选评比,选择合理方案的一种分析过程"。

1.1.2 什么是管理科学

管理科学(management science)是研究管理理论、方法以及实践活动的一般规律的科学。管理科学的发展始于19世纪末20世纪初,以美国工程师费雷德里克·泰罗于1911年发表的代表作《科学管理原理》为标志,泰罗因此被誉为"科学管理之父"。管理科学的第二个里程碑创立于20世纪20年代,以美国哈佛大学教授乔治·奥尔顿·梅奥和费里茨·罗特利斯伯格等的"行为科学理论"为基石。现代管理理论以"系统理论"、"决策理论"、"管理科学理论"等学派为代表,其特点是以系统论、信息论、控制论为其理论基础,应用数学模型和电子计算机手段来研究和解决各种管理问题。相应例1-1,管理科学就是研究如何科学制定生产计划,进行市场促销,优化资源投入,如何进行技术改造和提升管理水平的理论与方法。

在美国,管理科学有其特定含义,它是一门同运筹学只能勉强有所区别的学科。在我国,管理科学的含义则更加广泛,以致无法确切定义。在很大程度上可以说,管理就是决策,因此管理科学是一门决策科学,即帮助人们正确地决定应付各种复杂情况及解决各种复杂问题的方针和行动,以便有效地管理各种复杂系统使之有序运行的一门科学。而运筹学的首要特点就是能提供科学决策的依据,因此运筹学是管理科学的重要基础,是实行科学管理的强有力工具。

1.1.3 什么是运筹学

运筹学(operations research,也译为作业研究)是一门应用数学和形式科学去寻找复杂问题中的最佳或近似最佳的解决方案的科学。运筹学经常用于解决现实社会经济生活实践中的复杂问题,特别是改善或优化现有系统的效能。如例1-1中的生产计划决策,运筹学将提供求解在生产能力、投入要素、给定产品及要素市场价格等条件下,使得销售利润最大化的一组产品生产量值的方法。

由于运筹学是一门仍在蓬勃发展的新兴学科,迄今为止,还没有一个公认的运筹学定义。下面再给出几个较有影响的解释作为参考。

运筹学的早期先驱者、英国曼彻斯大学的物理学教授、著名的诺贝尔奖获得者布莱克特(P. M. S. Blackett)曾于1941年在关于运筹学第一份备忘录中把运筹学称为"作战的科学分析"(scientific analysis of operations)。这被认为是对运筹学所作的最早描述。在1943年3月修订的第二份备忘录中,他说:运筹学的"目的是帮助找出一些方法,来改进正在进行中的或计划在将来进行的作战的效率"。

莫尔斯(P. M. Morse)和肯保尔(G. E. Kimball)1951年合著出版的《运筹学方法》(*Method of Operations Research*)一书认为"运筹学是一种科学方法,可以给决策部门提供决策的数量基础,以便能对其指导下的各项活动作出最优决策"。彻尔齐曼(C. W. Churchman)、艾柯夫(R. L. Ackoff)和阿诺夫(E. L. Arnoff)主编的于1957年出版的《运筹学导论》(*Introduction to Operations Research*)一书则认为"运筹学是应用科学的方法、技术和工具来研究系统中的各种运行问题，以便能为决策者提供这些问题的最优方案"。米勒(D. W. Miller)和斯塔尔(M. K. Starr)合著的于1969年出版的《管理决策与运筹学》(*Executive Decision and Operations Research*)一书认为"运筹学是一种应用的决策理论，是运用科学的、数学的或逻辑的方法，帮助决策者克服他所面临的难题，以求达成理想的决策"。

1.1.4　什么是预测

在管理决策活动中经常需要了解和依据客观事物系统的内在因素及外在环境未来可能的状态进行活动方案的选择，这种对不确定的内在因素及外在环境未来可能的状态进行预估和测度的活动就是预测。预测是管理决策活动的重要组成部分。预测过程就是一种科学的分析过程，是借助对客观事物系统过去的探讨和现状的研究，求得对未来的了解，以减少不确定性对自己活动的影响。它是根据过去和现在来预计未来，根据已知推断未知，根据主观经验和教训、客观条件和资料、演变逻辑和推断来寻求事物发展的规律。相应例1-1管理者在制定生产计划时，需要了解相应产品及投入要素的未来市场价格，那么关于这些价格的预估就是预测。

预测从思路上讲一般有两种：一种是凭经验、靠直觉，没有多大根据，不很科学，即所谓的经验预测或称定性预测；另一种是有科学的理论和方法，有可靠的信息，认识和掌握了客观事物系统规律性，即所谓的科学定量预测。"鉴往知来"应当包括理论、资料、方法、计算、分析和判断等要素，它不排斥经验的重要性。相反，丰富的经验、学识和对情况的深入了解，是做好判断的必备条件。

预测在现代管理决策中至关重要。良好的预测日益成为经济发展、科技发展、教育智力开发、发展新兴工业部门、军事国防建设、生态环境保护等管理决策的必要因素。成功的预测必将产生好的生态、经济和社会效益。预测研究的范围也越来越广泛，几乎涉及人类社会的各个领域。就人类未来活动的预测来说，有社会未来预测、科学预测、技术预测、经济预测、政治预测、军事预测、教育预测等。

1.1.5　什么是模型

从传统意义上讲，模型是客观事物属性及其变化的抽象表述，也可以说是客观事物对象或系统在人们主观知识域上的映象表述。人们对客观事物的认识过程，就是其概念属性、内部与外部联系及变化在主观世界的表述的抽象过程。这种抽象表述除了依赖于事物本身固有的性质外，还依赖于主观知识域。知识域不同会形成不同的抽象表述，从而对一客观事物会有不同的模型。模型具有条理性、简约性、演绎性、连接性和重用性等特征，是对客观事物内在规律的系统化描述，是复杂客观事物系统科学管理和决策的基础。

模型可分为形象模型，是指客观事物实实在在的复制品，如仿真飞机是真飞机的模型，同样，玩具卡车是真卡车的模型，以及一个住宅小区的楼盘沙盘模型等。还有一种模型，它虽然也是物理实体，但却不能说成是真实物体的仿制品，这样的模型称为模拟模型。

汽车里的速度表就是模拟模型,指针的位置是真实车速的表现。温度计也是模拟模型。第三种模型是运用一系列符号和数学关系对事物进行描述,一般称其为数学模型,它是定量分析中的关键环节,也是本书后续各章节将重点介绍的内容。

一般来说,研究模型比研究实物所花费的时间和资金要少。用飞机模型做试验,当然比用真飞机便宜。同样,运用公式或函数来估计利润也比真正卖产品省时得多。此外,运用模型比用实物做试验的风险要小得多。特别是在当今便捷、广泛、高效的网络计算环境下,可以通过模型分析解决多层次高维度的复杂管理决策问题。依靠模型进行分析的关键是模型是否能较好地描述实际情况,模型越接近实际,分析出的结果的科学性越强,效益也就越大。飞机模型越接近真实的飞机,那么由它预测出的结论也就越真实。同样,数学模型中所描绘出的利润数量关系越接近实际,那么由此推导出的利润额也就越准确。

本书后续各章节将根据不同的管理决策数学模型及方法的知识域,以管理决策问题为导向讨论各种模型的建立方法与实践。这里先给出有关这些模型建立的一般共性知识和概念。由于模型是客观事物属性及其变化的抽象表述,所以任何模型首先必须以概念模型为基础。一个实际的管理决策问题必然面向一个客观事物系统,关于这个系统的概念、内外属性及测度和属性的结构关系就是概念模型。以概念模型为基础,进一步分析识别哪些属性因素是可调整或可控制的,那些不可控的就是客观环境或内在规律形成的决策限制因素或称约束条件,可控的就是决策的因素或称决策变量。那么如何控制或调整这个系统向什么状态变化,有关期望的系统状态的描述就是管理决策的目的性测度,或称目标函数,这将在第1.3节讨论。

如果一个模型的非可控性因素都是不变的、明确的,这样的模型称为确定模型。如果一个模型的非可控性变量是不明确的、随机的、模糊的,这样的模型就称为随机模型、概率模型或模糊模型。因为无法得到非可控性因素的具体值,因此,一般来说随机模型更难分析。当一个决策问题模型的非可控性变量是未知的,往往就需要对这些变量进行预测。

1.2 一般决策问题

在现今复杂的社会经济及生态环境下,一个管理者在管理决策活动中能够及时、敏锐和正确地发现问题、界定问题、抓住关键问题以及解决关键问题,是管理水平和能力的最根本测度。常言道,选择正确的事去做,比把一件事做好更重要。这也是本教材以问题为导向进行管理决策理论与方法陈述的原因。

科学地抽象和界定决策问题是问题求解和进行科学决策的基础。问题具有普遍的含义,问题的概念及属性体系的抽象表示就是问题的概念模型,它是其他模型和数量模型的建模基础。从哲学意义上讲,问题就是差异,就是矛盾。管理决策中的决策问题就是被管理的客观事物系统的现实状态与管理者期望状态的差异。

1.2.1 决策问题的概念模型

管理决策活动的主体是管理者,客体是对应的人类可与之交互和管理的客观事物系统,客观事物的概念及属性所处的状态与管理者期望状态的差异形成问题的焦点。一个可管理的客观事物系统,一定存在一些属性特征状态能够进行人为的影响或调整,但这种调整不能违背事物系统的内在变化规律和外在环境条件。调整需要依据一定的准则和采取一些理论方法,最后还要评判问题解决的效果等。不难看出,一般管理决策问题所涉及的主要因素有如下7个,它构成决策问题的概念模型。

1. 决策者

决策者即决策的主体,一般为管理者。当多个管理者一同决策时就是多人决策。

2. 期望目标

期望目标即描述管理者对客观事物状态的期望,实际上它是决策的目的性的一种描述。当只有单一目标时,称为单目标决策。当决策目标为多个时,称为多目标决策。决策的目的性描述将在本章第1.3节进行论述。

3. 行动方案

行动方案即关于人为能够调整的客观事物属性特征的一组状态值,或一个行动计划过程的表述。一般决策问题必然有多个行动方案,而决策的核心就是寻求和选择行动方案。

4. 内在约束条件

内在约束条件即客观事物系统的内在规律性的限制,它由内在因素决定。

5. 环境状态

环境状态也是一种约束条件,是指系统的社会、经济和自然等环境中决策者不可控的因素状态。

6. 准则与方法

准则与方法即行动方案选择的依据及所采用的理论与方法。这是本书后续章节的主要论述内容。

7. 后果指标

后果指标即采用不同的行动方案产生不同后果的比较测度或评价指标。通常以损益或效用作为后果指标。损益即损失或收益。损益值一般用货币值表示,但有时也用时间、产量、质量等指标度量。

按照系统科学的观点,管理决策问题是由决策主体、决策客体和决策手段三个基本要素相互结合构成的有机系统问题。决策主体系统借助决策手段系统(又称决策支持系统)认识决策环境的有利与不利条件,决定如何有效控制决策对象,以实施执行操作实现决策目标,保证决策科学性。其中,决策主体系统可以细分为决策者或决策领导集团、参谋者或参谋集团、实施执行者三个方面。决策客体系统包括决策环境和决策对象两个方面。

决策手段系统由决策理论、决策方法与技术、决策信息三个方面构成。

而决策问题的概念模型的核心是由决策的目标体系、决策方案体系、约束条件体系和相关参量四个基本要素相互结合构成的。决策的核心活动就是决策主体借助决策模型寻求解决决策问题的最优方案或满意方案。

1.2.2 决策方案

决策方案即行动方案，是管理者管理客观事物的抓手或杠杆。由于人为能够调整的客观事物属性特征不同，因此有不同形式的方案表述。当方案由一组属性状态值表征时，我们称之为有界无限多方案集。例如，例1-1制定生产计划的决策时，各类产品产量的一个计划组合就是一个方案，所有可能的组合构成相应的方案集合，这种组合可以无限多。但每一产品产量不能无限大，它总会受到生产能力和市场需求量的限制，所以它是有界的。对于此类决策问题，由于无法穷尽所有方案，一般需要运用数学模型，通过优化方法去探求。

另一类常见的决策问题相应的方案集合是有限可数的。如要买一件西服或购买一辆轿车等类似的选择决策问题，买任何一款西服或轿车都是一个决策方案，而市场上相应的西服或轿车则是有限可数的。而相应的决策活动就是根据决策者的相应款式、性能和价格等期望目标，对一个个方案（每款）进行比较找出满意的方案。对应这类决策问题为多准则决策，可采用偏好序等多准则决策方法去求解。

还有一类决策问题相应的方案并不是属性变量化的，而是由一系列活动步骤表述的一个行动计划过程。这类方案既可以解释为是相关活动步骤按照一定的顺序关系的组合，也可以说是一种定性描述可枚举的方案集。大多情形会给出或策划出几个方案，事后通过逐一方案的评估完成选择决策。

辨识决策方案是决策问题建模的核心工作。对上述三种决策方案辨识的方法也是不同的。对于第一种，即有界无限方案类型，关键是选择和确定决策变量，界定相应的上下界值。如例1-1中关于生产计划决策，可以选择 n 个产品各自的产量作为决策变量，但显然其中会有些产品的产量是合同规定的，可作为常量处理，这样决策变量数会小于 n。同时，对于某些决策变量，管理者会依据过去经验和产品单项生产能力给出其相应的上下界值。

对于第二种，即有限可数的方案类型，关键的工作是进行市场调研，即发掘列举每一种可选方案，并获取相应的性能指标值及市场价格。如西服或轿车的种类，每款式的性能指标值及市场价等。而第三种，即定性描述可枚举的方案辨识，通常主要靠策划或创造产生，由于产生成本较高，相应决策问题只有几个方案。有时，甚至只有一个方案，这时的决策实际上就变成了是否接纳实施这个方案的问题了。

1.2.3 决策的约束条件

管理决策活动是以客观事物系统的内在运行规律为依据，以系统所处的社会、经济、自然和文化环境为背景的人为活动。人们不可以也不能够违背客观规律，能力和可用资源永远是有限的。所以,管理决策活动是有约束的活动,并称这种约束为决策约束条件。决策问题七大要素中的第四点和第五点就是关于决策约束条件的要素。

决策约束条件一般可分为内在约束和外在约束两类。内在约束条件主要反映客观事物系统的内在规律性的制约,它由内在因素决定。如在例 1-1 关于生产计划决策问题中,企业生产系统的 n 种产品关于能源、其他原材料的消耗,以及日产量、劳动生产率等均属于内在因素,它们取决于企业的生产技术和管理水平,是其经营获利能力的内在制约。此外,企业自身拥有的人、财、物等资源量等也是其决策的内在限制条件。

外在约束条件主要是指客观事物系统所处的社会、经济、自然和文化等环境中,决策者不可控的环境因素状态的制约。如在例 1-1 关于生产计划决策问题中,市场的产品需求量、原材料供给量及相应价格等是相应决策的经济环境限制因素。关于劳动就业的考虑是社会限制因素,而对"三废"的排放、能源消耗等节能减排等约束则是来自于自然环境及自然资源的制约。一个企业管理者及员工由于自身和企业所处的社会环境的政治文化不同,也会拥有不同的价值观和决策偏好,如政绩、民族利益、家族文化、地方文化等因素,都会不可避免地影响决策方案选择和约束的设定。

决策约束和决策目标也是辩证统一的,在某些决策问题中,约束可以变成目标;反之目标也可以变为约束。如在例 1-1 关于生产计划决策问题中,能源消耗和就业人数既可以作为约束又可以作为目标反映于决策问题中。作为约束时,可限定能源消耗必须小于和就业人数必须大于某一量值。作为目标时,可把能源消耗作为最小化目标,把就业人数作为最大化目标。

决策约束条件除了要辨识必要的内在和外在的制约因素外,还要科学准确地估计相应因素的状态值。如在例 1-1 关于生产计划决策问题中,就需要预估企业产品的市场需求量及相应的价格、原材料的市场供给量及相应的价格等具体量值。关于需求量及价格可以运用市场调研或预测理论与方法进行预测,所以,预测是这类决策的基础。

决策约束条件辨识与科学设定也是决策问题建模的核心工作。由于这些约束是客观存在的,在未来的决策实施过程中必然要与之相碰,若在决策时未给予充分考虑或漏掉,就可能造成不可挽回的决策损失。考察种种决策失败的案例,其中一个主要原因就是漏掉至关重要的制约因素和错估因素的状态。

1.2.4 决策问题的分类

根据决策问题的概念模型及相关的要素属性特征,可对决策问题作出以下多种形式的分类。

1. 按决策者分类

按决策者的地位不同,可将其分为高层决策、中层决策和基层决策;或分为宏观决策、中观决策和微观决策。

按决策者的人数不同,可将其分为个人决策和集体决策(如委员会决策)。

按决策者的岗位不同,可将其分为领导决策、专家咨询决策和群众决策(如职工代表大会决策)。

按决策者对风险所持态度不同,可将其分为避险型决策、趋险型决策和中立型决策。

2. 按目标分类

按目标的个数不同,可将其分为单目标决策和多目标决策。

按目标达成的时间性不同,可将其分为远期决策、中期决策和近期决策。

按目标的重要性不同,可将其分为战略决策和战术决策。

按目标达到的程度不同,可将其分为最优决策和满意决策。

3. 按决策方案分类

按方案实施的次数不同,可将其分为一次性决策和重复性决策。

按方案的阶段性不同,可将其分为单级决策和序贯决策。

按方案的可数程度不同,可将其分为离散方案决策和连续方案决策。

4. 按环境因素状态分类

按状态的性质不同,可将其分为竞争状态决策和自然状态决策。

按状态的可数程度不同,可将其分为离散状态决策和连续状态决策。

按决策者对自然状态发生规律的认识程度不同,可将其分为确定型决策、不确定型决策和概率型决策。

5. 按准则与方法分类

按准则不同,可将其分为悲观决策、乐观决策和折中决策。

按方法不同,可将其分为线性规划、非线性规划、整数规划和网络分析等问题。

6. 按决策问题的形式化程度分类

按决策问题的清晰或形式化程度不同,可将其分为程序化决策和非程序化决策;或分为完全结构化决策、部分结构化决策和非结构化决策。

1.3 决策目的描述模型

一切管理决策活动都是有目的的,这种目的性通常由管理者对客观事物状态的期望来描述,并具有客观和主观两重性。对应同一客观事物系统,尽管客观属性状态不变,但不同的管理者可能具有不同的系统状态期望水平,这源于他们的主观价值和目的性的不同。一个管理者的主观目的性取决于他的社会政治和文化基础背景,特别是当对应的决策问题具有众多的目的性特征属性,并且主客观因素交织在一起时,就构成了决策活动的复杂性。

正确地选择目标和确定目标是决策的根本,目标定错了,将谬之千里。本节总结论述管理决策中经常选择的目的性描述模型,以便形成对管理决策目的性的普遍认识。

1.3.1 成本数量模型

人类社会经济活动总会伴随着人、财、物、能量和时间的消耗,这种消耗的度量与计算函数就是成本数量模型。如在例 1-1 关于生产计划决策问题中,就要考虑生产或制造产品的成本。在企业生产过程中,成本通常可分成两部分,即固定成本和可变成本。固定成本是指不随产量变化的那部分成本。无论生产多少产品,固定成本总是一个定值。可变成本就不同了,它随产量的变化而变化,一般情形是生产量的函数。下面以例 1-1 生产计划决策问题,来说明成本数量模型的概念及它是如何建立的。

为此细化例 1-1 假设,设

$x_1, x_2, \cdots, x_n$ 分别表示 n 种产品的生产量;

$y_1, y_2, \cdots, y_m$ 分别表示 m 种生产要素的投入量;

$p_1, p_2, \cdots, p_m$ 分别表示 m 种生产要素的购入单位价格;

a_{ij} 表示生产第 j 种单位产品需要消耗第 i 种原材料的数量,

其中,$i=1,2,\cdots,m; j=1,2,\cdots,n$。

这样我们有生产成本函数:

$$C(y_1, y_2, \cdots, y_m) = p_1 y_1 + p_2 y_2 + \cdots + p_m y_m$$

同时不难理解,有

$$y_1 = a_{11} x_1 + a_{12} x_2 + \cdots + a_{1n} x_n$$
$$y_2 = a_{21} x_1 + a_{22} x_2 + \cdots + a_{2n} x_n$$
$$\vdots$$
$$y_m = a_{m1} x_1 + a_{m2} x_2 + \cdots + a_{mn} x_n$$

可见所有投入要素又是各个产品的生产量函数,所以有

$$C(x_1, x_2, \cdots, x_n) = \sum_{i=1}^{m} p_i \sum_{j=1}^{n} a_{ij} x_j$$

一般情况下,生产运营的固定成本不随生产量变化而变化,可表示为常量 C_0,这样总成本 C_T 可描述如下:

$$C_T = C(x_1, x_2, \cdots, x_n) + C_0 = \sum_{i=1}^{m} p_i \sum_{j=1}^{n} a_{ij} x_j + C_0 \tag{1-1}$$

这就是较普遍的成本数量模型或成本函数。产量一旦确定下来,就可以根据式(1-1)求出总成本。

与成本数量模型相关的一个概念是边际成本。它是指在产量变化时,总成本的变化率。换句话说,就是指当此时再多生产 1 单位产品所引起总成本的增量。在模型函数式(1-1)中,我们发现当每多生产 1 单位第一种产品时,总成本就会增加 $\sum_{i=1}^{m} p_i a_{i1}$。对于一个比较复杂的模型,边际成本可能会随产量的变化而变化。那时,我们可以通过改变产量的方法,使边际成本增加或减少。

1.3.2 收益数量模型

生产计划决策时,还应该知道当卖出某一数量的产品时,公司会得到多大的收益。因此,必须建立一个收益数量模型。下面以例 1-1 生产计划决策问题,来说明收益数量模型的概念及它是如何建立的。

为此进一步细化例 1-1 假设,设

$c_1, c_2, \cdots, c_n$ 分别表示 n 种产品可按当前生产量卖出的单位价格,这样对应 n 种产品的当前生产量 $x_1, x_2, \cdots, x_n$ 的总收益为

$$R(x_1, x_2, \cdots, x_n) = c_1 x_1 + c_2 x_2 + \cdots + c_n x_n \tag{1-2}$$

所以总收益也是生产量的函数。

作为企业,生产计划决策时最重要的就是追求利润最大化。所以,利润值是决策的重要指标量。如果我们假设,生产的产品全都卖出去了,那么产量就等于售出量。将式(1-1)和式(1-2)结合起来,就得到利润数量模型,即在给定的产量下总利润为

$$\begin{aligned} P(x_1, x_2, \cdots, x_n) &= R(x_1, x_2, \cdots, x_n) - C(x_1, x_2, \cdots, x_n) - C_0 \\ &= \sum_{j=1}^{n} c_j x_j - \sum_{i=1}^{m} p_i \sum_{j=1}^{n} a_{ij} x_j - C_0 \end{aligned} \tag{1-3}$$

式(1-2)和式(1-3)统称为收益数量模型。

相应的一个重要概念就是边际收益。它是指在售出量或产量为某一量值时,总收益的变化率。换句话说,就是指当此时再多卖出 1 单位产品引起总收益的增量。由模型函数式(1-3)可得,多生产 1 单位第一种产品时的边际收益是 $c_1 - \sum_{i=1}^{m} p_i a_{i1}$。因为这里的收益数量模型是线性的,因此边际收益是不随总卖出量变化而变化的。但在比较复杂的模型中,当总卖出量变化时,边际收益可能也会改变。

1.3.3 效用模型

上述给出了大多数定量决策问题常用的两类决策目的性描述模型,即成本数量模型和收益数量模型,并且概念明确可用线性解析函数加以描述。然而,对于复杂决策问题,特别是对于不确定性问题和复杂的主观目的性因素主导的决策问题,则不能单纯通过成本和利润来评价,还要综合考虑不确定性带来的风险和主观价值的实现效果等目的性因素。这种对决策目的实现总效果的测度标准就是效用,对应的测度值就是效用值。一般来说,效用是经济收益 p、风险水平 r 和主观价值 v 的函数,可描述为

$$U = f(p, r, v) \tag{1-4}$$

这是一个抽象的表述,其解析函数的形式对于不同的客观事物系统和不同的决策者群体会有很大的不同,而主观价值 v 的大多数情形会以参数形式反映在函数中,经济收益 p 也经常扩展为多个指标量。例如,一个化工企业的生产计划决策不仅要考虑经济收益,而且还要考虑能源消耗、环境污染及劳动就业等问题。一般设对应一类决策问题的 q 个目的性指标为 $z_1, z_2, \cdots, z_q$,则式(1-4)的效用函数可表示为

$$U = f(z_1, z_2, \cdots, z_q, v) \tag{1-5}$$

相应的一个重要概念是边际效用。它是指对应某指标 $z_i (i=1,2,\cdots,q)$ 为某一量值时,效用值的变化率。换句话说,就是指当此时指标 z_i 再增加 1 单位量时,效用值的增量。边际效用可由模型函数式(1-5)的偏导数描述如下:

$$\left.\frac{\partial U}{\partial z_i}\right|_{z_i = z_{i0}} = \left.\frac{\partial f(z_1, z_2, \cdots, z_q)}{\partial z_i}\right|_{z_i = z_{i0}}, \quad (i = 1, 2, \cdots, q)$$

按照效用理论,边际效用有两个重要性质:一是边际效用大于零。这是指效用函数是关于指标的单调增函数,即

$$\frac{\partial U}{\partial z_i} > 0, \quad (i = 1, 2, \cdots, q)$$

这是由西方经济学关于社会人或决策者都是贪婪的假说所决定的。最简单的说法就是没有人怕钱多,随着钱或收入的增加,你的效用值总是在增加。

二是边际效用递减律。它说明虽然边际效用永远是正的,但随着收入量的增长,效用值的增量值会逐渐减少。由模型函数式(1-5)来表示,意味着相应的二次偏导数小于零,即

$$\frac{\partial^2 U}{\partial z_i^2} < 0, \quad (i = 1, 2, \cdots, q)$$

例如,用金钱给人们创造效用值的情形来说明边际效用递减律。即当一个人只有 100 元钱时,又得到 100 元钱,这时新的 100 元钱对他的效用值要远远大于当这个人已有 10 万元钱时,又得到 100 元钱时,新的 100 元钱对他的效用值。

由效用理论可知效用函数应是关于指标的非线性函数,因此,它具有很高的复杂性,一般难以给出准确的解析函数。所以,有时为简化决策分析,在一定的指标值范围内用线性函数来表述。有时甚至因无法给出计算函数,而用偏序关系来描述决策者对方案的效用度量。

1.3.4 属性模型

当管理决策中决策方案是确定的并且是有限可数的,方案的属性指标是可描述或可测度的情形,那么对应的描述或测度就是属性模型。这类决策问题也称多属性决策问题。在日常生活中经常会碰到多属性决策问题。例如,当顾客到商店购买一件西服时,面对各种款式的西服,就会考虑其式样、质料、尺寸、颜色、质量、价格、品牌等多种因素,经过综合分析与权衡,最终从众多西服中挑选出最称心(或较满意)的一件。

这里,各式各样的西服一般称为备择方案或方案,而其式样、质料、尺寸、颜色、质量、价格、品牌等一般称为方案的属性。当用某一属性去衡量各方案时,各方案的这一属性往往会呈现出不同的状态,如西服的质料有棉、麻、丝、毛、涤或混纺物的区别,其颜色有红、黄、蓝、绿、黑、白等不同,其价格也有几十元到成百乃至上千元的差异,等等。一个方案的某一属性的具体状态,称为该方案的该属性值。它可以是数值,也可以是文字描述,而且往往因人而异,反映决策者的个人偏好。例如,西服的质料、颜色属性,其属性值对很多顾客来说,可能是用"很喜欢、喜欢、尚可、不太喜欢、不喜欢"这类模糊语言来描述的,这时同

一件西服的质料或颜色的属性值,对这一顾客来说可能是"喜欢",而对另一顾客来说则可能是"不喜欢"。

属性模型为决策者提供依据或准则,帮助决策者分析、权衡各方案的优劣,最终选择出一个满意的方案,或者排定各方案的优劣顺序。

属性模型一般具有如下的特性。

1. 层次性

例如,西服的"尺寸"属性,是由身长、袖长、领围、胸围这四个因素所决定的,它们可称为"尺寸"属性下的子属性。又如"质料"可分为棉、麻、丝、毛、化纤等纯料及混纺质料,而"丝"又可分为绫、罗、绸、缎诸多品种,而"绸"又有诸多不同织物,等等。这表明属性具有层次性。

2. 独立性

属性间没有依赖关系,至少同一层次的属性是相互独立的。例如,不能把"尺寸"与"身长"并列,因为前者与后者有关。又如不能把"月收入"与"月工资"并列,因为前者也与后者有关,等等。可以指出,有时属性的独立性必须依据决策者的个人偏好而定,这时应进行独立性检验。

3. 定性与定量并存

在多属性中,有些属性值本身就是定量表示的,如收入、人口、功率、油耗、价格等,称为定量属性。有些属性值则是定性表示的或模糊表示的,如式样、质料、颜色、商标、外观、责任、前途等,称为定性或模糊属性。这些属性并存。

4. 量纲不一致性

在多属性中,不同属性的计量单位往往是不一致的,如价格、功率、油耗等的量纲就不相同,因而这些不同属性之间(即决策表的列与列之间)不可比较优劣。

5. 属性取向不同

有的属性值是越大越好,即其取向为正。有的属性值是越小越好,即其取向为负。如买轿车则"功率"属性取向为正,而"价格"、"油耗"属性取向为负。

根据以上特性可知,当进行决策分析时,属性模型一般要应用模糊数等方法把非量化属性进行量化,同时采用规范化指标变换,实现无量纲并使各属性取向化为一致。

1.3.5 多目的折中模型

管理决策目的性大多具有多目标特征,并希望都能优化。这类决策问题称为多目标决策问题或多目标优化问题。在企业经营管理中,譬如考虑开发一项新产品时,往往希望新产品投资省、见效快、质量好、利润高等;又如考虑广告策略时,希望其覆盖面广、延续时间长、吸引力强、费用节省等。在工程设计中,如选择水库坝址时,希望其发电量大、防洪能力强、淹没损失少、对生态环境的影响小、投资省等;又如设计坦克时,希望其速度快,燃料省,重量轻,火炮射程远、精度高,以及机动性、可靠性、易维护性强,造价低等。

对于上述多目标决策问题,所要考虑的目标往往是不很协调的,甚至是相互矛盾的,而且衡量这些目标优劣的数量指标的量纲也是不一致的。那么,在一定的条件下,如何把不协调或相矛盾的目标协调起来,这种协调关系的描述就是多目标折中模型。

设 $z_1, z_2, \cdots, z_q$ 为具有 q 个目标的决策问题的各个目标函数,多目标折中模型的基本思路是通过适当的转换模型把多个目标转换为一个综合目标,常见的有如下两种形式。

1. 线性加权模型

其思想是把多个目标转换为一个综合目标,即化成单目标问题去求解。设综合目标为 z,那么线性加权模型表述如下:

$$z = w_1 z_1 + w_2 z_2 + \cdots + w_q z_q = \sum_{i=1}^{q} w_i z_i$$

其中,$w_1 \geq 0, w_2 \geq 0, \cdots, w_q \geq 0$ 和 $\sum_{i=1}^{q} w_i = 1$,w_i 称为相应目标 z_i 的权重值,表示决策者对该目标的看重程度。

2. 理想目标折中法

线性加权模型在求解时各目标非常敏感地依赖相应的权重值,权重值难以确定,有时甚至不能很好地反映决策者的意愿。针对这类问题,理想目标折中法的思想是由决策者先给出各目标的预估理想值,寻优过程的准则是尽可能地让各个目标向其理想值趋近,准则一般为相应的几何距离。但由于距离的二次函数特征,因此会增加一定的计算量。设 $\hat{z}_1, \hat{z}_2, \cdots, \hat{z}_q$ 为 q 个目标对应的预估理想值,则综合目标为 z 可表示为

$$z = w_1 (\hat{z}_1 - z_1)^2 + w_2 (\hat{z}_2 - z_2)^2 + \cdots + w_q (\hat{z}_q - z_q)^2 = \sum_{i=1}^{q} w_i (\hat{z}_i - z_i)^2$$

1.4 管理决策过程

随着社会经济的发展、自然环境的变化、科学技术的进步、人类文明的提升,人类自身及其与之交互关联的客观世界运动日趋复杂。因此,现代管理决策活动也变得越来越复杂,可以说是一项复杂系统工程。按照系统工程的思想方法,现代管理决策活动必须建立在对客观事物系统的内在规律和外在环境关系的系统性认识的基础上,按照管理决策活动的科学程序,有理有序地进行。

1.4.1 科学决策的认知过程

从一般意义上讲,科学决策的认知过程实质上就是人们对客观事物的认知过程。所谓人们对客观事物的认知,就是指客观事物对象或系统的属性及其变化在人们主观知识域上形成了映象或获得一种表述。这就是一种广义上的模型。科学决策的认知过程本质

上是人们对客观事物的认识过程，就是其概念属性、内部联系和外部联系及变化在主观世界的表述的抽象过程。一个复杂的事物一般具有多层次的子事物，还要包含子事物的属性及其层次结构的抽象表述。如图1-1所示，人们对客观事物的认知深度或层次可分为六个层面。

图1-1　人们对客观事物的认知层次与对应的模型

人们之所以去认知或研究某一事物，这至少说明其已把该事物与他事物区别开来，对其基本概念和基本属性特征已得到一种抽象表述，即应用已有的知识域的旧概念，建立了该事物相应的概念与属性的名称，以及内涵与外延的界定，形成了基本概念属性模型。

根据事物的可观测性，可进一步给出语言描述或可测度的数值等数据(data)，对数据进行分类、萃取等加工形成信息，并对数据和信息进行抽象表述，形成数据和信息模型。信息模型一般还包括信息采集、加工、传输、存储、交换、共享、应用及归档等过程的抽象表述，这种描述类数据即所谓的元数据(meta data)，又可引申出元数据模型。

基于客观事物的概念和属性，以及获得的数据和信息可以进一步认知事物的子事物层次及结构，辨识挖掘事物内部的子事物以及各层次各种属性间的形式逻辑或辩证逻辑关系，揭示事物变化的逻辑或定性作用机制，进行结构抽象和狭义的规则等知识抽象，并对其加以表述形成结构和知识模型。

人们对事物有了基本认知后就会引发新的认知兴趣或好奇，出现一些未知的困惑或需要进一步明确的问题。同时，根据对事物的认知目的或人们的自然、经济或社会活动与该事物的利益依赖关系，对该事物会形成主观的事物属性状态值的期望。这些认知探求的需要以及期望与实际的状态差异的抽象表述就是问题模型。

随着人们对事物相关问题的探究实践，对知识与信息的不断获取与积累，必然会在主观的数理逻辑知识域形成或建立前四种模型相关的数学抽象，从更深层次上揭示事物的内在特征与规律，这就是数学模型。数学模型随着数学知识域或事物的差异，可有多种类型，如状态空间、动力学模型、时间序列、投入产出、神经元网络，以及按事物属性状态的不确定性又可分为确定、随机、模糊等类型。

如果事物的结构或某些属性状态是可干预的，或称可控的，人们就会自觉或不自觉地应用所认知的模型去干预事物的运动，尽可能地实现自己的期望状态。控制或调解哪些要素、期望什么状态、如何干预等的抽象表述就形成了决策或优化模型。这类模型本质上关联着主观价值体系，又涉及价值模型、效用模型或评价模型等。

为便于论述,这里设

M_O 表示基本概念属性模型集合;

M_I 表示数据和信息模型集合;

M_S 表示结构和知识模型集合;

M_P 表示问题模型集合;

M_M 表示数学模型集合;

M_D 表示决策或优化模型集合。

由图 1-1 易于理解,一般情形下,按照模型对事物描述的广度或全面性角度,有如下优于关系:

$$M_O > M_I > M_S > M_P > M_M > M_D$$

按照模型对事物描述的深度或逻辑性角度,则有如下优于关系:

$$M_O < M_I < M_S < M_P < M_M < M_D$$

而科学决策的认知过程是从 M_O 基本概念属性的认知开始的,通过调研理解、掌握 M_I 数据和信息,进一步了解 M_S 的基本结构关系和知识体系。然后基于对事物的定性认识,可以发现问题 M_P,并随着实践的深入获得对客观事物更深层次的认知,即对数学模型规律 M_M 的认识,从而可应用 M_D 进行科学决策和优化评估,发现谬误,修正错误认知,从而往复这一认知过程。

1.4.2 一般决策过程

由于管理决策活动自身的复杂性以及人们对其认知的广度和深度的局限,因此在实际的管理决策活动中科学地作出决策不是一蹴而就的事,而是要经历一个包含许多环节的复杂过程。基于不同的知识背景,对不同类型的问题依据不同的决策准则与方法,其运行步骤及过程一般也不相同,但它们具有共性特征。著名的管理学家西蒙提出一般决策过程要经历四个基本步骤,即参谋、设计、选择和执行。

1. 参谋阶段

这一阶段的主要任务是确定目标。先要明确问题所在,即弄清楚想解决一个什么问题,以及产生这一问题的原因是什么。然后根据问题广泛而大量地搜集有关的资料,并进行分析加工和处理,据此提出一个解决问题的决策目标。提出的目标应满足概念清楚、时间明确、条件容许和指标量化。

2. 设计阶段

这一阶段的主要任务是拟订方案。即围绕上述要解决的问题及其目标,发现并提出各种可能的备择方案。这又可细分为大胆寻找和精心设计两大环节。由于拟订方案是决策过程中最需要创造精神的一步,并且对决策后果影响最大,因此至关重要。应当集思广益,群策群力,精心组织设计,使该阶段的工作体现出政治性、科学性、艺术性的完美统一,这样才能收到满意的效果。在每一方案的拟订过程中,还要进行状态分析与后果预测,即搞清楚未来可能出现的所有状态及其发生的概率,并定量地预计出不同状态下方案的损益或效用值。

3. 选择阶段

这一阶段的主要任务是从备择方案中选出一个最优方案或满意方案。为此首先需要选定一种决策准则,再依据这一准则建立具体的决策模型,并采用适当的方法进行计算、比较和选优,初步确定一个较优方案。然后针对该方案进行检验与灵敏度分析。若检验分析得以通过,则付诸实施,否则需要重新选择,或改进、补充方案,或修订目标。

4. 执行阶段

这一阶段的主要任务是实施选定的方案,并在执行决策中及时了解情况,必要时要调整、改进原方案,或针对新问题进行新一轮的决策分析。

上述四个基本步骤有一定的普遍性,但随着管理决策问题的复杂性增长,管理决策活动在不断细化和增加很多关键环节,并且是一个可演变的动态过程。这样,细化的管理决策活动过程可描述如下。

1. 问题发现与确定

面向大型复杂管理决策活动,显在和潜在着诸多需要解决的问题。特别是潜在的问题可能是至关重要的,因此,发现问题和正确地界定问题是决策过程的首要环节。

2. 目标确定

广义上讲,问题就是相关客观事物系统的运行状态与管理者主观愿望的状态的差异。这一阶段就是要分析梳理相应决策问题的目的性,确定决策目标,明确决策活动的方向和依据。

3. 拟订决策方案

即分析与决策问题相关的客观事物规律及事物系统的运行环境约束条件,拟订或列举可以采取的决策方案。一般一个决策问题必须包含两个以上的方案,且每个方案都保证是可行的,这些可行的方案都有相应的结果。

4. 方案选择

在所列的可行方案中,根据各个方案的结果预估,选择能够最佳实现决策者目标方向的方案,并解释和细化展现相应方案。这一环节也称为决策分析或方案优化。

5. 决策执行

这一阶段也称为方案执行阶段。其包括方案的细化与诠释、制定实施保障措施和监督保障执行等环节。

6. 决策后评估

由于管理决策问题目标确定和方案的拟订,特别是环境等影响因素的未来发展状态不可能绝对测准,所以,决策不可能做到绝对科学。为了进行适当的调整,改进决策思路与方法,总结经验,因此需要对决策的实施效果进行评估。

这一决策过程如图 1-2 所示。

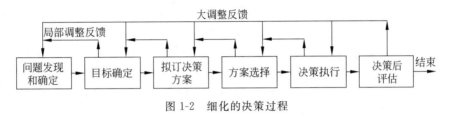

图 1-2 细化的决策过程

1.4.3 问题发现与目标确定

问题发现与目标确定是管理决策活动的两个重要阶段或环节,本节将对其活动和方法作一介绍。面向大型复杂管理决策活动,能够敏感地发现潜在的问题和正确地界定问题往往比能够正确地进行决策更为重要。问题的发现需要管理者或决策者对客观事物系统有深刻认识和把握,要时刻关注客观事物系统的状态信息,或进行深入的调查研究,运用自身的知识和经验进行科学判断。但由于现代管理者面临决策问题规模大,而且相关因素交织关系复杂,因此,仅靠管理者的大脑和经验是不够的,还需要借用外脑或现代科学手段。常用的有如下几种方法。

1. 决策咨询

决策咨询是指请有经验的问题领域专家和决策专家,组成智囊团进行专业化的决策问题研究,为管理者提供决策服务。这种方式在政府部门或企业集团经常采用。与之对应的专业管理咨询公司可专门提供相应服务,如麦肯锡、埃森哲、毕博管理咨询公司等。

2. 监测预警

监测预警一直以来是自然、生产和军事等最常用的发现问题的方法。它通过计算机网络、设备或各种采集来的数据信息,进行指标辨识与分析,从而发现问题并警示给管理者。该方法现已被广泛地应用于经济管理中,如宏观经济监测预警、企业财务监测预警、粮食监测预警,等等。

3. 数据挖掘

在现今的信息化环境下,政府部门、企业或社会组织通过已建立的信息系统,积累了大量的业务活动及其系统运行状态的时点的或空间点的信息资源。这样可依据这些信息资源,运用数据挖掘的理论和方法,挖掘发现系统运行所面临的问题。数据挖掘(data mining)就是从存放在数据库、数据仓库或其他信息库中的大量的数据中"挖掘"或发现知识的方法。因此,可用于去发现管理决策活动的问题点。

通过问题发现和显在问题的梳理,决策者可能会面临众多的问题,那么怎样界定问题,抓什么问题进行管理决策,或先抓什么后抓什么,按什么样的顺序去进行这些问题的决策,这本身又是一个决策问题,并被称为元决策问题,即关于作什么决策的决策问题。元决策的主要目标就是要在众多决策问题中寻找核心的关键问题,以便解决该问题能够使得其他问题迎刃而解或得到简化。

确定了关键决策问题后,就要分析相关客观事物系统的运行状态,以及对人类或外界系统的作用与价值。具体需要向相关的管理者进行调研,了解管理者主观愿望指标或目标体系,以及其状态期望和该期望与现实事物系统状态的差异,科学确立决策的目的性。这需要参照本章1.3节建立目标或决策指标体系,明确决策活动的方向和依据。

1.4.4 决策分析与方案选择

拟订决策方案与方案选择活动是决策分析的基础,是继发现问题和明确目标后的重要活动环节。该阶段的主要工作就是要分析与决策问题相关的客观事物规律及事物系统的运行环境约束条件,拟订或列举可以采取的决策方案,预估每个方案的实现目标的效果,然后进行选择。具体且关键的工作如下。

1. 因素分析

因素分析是指分析列举与决策问题相关的所有因素,并进行基本的因素分类。一般可分为三类:一是决策者人为可控制或调整的因素;二是由事物系统外部影响或决定的因素,决策者只能预估而不能调控;三是系统状态属性类因素,它们既不能由决策者也不能由外界事物直接影响和调控,但它们一般依赖于前两类因素的变化。在这些因素中还需进行简约分析,即去除那些量级较小且对其他因素影响微弱的因素。

如在例1-1关于生产计划决策问题中,首先应列出 n 个产品、m 种投入要素、n 个产品单价、m 种投入要素单价、利润、成本、就业率等。那么,n 个产品产量或 m 种投入要素投入量就是决策者可调控的因素量,n 个产品单价和 m 种投入要素单价就是外部影响或决定的因素,而利润、成本、就业率等则是状态因素。

2. 关系辨识

关系辨识是指根据客观事物系统的内在经济物理规律,寻求或建立上述因素之间的变化依赖关系。如果所有因素可以测度即可以定量描述,则可以建立定量关系,如建立线性回归方程、投入产出或生产函数等模型进行描述。如果大多数因素是定性描述的,那么至少可以建立关联矩阵模型描述各因素之间的关系。此外,也可以用指标数据表格或决策树方式描述这些关系。

如对应例1-1关于生产计划决策问题,根据相应的生产技术水平决定的产品单耗指标 a_{ij} 即生产第 j 种单位产品需要消耗第 i 种原材料的数量,则 n 个产品产量 $x_1, x_2, \cdots,$

x_n 和 m 种投入要素量 $y_1, y_2, \cdots, y_m$ 的关系可描述如下：

$$y_i = \sum_{j=1}^{n} a_{ij} x_j \text{ 对所有的 } i = 1, 2, \cdots, m$$

相应生产成本函数为

$$C(y_1, y_2, \cdots, y_m) = p_1 y_1 + p_2 y_2 + \cdots + p_m y_m$$

其中, $p_1, p_2, \cdots, p_m$ 分别为 m 种生产要素的购入单位价格。

3. 决策因素选择

根据因素及其关系分析，需要进一步确立决策因素或称决策变量。决策因素一般来源于前述三类因素中的第一类，由于决策因素或变量应是相互独立的，所以要依据因素间的关联分析结果进行确立。如例 1-1 关于生产计划决策问题 n 个产品和 m 种投入要素都是第一类因素，但由关系分析可知 n 个产品产量与 m 种投入要素量相关，所以只可以选择两者之一，即可以把 n 个产品各自产量作为决策变量，也可以把 m 种投入要素量作为决策变量，但不能把它们同时作为决策变量。

4. 决策方案生成

这一环节首先要进行决策方案的类型分析，即要根据决策因素性质明确其是属于有界无限多方案集、有限可数方案集，还是属于一种定性描述可枚举的方案集。对应这三种决策因素类型，决策方案的生成或辨识的方法是不同的。对应第一种，即一般均为定量结构化决策问题，而方案有界无限多，主要由本书后续所要讲述的线性规划等数学规划方法去求解生成或优化决策方案，如例 1-1 关于生产计划决策问题等。对应第二种，即有限可数的方案类型，首要且关键的工作是根据决策因素确立多属性指标体系，进行市场调研，列举每一个可选方案，调查并记录相应的各指标值及市场价格，如西服或轿车等采购类型的决策问题。而对应第三种，即定性描述可枚举类型的决策因素问题，相应的方案生成或辨识，通常要靠组织专门的研究队伍去策划或创造产生，对应大规模的复杂决策问题，一般则要委托专业的管理咨询公司去完成。

5. 方案选择

这是管理决策的核心环节。即使是对应第一类决策因素情形，通过数学规划方法优化也不可能就给出唯一的一个决策方案，大多数都要给出几个方案供管理者决策选择。而对应第二种决策因素情形，决策的主要工作就是根据属性指标体系和决策偏好进行方案选择。概括地讲，方案选择就是在所列的可行方案中，根据各个方案的预估结果或指标值，选择能够最佳实现决策者目的性的方案。

1.5 决策支持

决策支持(decision support)也称为决策辅助。在现代社会经济和信息技术环境下，决策者面临着众多的复杂的决策问题，且不可能完全依靠自己独立完成决策的整个活动，这样来自外部的决策支持是必然的。因此,学习、研究或运用管理决策方法不能不涉及决策支持。本节将对其相关概念与方法作一简要介绍。

1.5.1 决策支持方法

决策支持方法是关于整个管理决策活动过程中可以提供辅助的方法或工具。按照决策活动过程,决策支持方法可有如下分类。

1. 问题发现与辅助分析方法

问题发现与辅助分析方法主要包括监测、预测和预警,以及数据挖掘与知识发现的方法和分析工具。

2. 目标确定与偏好分析方法

目标确定与偏好分析方法主要包括决策目的性指标交互建立、成本效益分析理论、效用函数辨识与分析、决策主观偏好测度等方法和分析工具。

3. 决策方案求解与选择支持

由于这一阶段大多复杂的决策问题都需要建立数学模型,而决策者大都不会自己去建立这些模型和手工进行求解,因此,需要辅助建模工具和相应的各类数学规划方法、网络分析和决策分析模型,并提供这些模型的求解,优化及方案选择分析方法与工具。

4. 决策执行与效果评估辅助管理与分析方法

决策执行与效果评估辅助管理与分析方法包括方案的细化与诠释展现、方案执行效果指标测定、执行情况反馈等信息管理以及评价比较分析方法与工具。

按照人们对客观事物的认知深度或层次,见图1-1,又可分为六个层面的分析支持。

(1) 基础知识的认知辅助。管理者或决策者经常会面临新的管理决策问题或相关的新事物,即需要相应领域专家提供相关新事物的基本概念及属性的认知。

(2) 数据和信息的支持。这部分内容将在下一小节专门介绍。

(3) 结构关系和经验知识的支持。这是指在事物概念及属性信息的基础上,提供事物系统构成单元即要素属性之间的联系关系分析支持。同时由管理者或业务域专家,提供经验或规则化的定性或逻辑推理知识及其管理分析方法和工具,如一些专家系统等的应用。

(4) 问题发现及建模型支持。这部分内容同前述按决策活动过程分类中的类型(1)。

(5) 数学模型分析支持。这部分内容将在1.5.3小节专门介绍。

(6) 决策或优化模型分析支持。这一层次可以说是决策支持的最高层次,需要决策分析或方案优化专家与决策者交互完成。其需要决策及最优化理论与方法、多目的决策交互理论与方法等工具的支持。

上述六个支持层次依序说明了对决策活动的支持程度或水平,其中,第六个层面的分析支持难度最大,但其相应的分析深度也最大、对决策的支持水平也最高。但由于现今决策问题的复杂性、存在大量非定量化因素，以及数据的准确性等因素的限制，在这个层面提供决策支持的成功案例较少见。所以，如图1-1所示，六个层面的支持形成一个金字塔，知识和信息层的支持是基础，支持的决策问题也最宽泛，而数学模型和优化决策层居最高，可用于支持的决策问题最少。所以，夯实信息管理和知识管理是决策支持的基础。

1.5.2 信息分析支持

在管理决策活动中，数据与信息至关重要，因此，美国学者戴维·R.安德森等著的 *An Introduction to Management Science* 一书非常强调管理决策中的数据作用，国内将此译为"数据、模型与决策"。数据与信息是人们认识事物、把握事物和了解事物当前状态的基础，也是建立模型和进行决策分析的依据。

数据与信息既具有共性又有区别。数据是对客观事物的符号表示，是用于表示客观事物的未经加工的原始素材，因此，也称为资料。数据是通过物理观察得来的事实和概念，是关于客观事物对象或概念的描述。信息（information）是事物现象及其属性标识的集合，强调的是确定性的增加，是对数据的有用性的升华。

信息分析支持包括两个方面：一是信息的发现、获取与管理支持；二是信息的基本分析支持。前者一般需要决策者建立自己的管理信息系统，以便从浩瀚的信息世界中发现和获取真实有用的信息，把这些信息与自身运行的事物系统的信息管理起来，并使它们在时间维和空间维以及学科维度相互融合，建立科学的元数据模型和数据模型体系。这里的元数据是指关于数据的数据，或者说是描述说明有关数据集是什么样的数据。它的模型一般由事物系统的基本概念和属性知识决定。这一方面的辅助方法与工具包括数据库、数据仓库、管理信息系统、元数据、数据搜索、数据交换、数据融合等。

信息的基本分析支持以前述信息的科学组织与一定的累积量为基础，可以为六个层面的决策支持、更高层面的分析提供信息支持。而这里强调的是在信息层面为决策者的决策行为活动提供直接的辅助，其主要体现在两个方面：一是通过丰富的信息技术手段，如图形、表格、地理信息及动画等，把枯燥数据与信息生灵活现地、系统化地展现给决策者，让决策者敏感且深刻地掌握事物系统的全局整体及关键点，并可通过动画演绎理解事物变化路径；二是通过信息关联分析、简单评价比较、综合统计和数据挖掘分析，揭示客观事物系统的内在因果关系以及宏观运行属性特征，为决策者判断把握系统内在行为，以及分析各个决策因素的交织影响关系提供支持。

上述是广义的信息分析支持，除此之外还有狭义的信息分析支持。如在概率型决策中，人们为了减少风险、降低问题的不确定性、提高决策的成功率，往往不满足于仅仅知道自然状态的先验概率，还要想方设法地去搜集有关自然状态的更多信息，因此，还要包括这类信息分析支持。后续的决策分析内容中将对此进行介绍。

1.5.3 模型分析支持

运用模型特别是数学模型进行决策分析，可以提升决策分析的规模度，以及分析的系统性和严谨性，从而提升决策的科学性水平。模型是客观事物对象或系统的属性及其变化的一种抽象表述。广义上讲，关于客观事物系统可以建立六个层面的模型，如图 1-1 所示。而一个复杂的决策活动过程需要这六个层面的模型支持。

1. 基本概念属性模型的分析支持

一个复杂的决策问题，会包含大量的不同层次的客观事物对象，这些事物对象可能分属于不同的学科领域。同时，参与决策活动的人员可能又具有不同的方法及技术知识基础。因此，建立一致的、便于理解和可以融合的概念与属性模型体系，是决策问题研究的基础。所以，辅助概念属性管理、概念属性命名和属性测度管理，以及一致性分析等就是决策支持的一个基础内容。

2. 数据和信息模型的分析支持

如前一小节所述，信息分析支持的基础是建立科学的数据和信息模型，特别是元数据模型。因此，模型分析支持也包括这些模型的创建、存储、维护及应用等的综合管理服务支持。

3. 结构和知识模型的分析支持

在概念属性模型及信息模型的基础上，进行概念属性的结构关系抽象和狭义的规则等知识抽象，并加以表述就形成结构和知识模型。结构模型是进行决策问题综合集成的基础，而规则等知识模型则是定性分析的基础。这类模型的分析支持应包括结构关系管理、规则库及管理、推理机或引擎管理以及综合管理应用服务等支持。

4. 问题模型的分析支持

问题模型是关于人们对客观事物认知探求的需要以及期望与实际的状态差异的抽象表述。从另一个层面来讲，问题模型建立在概念属性、信息和结构及知识的模型基础上，加上了管理者的需求及主观期望的综合表述。问题模型的分析支持将以问题发现活动管理为基础，提供问题建模、问题集成、问题求解和问题解释等综合管理服务。

5. 数学模型的分析支持

这一层面的数学模型主要是指对客观事物系统内在规律性的描述性模型，如线性回归、投入产出、时间序列等，主要用于预测和仿真分析，同时也是后续决策模型建立的基础，这是本书第 4 章讲述的内容。当然，它们也是以前四种模型为基础的。可以说，面向实际的数学模型建立、检验和求解必然要依赖于现代的计算技术，需要提供模型参数辨识或估计算法、模型库及其管理、预测与仿真应用等综合服务的支持。

6. 决策或优化模型的分析支持

在前述模型的基础上，如果相关的决策因素都可以定量测度，即因素关联和限制条件以及决策目标描述模型都是数学函数化的，就可以建立决策或优化模型，这是本书第 2、

3 和 5 章的主要讲述内容。同样,这些模型和方法的应用仍要依赖于现代的计算技术,需要提供模型交互调整,优化计算法、模型库及其管理、偏好分析及目标折中等应用综合服务的支持。

从综合共性层面,面向一个大规模的复杂决策问题,上述所有模型往往需要综合应用,所以这些模型的集成及综合分析支持就将更为重要。此外,由模型的定义可知,它是抽象的,并且无论是在建模还是模型应用过程都需要与人进行交互,那么为了方便地理解模型含义或所揭示的事物变化规律,就需要相关的可视化方法与技术。同时,建模者和模型应用分析者必然要为模型设置情景条件或参数,限定或调整必要的结构与参数,因此,需要科学便捷的交互方法与技术支持。

1.5.4 决策支持系统

复杂的管理决策活动需要决策支持。前述初步介绍了决策支持的概念、需求、内容及方法,但要把它们综合起来需要应用现代计算机及其网络技术,开发相应的辅助软件,建立相应的应用系统,为整个管理决策活动的认知和决策过程提供服务支持。这就是决策支持系统(decision support systems,DSS)。

DSS 从 20 世纪 70 年代诞生以来已有 30 多年的发展历史,近年来随着信息技术特别是网络技术的快速发展,已得到长足的进展,在智能化、知识管理、综合模型能力及管理集成等诸多方面涌现出了新理论和新技术。同时,在宏观社会经济管理、应对公共突发事件应急管理以及企业经营决策管理等方面得到广泛且深入的应用。在我国 DSS 已成为政府信息化和企业信息化的重要建设内容。

DSS 的核心工作是把前述介绍的决策支持方法计算技术化,使之能够传承、重用和持续发展。按照 Sprague 和 Carson 的看法,DSS 还具有如下基本特征:

(1) 对准上层管理人员经常面临的结构化程度不高、说明不够充分的问题。
(2) 把模型或分析技术与传统的数据存储技术及检索技术结合起来。
(3) 易于为非计算机专业人员以交互会话的方式使用。
(4) 强调对环境及用户决策方法改变的灵活性及适应性。
(5) 支持但不是代替高层决策者制定决策。

从根本上说,决策支持系统将决策分析方法和计算机技术相结合,大大提升了支持决策的能力。它的结构能将计算机加工信息的能力与决策者的思维、判断能力结合起来,从而帮助决策支持分析、理解和解决更为复杂的决策问题。DSS 也可以说是管理人员大脑的延伸,无论是在决策活动认知过程,还是在整个决策过程中,它都可以在范围上和能力上提供辅助,从而提高决策的有效性。

但是,决策支持系统永远无法取代决策者。管理决策活动涉及管理者或决策者的主观行为及价值取向,相应的客观事物系统的未来状态不可能完全被准确预测,因此,需要决策者的经验、智慧、胆略和风度等,而这些是任何决策分析方法和计算机所取代不了的。所以,DSS 也只能起到"支持"作用,而不能起到替代作用,它只是管理人员或决策者控制下的一个辅助决策的工具。

关于决策支持系统的理论、方法与技术的介绍已超出本书范围,这里仅就图 1-3 的典型宏观社会经济管理决策支持系统介绍其基本构成和工作思路。

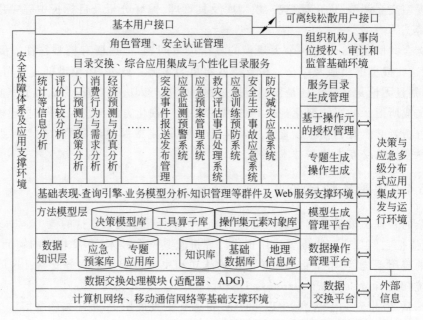

图 1-3　典型宏观社会经济管理决策支持系统结构

该系统较全面地给出了 DSS 的必要组成部分，体现和涵盖了 DSS 的基础四库，即数据库、知识库、模型库和方法库。此外，它由操作集元素对象表示具体的决策支持操作，由可灵活生成与管理的应用专题，并通过操作集元素对象库实现问题的生成与管理，因此也称之为具有问题库的五库 DSS 架构。

数据库(data base, DB)是 DSS 的一个最基本的部件。在图 1-3 中主要指基础数据库、地理信息库以及随着应用扩展的专题应用库和应急预案库等。其中，除了给出数据操作管理平台以实现数据管理功能外，并给出数据交换平台以实现与系统外的信息交换与共享。

知识库(knowledge base, KB)是现代 DSS 的基础。其核心工作是管理决策活动认知六个层面的前三类模型知识，一般由概念属性库、知识元库和规则库等构成。其管理模块包括知识的获取和解释、知识的表达、知识推理以及知识库的管理和维护。

模型库(model base, MB)是决策分析的核心，在 DSS 中占有十分重要的位置。这里的模型是指面向具体的管理决策问题，由后续章节所介绍的数学规划、预测与仿真、网络分析和决策分析等方法建立的实体模型。其管理平台完成模型的生成、修改、更新、删除、连接及分析调用等操作。

方法库(methods base)在图 1-3 中称为工具(tool)算子库(简称 TB)，实际上它是一个程序库。它把特定方法转换成相应的程序，如线性规划的单纯型、非线性规划的梯度算法以及网络最短路径等各种模型求解算法、线性回归等参数辨识算法等算子程序或工具。方法库一般由 DSS 开发者来维护。

DSS 除了上述五库及其管理外，关键部件还应包括用户接口和分析服务目录管理，这是人们与 DSS 交互的基础。此外,还要考虑信息安全、应用过程中的人员分工管理以及与外部系统的集成协同应用等功能。

随着科学、技术、知识和方法的进步,DSS 技术也在快速发展,新的决策支持能力更强、更灵活、更方便的实用 DSS 将会不断建立起来,为管理决策的科学化提供有力支持。

习题

1. 管理科学与运筹学有什么异同?
2. 模型的本质是什么?举出几个模型的例子。
3. 决策问题的基本构成是什么?
4. 常见的决策方案有哪几种?列举对应的例子。
5. 为什么要描述决策的目的性?通常有几种描述方式?
6. 目标函数和约束函数可以互换吗?举例说明。
7. 效用模型与其他目的性描述模型有什么区别?
8. 决策的多目的性如何折中?
9. 如何理解决策活动的认知层次?说明各层的主要区别。
10. 一般决策过程分为几个阶段?请一一列出。
11. 你认为发现问题重要吗?为什么?
12. 什么是决策支持?决策支持的主要内容是什么?
13. 模型分析与信息分析支持的各自的优点是什么?
14. 什么是 DSS?说明开发 DSS 的必要性。
15. 说明实现科学决策的思路。

第 2 章 数学规划方法

2.1 基本概念及模型

2.1.1 数学规划

数学规划是运筹学的一个重要分支,也是现代数学的一门重要学科。其基本思想出现在 19 世纪初,并由美国哈佛大学的 Robert Dorfman 于 20 世纪 40 年代末提出。数学规划的研究对象是数值最优化问题,这是一类古老的数学问题。古典的微分法已可以用来解决某些简单的非线性最优化问题。直到 20 世纪 40 年代以后,由于大量实际问题的需要和电子计算机的高速发展,数学规划才得以迅速发展起来,并成为一门十分活跃的新兴学科。今天,数学规划的应用极为普遍,它的理论和方法已经渗透到自然科学、社会科学和工程技术中。根据问题的性质和处理方法的差异,数学规划可分成许多不同的分支,如线性规划、非线性规划、多目标规划、动态规划、参数规划、组合优化和整数规划、随机规划、模糊规划、非光滑优化、多层规划、全局优化、变分不等式与互补问题等。

数学规划模型的一般形式是

$$\begin{array}{ll} \text{opt } f(\boldsymbol{X}) & (1) \\ \text{s.t.} \begin{cases} g_i(\boldsymbol{X}) \leqslant 0, & i=1,2,\cdots,m \quad (2) \\ h_j(\boldsymbol{X}) = 0, & j=1,2,\cdots,l \quad (3) \end{cases} \end{array} \quad (2\text{-}1)$$

式(2-1)中,$\boldsymbol{X}=(x_1,x_2,\cdots,x_n)^{\text{T}}$ 是未知向量,称为决策变量;$f(\boldsymbol{X})$ 称为目标函数;$g_i(\boldsymbol{X})$ 与 $h_j(\boldsymbol{X})$ 称为约束函数。$f(\boldsymbol{X})$、$g_i(\boldsymbol{X})$ 与 $h_j(\boldsymbol{X})$ 均为 $\boldsymbol{X}$ 的数量函数。

符号 opt 表示对函数 $f(\boldsymbol{X})$ 求最优化结果。如果要求 $f(\boldsymbol{X})$ 最大,则 opt $f(\boldsymbol{X})$ 记为 max $f(\boldsymbol{X})$。如果要求 $f(\boldsymbol{X})$ 最小,则 opt $f(\boldsymbol{X})$ 记为 min $f(\boldsymbol{X})$。

符号 s.t. 为 subject to 的缩写,意思是受约束于或受限于 m 个不等式约束条件 $g_i(\boldsymbol{X}) \leqslant 0, i=1,2,\cdots,m$,以及 l 个等式约束条件 $h_j(\boldsymbol{X})=0, j=1,2,\cdots,l$。

于是数学规划问题可以表述为:求满足约束条件的 x^*,使 $f(\boldsymbol{X}^*)$ 成为最优,而将 $\boldsymbol{X}^*$ 称为数学规划问题的最优解,将 $f^*=f(\boldsymbol{X}^*)$ 称为最优值。

2.1.2 线性规划

针对数学规划,如果决策变量为可控的连续变量,且目标函数和约束函数都是线性的,则称此类数学规划问题为线性规划问题。线性规划的英文名称是 linear programming,简写为 LP。

线性规划必须满足以下四条基本性质。

1. 比例性

比例性要求每个决策变量在目标函数和约束函数中,其贡献与决策变量的值存在直接比例性。即每项经营活动所代表的决策变量对目标函数的贡献是一个常数,对约束函数中资源等的消耗也是一个常数。

2. 可加性

可加性是指所有决策变量对目标函数和约束函数的贡献是相互独立的(包括正向贡献和负向贡献),目标函数值等于每个决策变量各自对目标函数贡献的总和。

3. 确定性

确定性是指线性规划中所有目标函数和约束函数中的系数都是确定的常数,不含随机因素。其实在实际中,目标函数和约束函数中的系数往往是随机的且满足一定的概率分布。如果这些系数的波动不大,即其标准差充分小,则可近似地认为这些系数是相应概率分布平均值。否则,若这些系数的波动性较大,即其标准差较大,则可采用其他方法求解,如随机线性规划算法等。

4. 连续性

连续性是指所有的决策变量取值为连续的数。

如某一实际问题无法全部满足上述四条性质,则需采用其他运筹学方法进行建模和求解。

线性规划问题在经济、管理中应用比较广泛,如可应用在人力资源分配、生产计划、套材下料、配料、投资、市场营销调查问题和收益管理等实际问题中。

2.1.3 整数规划

在实际问题中,某些决策变量可能是整数,如电视机产量、人的数量等,此类变量称为整数变量。在数学规划中,如某些决策变量是整数变量,则此类问题称为整数规划(integer programming,IP)问题。整数规划自 19 世纪 50 年代以来,已逐渐发展成为规划论的一个独立分支。

整数变量可以分为两类:

(1) 一般离散型整数变量,即取值为多个离散整数的变量,如产品个数等。
(2) 0-1 变量,即取值为 0 或者 1 的变量,如表示某一经济、管理活动是否执行等。

整数规划问题在经济、管理中应用比较广泛,如可应用在投资场所的选择、固定成本、分布系统设计、指派、产品设计和市场份额等实际问题中。

2.1.4 目标规划

前面介绍的线性规划和整数规划都只有一个目标函数,但在实际中,决策者往往需要考虑多个目标,且多个目标之间可能是相互冲突的。如设计一个新产品的工艺过程,希望实现产量高、消耗低、质量好、利润大、环境污染小等多个目标。又如政府希望在提高财政收入的同时,还要考虑公众的利益、减少个人所得税等因素。因此,许多决策的目的是多元的,目标是综合的。决策者在进行某项决策时,经常会面临一系列的目标,包括主要目标、次要目标、近期目标、远期目标等。

目标规划(goal programming,GP)就是解决多目标决策的定量分析的数学规划方法。目标规划是在线性规划的基础上发展起来的,已成为实现目标管理的一个有效工具。

2.1.5 非线性规划

若某一数学规划问题的目标函数和约束函数中至少有一个是非线性的,则称此类数学规划为非线性规划(nonlinear programming,NLP)。非线性规划是 20 世纪 50 年代左右发展起来的数学规划的一个重要分支。

虽然针对非线性规划问题学者们提出了许多求解算法,但这些算法往往只能适用于某一类型问题或在某些条件下有效。今天,许多学者依然在努力探求通用且有效的非线性规划的求解算法。

2.2 线性规划建模方法

线性规划的建模,是将语言文字上的问题转化为线性规划的问题。线性规划的建模从内容上看主要包括三部分:决策变量的识别与描述、目标函数的识别与描述、约束条件的识别与描述。

2.2.1 决策变量的识别与描述

决策变量是指运筹学问题或系统中待确定的某些变量,是决策方案的主要组成部分。下面通过范例介绍决策变量的识别过程与描述方法。

范例 某奶制品加工厂用牛奶生产甲、乙两种奶制品,生产每千克甲需要 0.25 桶牛奶在 A 车间加工 4 工时,生产每千克乙需要 0.2 桶牛奶在 B 车间加工 2 工时。根据市场需求,生产出的甲、乙两种奶制品能够全部售出,且每千克甲获利 32 元,每千克乙获利16元。现在加工厂每天能得到80桶牛奶的供应,每天A车间的最大生产能力为640工时,B车间的最大生产能力为500工时。试为该厂制订一个生产计划,使得每天的获利最大。

决策变量的识别:这个优化问题的目标是使每天的获利最大,要作的决策是制订生产计划,即每天生产多少千克的甲奶制品和乙奶制品。

决策变量的定义:设每天生产 x_1 千克甲奶制品、x_2 千克乙奶制品。

2.2.2 目标函数的识别与描述

最优化是运筹学模型与方法所要解决的重要目标。最优化要有一定的标准或评价方法,而目标函数就是这种标准的数学描述,通常表示为决策变量的函数。在线性规划中,目标函数是决策变量的线性函数。

由于范例中的目标是使每天的获利最大,因此可设每天的获利为 z 元。每千克甲可获利32元,则 x_1 千克甲可获利 $32x_1$ 元;每千克乙可获利16元,则 x_2 千克乙可获利 $16x_2$ 元,故目标函数可表示为

$$\max z = 32x_1 + 16x_2$$

2.2.3 约束条件的识别与描述

求目标函数最优值时的某些限制称为约束条件。约束条件包括两部分:约束函数、决策变量的非正性/非负性约束。

范例中,决策受到三方面的限制:原料(牛奶)供应、A车间的生产能力、B车间的生产能力。由此,可识别并描述相应的约束函数如下。

原料供应:生产甲、乙两种奶制品的原料(牛奶)总量不得超过每天的供应,即 $0.25x_1 + 0.2x_2 \leqslant 80$(桶)。

甲车间的生产能力:生产甲奶制品不得超过A车间的最大生产能力,即 $4x_1 \leqslant 640$。

乙车间的生产能力:生产乙奶制品不得超过B车间的最大生产能力,即 $2x_2 \leqslant 500$。

由于决策变量是描述每天生产甲、乙两种奶制品的数量,因此,决策变量应该是大于或等于0的数,即满足非负性约束。

综上可得

$$\begin{aligned} \max z &= 32x_1 + 16x_2 \quad &(1) \\ \text{s.t.} \begin{cases} 0.25x_1 + 0.2x_2 \leqslant 80 &(2) \\ 4x_1 \leqslant 640 &(3) \\ 2x_2 \leqslant 500 &(4) \\ x_1 \geqslant 0, \quad x_2 \geqslant 0 &(5) \end{cases} \end{aligned} \quad (2\text{-}2)$$

2.3 线性规划求解及决策分析

2.3.1 线性规划的求解方法

线性规划的求解方法有图解法、单纯形法、椭球法、内点法等,当然也可以基于常用的运筹学软件包进行求解,如 Win QSB、LINDO、LINGO 和 Excel 等。

由于范例中这个线性规划模型的决策变量有两个,因此用图解法求解既简单又便于直观地把握线性规划的基本性质。

将式(2-2)中的约束条件(2)~(5)中的不等号改为等号,可知它们是 x_1-x_2 平面上的 5 条直线,经计算得 5 个顶点的坐标为:$O(0,0)$、$C(160,0)$、$D(0,250)$、$H(160,200)$、$I(120,250)$,画出其可行域,其可行域为五边形 $OCHID$,如图 2-1 所示。

当目标函数中的 z 取不同的数值时,在图 2-1 中表示一组平行直线(虚线),称为等值线族。当这族平行线向上方移动时,函数值不断增大,当移动到 H 点时目标函数达到最大值,此时 $z=8\,320$,所以 H 的坐标(160,200)即为最优解:$x_1=160$,$x_2=200$。

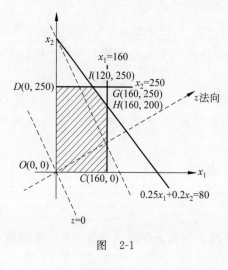

图 2-1

线性规划的解可能有以下几种情况:

(1) 唯一最优解。存在一个顶点使得目标函数达到最值。如上例中,存在点 $H(160,200)$ 使得目标函数 z 达到最大值。

(2) 多重最优解。在上例中如果因市场需求变化,甲奶制品的获利减少为 20 元,其他条件不变,则此时的目标函数变为:$z=20x_1+16x_2$。此时当目标函数向上移动时会与约束条件 $0.25x_1+0.2x_2\leqslant 80$ 重合,所以这条直线上在可行域内的所有点(即线段 IH 上的所有点)都是函数的最优解,所以该线性规划问题有无数个最优解,即有多重最优解。

(3) 无界解,即最优解无界。考虑下述线性规划问题:

目标函数:$\max z = x_1 + x_2$

约束条件:s.t. $\begin{cases} x_1 - x_2 \leqslant 1 \\ -3x_1 + 2x_2 \leqslant 6 \\ x_1 \geqslant 0, \quad x_2 \geqslant 0 \end{cases}$

用图解法求解结果如图 2-2 所示。

从图 2-2 中可以看出,该问题可行域无界,目标函数值可以增大到无穷大,此时该问题无有限最优解,即解无界,称为无界解。

(4) 无可行解。譬如在范例中再增加两个约束条件 $5x_1+4x_2 \geqslant 1\,800$ 和 $5x_1+4x_2 \leqslant 2\,200$ 时,此线性规划问题的新可行域为空域,即原来的可行域与新增加的约束条件的可行域的交集为空,如图 2-3 所示,此时不存在满足所有条件的 x_1 和 x_2,当然也就不可能存在最优解了。

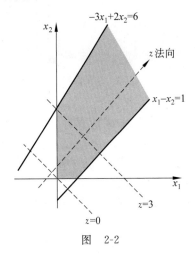

图 2-2

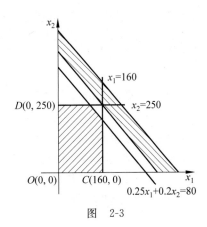

图 2-3

2.3.2 线性规划问题的标准化

线性规划问题(LP 问题)有许多不同形式,如:

(1) 目标函数的优化准则包括 max 和 min 形式。

(2) 函数性约束的表达式包括 $\geqslant$、$=$ 和 $\leqslant$ 形式。

(3) 决策变量的本身约束包括非负性约束、非正性约束和无约束(自由变量)三种形式。

上述各种不同形式可以相互转化。为了统一描述线性规划问题,可构造 LP 问题的标准形式(简称标准形)如下:

$$(\mathbf{M}_1): \max z = c_1 x_1 + c_2 x_2 + \cdots + c_n x_n$$

$$\text{s.t.} \begin{cases} a_{11}x_1 + a_{12}x_2 + \cdots + a_{1n}x_n = b_1 (\geqslant 0) \\ a_{21}x_1 + a_{22}x_2 + \cdots + a_{2n}x_n = b_2 (\geqslant 0) \\ \vdots \quad \vdots \quad \vdots \\ a_{m1}x_1 + a_{m2}x_2 + \cdots + a_{mn}x_n = b_m (\geqslant 0) \\ x_1, x_2, \cdots, x_n \geqslant 0 \end{cases} \quad (2\text{-}3)$$

简记为

$$(\mathbf{M}_2): \max z = \sum_{j=1}^{n} c_j x_j$$

$$\text{s.t.} \begin{cases} \sum_{j=1}^{n} a_{ij} x_j = b_i \\ x_j \geqslant 0, \quad i = 1, 2, \cdots, m; j = 1, 2, \cdots, n \end{cases} \quad (2\text{-}4)$$

$$(\mathbf{M}_3): \max z = C^{\mathrm{T}} X$$

$$\text{s.t.} \begin{cases} AX = B \\ X \geqslant 0 \end{cases} \quad (2\text{-}5)$$

其中，c_j 为价值系数；b_i 为右端常数项；a_{ij} 为消耗系数。

$$C = \begin{bmatrix} c_1 \\ c_2 \\ \vdots \\ c_n \end{bmatrix}, \quad A = \begin{bmatrix} a_{11} & a_{12} & \cdots & a_{1n} \\ a_{21} & a_{22} & \cdots & a_{2n} \\ \vdots & \vdots & \vdots & \vdots \\ a_{m1} & a_{m2} & \cdots & a_{mn} \end{bmatrix}, \quad X = \begin{bmatrix} x_1 \\ x_2 \\ \vdots \\ x_n \end{bmatrix}, \quad b = \begin{bmatrix} b_1 \\ b_2 \\ \vdots \\ b_m \end{bmatrix}$$

非标准形 LP 问题的标准化可采用如下方法：

(1) 目标函数。

若目标函数形如 $\min z = C^T X$，可令 $z' = -z$，则有 $\max z' = -C^T X$

例如，$\min z = 4x_1 + 6x_2$ 可变换为 $\max z' = -4x_1 - 6x_2$

(2) 函数性约束条件。

若 $b_i < 0$，则表达式两边同时乘以 -1；

若函数性约束为"$\leqslant$"形式，则在"$\leqslant$"左侧加上松弛变量；

若函数性约束为"$\geqslant$"形式，则在"$\geqslant$"左侧减去剩余变量。

(3) 决策变量。

若 $x_k \leqslant 0$ 即满足非正性约束时，令 $x_k = -x_k'$，则 $x_k' \geqslant 0$；

若 x_k 为自由变量时，令 $x_k = x_k' - x_k''$，且 $x_k', x_k'' \geqslant 0$

2.3.3 线性规划的解

1. 可行解

若令某一 LP 问题的所有决策变量的解所构成的向量记为 **X**，则满足 LP 问题所有约束条件的 **X** 称为可行解，所有可行解所构成的集合称为可行域，记为 **R**。

2. 最优解

满足目标要求的可行解称为最优解，记为 X^*。最优解所对应的目标函数值称为最优值，记为 z^*。

3. 基本解

基本解的概念只适用于标准形 LP 问题，如范例中的标准形如下：

$$\max z = 32x_1 + 16x_2$$

$$\text{s.t.} \begin{cases} 0.25x_1 + 0.2x_2 + x_3 = 80 \\ 4x_1 + x_4 = 640 \\ 2x_2 + x_5 = 500 \\ x_1 \geqslant 0, \quad x_2 \geqslant 0 \end{cases} \tag{2-6}$$

设 **B** 是由式(2-3)函数性约束方程中的 m 个线性无关的系数列向量构成的 m 阶方阵，且 $|\boldsymbol{B}| \neq 0$，则称 **B** 为标准形 LP 问题(M)的一个基矩阵(简称基)。为叙述简便，不妨设

$$\boldsymbol{B} = (a_1, a_2, \cdots a_m) \quad (|\boldsymbol{B}| \neq 0)$$

其中
$$a_j = (a_{1j}, a_{2j}, \cdots a_{mj})^{\mathrm{T}}, \quad j = 1, 2, \cdots n$$

它是 A(也是 B)阵中第 j 个列向量,称为基向量;其余 $n-m$ 个列向量 $a_{m+1}, a_{m+2}, \cdots$, a_n 称为非基向量。基向量对应的变量称为基变量,非基向量对应的变量称为非基变量。

令所有非基变量等于0,基于式(2-3)中的函数约束方程,则可得到所有基变量的取值,由此得到的解称为一个关于基 B 的基本解,简称基本解,也称之为标准形 LP 问题的一个基本解。若基本解中有一个或更多个基变量 $x_j = 0$,则称之为退化基本解。

譬如范例,取基矩阵为
$$\boldsymbol{B}_0 = (a_3, a_4, a_5)$$

由于 $|\boldsymbol{B}_0| \neq 0$,则 x_3、x_4、x_5 为基变量,x_1、x_2 为非基变量。令 $x_1 = 0$ 且 $x_2 = 0$,则方程组(2-6)变为
$$\begin{cases} x_3 = 80 \\ x_4 = 640 \\ x_5 = 500 \end{cases}$$

求解上述方程组,可得关于 $\boldsymbol{B}_0$ 的基本解为
$$X_0 = (0, 0, 80, 640, 500)^{\mathrm{T}}$$

若另取
$$\boldsymbol{B}_1 = (a_2, a_3, a_4) = \begin{bmatrix} 0.2 & 1 & 0 \\ 0 & 0 & 1 \\ 2 & 0 & 0 \end{bmatrix}$$

因为 $|\boldsymbol{B}_1| \neq 0$,所以它也是一个基。它对应的基变量为 x_2、x_3、x_4,非基变量为 x_1、x_5。令 $x_1 = x_5 = 0$,这时方程组(2-6)变为
$$\begin{cases} 0.2 x_2 + x_3 = 80 \\ x_4 = 640 \\ 2 x_2 = 500 \end{cases}$$

该方程组有唯一解,为
$$x_2 = 250, \quad x_3 = 30, \quad x_4 = 640$$

于是可得到关于基 $\boldsymbol{B}_1$ 的基本解为
$$X_1 = (0, 250, 30, 640, 0)^{\mathrm{T}}$$

若再取
$$\boldsymbol{B}_2 = (a_1, a_2, a_3) = \begin{bmatrix} 0.25 & 0.2 & 1 \\ 4 & 0 & 0 \\ 0 & 2 & 0 \end{bmatrix}$$

为基(因 $|\boldsymbol{B}_2| \neq 0$),同理可得关于基 $\boldsymbol{B}_2$ 的基本解为
$$X_2 = (160, 250, -10, 0, 0)^{\mathrm{T}}$$

再取
$$\boldsymbol{B}_3 = (a_1, a_2, a_5) = \begin{bmatrix} 0.25 & 0.2 & 0 \\ 4 & 0 & 0 \\ 0 & 2 & 1 \end{bmatrix}$$

为基(因$|B_3|\neq 0$),同理可得关于B_3的基本解为
$$X^* = (160,200,0,0,100)^T$$

它的前两个分量为:$x_1^* = 160, x_2^* = 200$恰好是范例的最优解,故称X^*为最优基本解。

综上所述,有一个基,就有一个基本解。图2-1中的点O、C、D、H、G、I各对应范例中的一个基本解。$O(0,0)$点对应基本解X_0,$D(0,250)$点对应基本解X_1,$G(160,250)$点对应基本解X_2,$H(160,200)$点对应基本解X^*。

4. 基本可行解

满足决策变量的非负性和非正性约束的基本解,称为标准形LP问题的基本可行解。把基本可行解对应的基称为可行基,把最优基本解对应的基称为最优基。

例如,X_0所对应的基(a_3,a_4,a_5)是一可行基,X_0是基本可行解。X^*所对应的基(a_1,a_2,a_5)是最优基,X^*是最优解。而X_2中有一分量$X_3=-10$不满足非负性约束,因此X_2是一个不可行的基本解,其对应的基(a_1,a_2,a_3)不可行。

2.3.4 线性规划问题的灵敏度分析概述

实际LP问题的最优解是在给定一组模型参数a_{ij}, b_i, c_j的基础上得到的,但在现实世界中,环境与条件等都是在不断变化的,这些具有确定值的参数往往是一些预测或估计的数字,因此可能会有一定的误差,或者可能变动。如c_j往往随市场价格因素而变化;a_{ij}往往随工艺技术条件和组织变革而变化;资源数量b_i也往往受到市场价格等因素的影响。

灵敏度分析就是分析研究一个线性规划模型中参数取值的变化对最优解或最优基的影响。自然地,我们就面临以下问题:模型参数在什么范围内变化时最优基不变?进一步地,参数变化时最优解是否变化?最优值是否变化?

灵敏度分析的任务之一就是确定参数的影响范围。一个线性规划问题的某一参数的影响范围是指在保持该问题标准形的最优基不变的前提下,该参数单独变化的最大范围。可以借助Win QSB等运筹学软件包求解模型参数的影响范围。

当某一右端常数项或价值系数在其影响范围内发生变化时,最优基与最优解的变化情况如下:

(1) 当单独某一b_i在其影响范围内变化时,最优基保持不变,但最优解可能变化。

(2) 当某一参数c_j为非基变量的系数并单独在其影响范围内变化时,最优基保持不变,且最优解和最优值也保持不变。

(3) 当某一参数c_j为基变量的系数并单独在其影响范围内变化时,最优基与最优解保持不变,但最优值发生变化。

如范例,经计算可得c_1的影响范围是$[20,+\infty)$,c_2的影响范围是$[0,25.6]$。由于x_1和x_2均是基变量,所以当c_1和c_2均在影响范围内变化时,最优基与最优解保持不变,但最优值发生变化。

另外,经计算可得,每天可得的牛奶桶数 b_1 的影响范围是 $[40,90]$,A 车间的生产能力上限 b_2 的影响范围是 $[480,1\,280]$,B 车间的生产能力上限 b_3 的影响范围是 $[400,+\infty)$。上述三个参数在影响范围内变化时,最优基保持不变,但是最优解和最优值有可能发生变化。

2.4 管理中的线性规划问题

2.4.1 人力资源分配问题

例 2-1 某医院安排护士值班班次,每班工作时间及各时间段所需护士人数如表 2-1 所示。每班护士连续工作 8 小时,相邻两班人员有重叠,试求该医院最少需要聘用多少名护士。

表 2-1 各班次时间及所需人数

班次	工作时间	所需人数/名	班次	工作时间	所需人数/名
1	2:00~6:00	40	4	14:00~18:00	118
2	6:00~10:00	40	5	18:00~22:00	45
3	10:00~14:00	196	6	22:00~2:00	40

解:设 x_i 表示第 i 班次开始上班的护士人数,因为每班护士连续工作 8 小时,即工作两个班次,所以在第 i 班工作的护士人数应包括第 $i-1$ 班次开始上班的护士人数和第 i 班次开始上班的护士人数,例如,对于第 2 班次工作的护士人数有 $x_1+x_2\geqslant 40$。又要求这 6 个班次开始上班的护士人数之和最少,即要求 $x_1+x_2+x_3+x_4+x_5+x_6$ 最小,这样建立如下的数学模型:

$$\min z = x_1+x_2+x_3+x_4+x_5+x_6$$

$$\text{s.t.} \begin{cases} x_6+x_1 \geqslant 40 \\ x_1+x_2 \geqslant 40 \\ x_2+x_3 \geqslant 196 \\ x_3+x_4 \geqslant 118 \\ x_4+x_5 \geqslant 45 \\ x_5+x_6 \geqslant 40 \\ x_1,x_2,x_3,x_4,x_5,x_6 \geqslant 0 \end{cases}$$

经求解,最优解如下:

$$X^* = (40,83,113,5,40,0)^\text{T}, \quad z^* = 281$$

计算结果表明,第 1 班次上班人数应为 40 名,第 2 班次上班人数应为 83 名,第 3 班次上班人数应为 113 名,第 4 班次上班人数应为 5 名,第 5 班次上班人数应为 40 名,这样安排可以使所需护士人数达到最小,即医院至少需聘用护士 281 名。

2.4.2 生产计划问题

例 2-2 GX 公司某车间生产三种型号的产品,该车间有 4 台设备可以加工这三种产品。各设备生产这些产品每小时所获得的利润如表 2-2 所示,生产不同产品的速度参见表 2-3。预计市场下个月对三种产品的需求量分别为 900 千克、800 千克、600 千克;这 4 台设备每月可用来生产此三种产品的最长工作时间分别为 90 小时、70 小时、80 小时、90 小时。该车间在三种产品下月产量不超过下月需求量的前提下,应该如何安排生产,才能保证下个月的利润最大?

表 2-2 设备生产产品的利润 (单位:元/小时)

产品类型	设备编号			
	1	2	3	4
I	100	120	110	100
II	100	110	90	110
III	110	120	80	90

表 2-3 设备生产产品的速度 (单位:千克/小时)

产品类型	设备编号			
	1	2	3	4
I	7	3	4	10
II	6	7	5	4
III	5	7	5	3

解:设 x_{ij} 表示安排在第 j 台设备上生产第 i 种产品的小时数,该问题的线性规划模型可以表示如下。

目标函数:
$$\max z = 100x_{11} + 120x_{12} + 110x_{13} + 100x_{14} + 100x_{21} + 110x_{22} + 90x_{23}$$
$$+ 110x_{24} + 110x_{31} + 120x_{32} + 80x_{33} + 90x_{34}$$

约束条件:
$$\text{s.t.} \begin{cases} 7x_{11} + 3x_{12} + 4x_{13} + 10x_{14} = 900 & (1) \\ 6x_{21} + 7x_{22} + 5x_{23} + 4x_{24} = 800 & (2) \\ 5x_{31} + 7x_{32} + 5x_{33} + 3x_{34} = 600 & (3) \\ x_{11} + x_{21} + x_{31} \leqslant 90 & (4) \\ x_{12} + x_{22} + x_{32} \leqslant 70 & (5) \\ x_{13} + x_{23} + x_{33} \leqslant 80 & (6) \\ x_{14} + x_{24} + x_{34} \leqslant 90 & (7) \\ x_{ij} \geqslant 0, \quad i=1,2,3, j=1,2,3,4 & (8) \end{cases}$$

约束条件(1)~(3)是需求约束,表示三种产品的产量都要不超过下个月的需求量;约束条件(4)~(7)是工时约束,表示在每台设备上生产产品的总时间不能超过每台设备所能提供的工作时间;约束条件(8)是非负性约束,即每种设备生产每种产品的生产小时数不能小于零。

经求解,最优解如下:
$$X^* = (0,70,80,0,0,0,0,90,90,0,0,0)^T,$$
$$z^* = 37\,000$$

计算结果表明,1 号设备应被安排生产第 Ⅲ 种产品 90 小时;2 号设备应被安排生产第 Ⅰ 种产品 70 小时;3 号设备应被安排生产第 Ⅰ 种产品 80 小时;4 号设备应被安排生产第 Ⅱ 种产品 90 小时。

2.4.3 套材下料问题

例 2-3 DL 制造厂有一批长度为 3 米的钢管,为制造某零件,需要将钢管截成长度分别为 200 厘米、110 厘米和 55 厘米的三种管料,三种管料的需求量分别为 200 根、400 根和 100 根。

把一根钢管截成几段需要的管料时,一般会产生残料。例如,把 3 米长的钢管截成 1 根 200 厘米和 1 根 55 厘米的管料,要剩残料 45 厘米;如果截成 2 根 110 厘米、和 1 根 55 厘米的管材,要剩残料 25 厘米。根据实际情况共有四种截分方案,如表 2-4 所示。请问采用四种截法各截多少根钢管,既能满足需求量,又能使残料最少?

表 2-4 钢管的截分方案

管料类型/厘米	截分方案			
	Ⅰ	Ⅱ	Ⅲ	Ⅳ
200	1	0	0	0
110	0	2	1	0
55	1	1	3	5
残料	45	25	25	25

解:定义决策变量:设 x_i 表示采用第 i 种截分方案截断的钢管数量,则

截得的 200 厘米钢管的数量为 x_1

截得的 110 厘米钢管的数量为 $2x_2 + x_3$

截得的 55 厘米钢管的数量为 $x_1 + x_2 + 3x_3 + 5x_4$

残料的数量为 $z = 45x_1 + 25x_2 + 25x_3 + 25x_4$

目标函数:
$$\min z = 45x_1 + 25x_2 + 25x_3 + 25x_4$$

约束条件:

$$\text{s.t.} \begin{cases} x_1 \geqslant 200 \\ 2x_2 + x_3 \geqslant 400 \\ x_1 + x_2 + 3x_3 + 5x_4 \geqslant 100 \\ x_1, x_2, x_3, x_4 \geqslant 0 \end{cases}$$

经求解,最优解如下:

$$X^* = (200, 200, 0, 0)^T, \quad z^* = 14\,000$$

计算结果表明,按照截法Ⅰ截200根钢管,按截法Ⅱ截200根钢管能满足管料的需求量,并且使残料达到最小值14 000厘米。

2.4.4 配料问题

例 2-4 某食品厂用原料 A、B、C 加工生产甲、乙、丙三种不同口味的饼干。已知各种口味的饼干中 A、B、C 的含量、原料成本、各种原料每月的限制用量、三种口味饼干的单位加工费及售价如表 2-5 所示。

表 2-5

项 目	A	B	C	加工费/(元/千克)	售价/(元/千克)
甲	≥30%	≤20%	≥40%	1	6
乙		≤40%	≥60%	0.7	5.8
丙	≥60%	≤20%		0.6	5.4
原材料成本/(元/千克)	2	3	2		
每月限制用量/千克	1 500	900	1 500		

问该厂每月生产这三种口味的饼干各为多少千克,才使得利润最大?

解:设 x_{ij} 为生产 i 种饼干所使用的 j 种原材料数量。$i=1,2,3$ 分别代表甲、乙、丙,$j=1,2,3$ 分别代表 A、B、C。

目标函数:

$$\begin{aligned} \max z = &(6-1)(x_{11}+x_{12}+x_{13}) + (5.8-0.7)(x_{21}+x_{22}+x_{23}) \\ &+ (5.4-0.6)(x_{31}+x_{32}+x_{33}) - 2(x_{11}+x_{21}+x_{31}) \\ &- 3(x_{12}+x_{22}+x_{32}) - 2(x_{13}+x_{23}+x_{33}) \end{aligned}$$

原料的约束条件:

$$x_{11} + x_{21} + x_{31} \leqslant 1\,500$$
$$x_{12} + x_{22} + x_{32} \leqslant 900$$
$$x_{13} + x_{23} + x_{33} \leqslant 1\,500$$

产品中各种原料含量的约束条件:

$$\frac{x_{11}}{x_{11}+x_{12}+x_{13}} \geqslant 30\%$$

$$\frac{x_{31}}{x_{31}+x_{32}+x_{33}} \geqslant 60\%$$

$$\frac{x_{12}}{x_{11}+x_{12}+x_{13}} \leqslant 20\%$$

$$\frac{x_{22}}{x_{21}+x_{22}+x_{23}} \leqslant 40\%$$

$$\frac{x_{32}}{x_{31}+x_{32}+x_{33}} \leqslant 20\%$$

$$\frac{x_{13}}{x_{11}+x_{12}+x_{13}} \geqslant 40\%$$

$$\frac{x_{23}}{x_{21}+x_{22}+x_{23}} \geqslant 60\%$$

上述约束条件等价为

$$0.7x_{11}-0.3x_{12}-0.3x_{13} \geqslant 0$$
$$0.4x_{31}-0.6x_{32}-0.6x_{33} \geqslant 0$$
$$0.8x_{12}-0.2x_{11}-0.2x_{13} \leqslant 0$$
$$0.6x_{22}-0.4x_{21}-0.4x_{23} \leqslant 0$$
$$0.8x_{32}-0.2x_{31}-0.2x_{33} \leqslant 0$$
$$0.6x_{13}-0.4x_{11}-0.4x_{12} \geqslant 0$$
$$0.4x_{23}-0.6x_{21}-0.6x_{22} \geqslant 0$$

该问题的总体模型如下所示：

$$\max z = 3x_{11}+2x_{12}+3x_{13}+3.1x_{21}+2.1x_{22}$$
$$+3.1x_{23}+2.8x_{31}+1.8x_{32}+2.8x_{33}$$

$$\text{s.t.} \begin{cases} x_{11}+x_{21}+x_{31} \leqslant 1\,500 \\ x_{12}+x_{22}+x_{32} \leqslant 900 \\ x_{13}+x_{23}+x_{33} \leqslant 1\,500 \\ 0.7x_{11}-0.3x_{12}-0.3x_{13} \geqslant 0 \\ 0.4x_{31}-0.6x_{32}-0.6x_{33} \geqslant 0 \\ 0.8x_{12}-0.2x_{11}-0.2x_{13} \leqslant 0 \\ 0.6x_{22}-0.4x_{21}-0.4x_{23} \leqslant 0 \\ 0.8x_{32}-0.2x_{31}-0.2x_{33} \leqslant 0 \\ 0.6x_{13}-0.4x_{11}-0.4x_{12} \geqslant 0 \\ 0.4x_{23}-0.6x_{21}-0.6x_{22} \geqslant 0 \\ x_{ij} \geqslant 0 \end{cases}$$

经求解，最优解如下：

$$X^* = (1\,140, 570, 1\,140, 0, 240, 360, 360, 90, 0)^T, \quad z^* = 10\,770$$

计算结果表明，该食品厂应该生产甲种饼干共 2 850 千克，其中使用 A 原料 1 140 千克，B 原料 570 千克，C 原料 1 140 千克；生产乙种饼干共 600 千克，其中使用 B 原料 240 千克，C 原料 360 千克；生产丙种饼干共 450 千克，使用 A 原料 360 千克，B 原料 90 千克，这样可以获得最大利润 10 770 元。

2.4.5 投资问题

例 2-5 某公司现有资金 3 000 万元,今后 5 年内计划对以下项目进行投资:

项目 A,从第一年到第五年每年年初都可以投资,当年年末能收回本利 105%。

项目 B,从第一年到第四年每年年初都可以投资,次年年末收回本利 135%,但规定每年最大投资额不能超过 450 万元。

项目 C,第三年年初可以投资,到第五年年末能收回本利 130%,但规定最大投资额不能超过 1 200 万元。

项目 D,第二年年初可以投资,到第五年年末能收回本利 140%,但规定最大投资额不能超过 1 500 万元。

那么,应如何确定这些项目每年的投资额,从而使得第五年末拥有资金的本利金额最大?

解:设 x_{ij} 为第 i 年初投资于项目 j 的金额(单位:万元),根据题意将变量列于表 2-6 中。

表 2-6

年份 项目	1	2	3	4	5
A	x_{1A}	x_{2A}	x_{3A}	x_{4A}	x_{5A}
B	x_{1B}	x_{2B}	x_{3B}	x_{4B}	
C			x_{3C}		
D		x_{2D}			

因为项目 A 每年都可以投资,并且当年年末都能收回本息,所以该公司每年都应把资金投出去,手中不应当有剩余的呆滞资金,因此,

第一年:该公司年初有资金 3 000 万元,故有

$$x_{1A} + x_{1B} = 3\,000$$

第二年:因为第一年给项目 B 的投资要到第二年年末才能收回,所以该公司在第二年初拥有资金仅为项目 A 在第一年投资额所收回的本息 $105\% x_{1A}$,故有

$$x_{2A} + x_{2B} + x_{2D} = 1.05 x_{1A}$$

第三年:第三年年初的资金额是从项目 A 第二年投资和项目 B 第一年投资所回收的本息总和,即 $1.05 x_{2A} + 1.35 x_{1B}$,故有

$$x_{3A} + x_{3B} + x_{3C} = 1.05 x_{2A} + 1.35 x_{1B}$$

第四年:同以上分析,可得

$$x_{4A} + x_{4B} = 1.05 x_{3A} + 1.35 x_{2B}$$

第五年:同以上分析,可得

$$x_{5A} = 1.05 x_{4A} + 1.35 x_{3B}$$

另外,对项目 B、C、D 的投资额的限制有
$$x_{iB} \leqslant 450 \quad (i=1,2,3,4)$$
$$x_{3C} \leqslant 1\,200$$
$$x_{2D} \leqslant 1\,500$$

此问题要求在第五年年末该部门所拥有的资金额达到最大,则目标函数可以表示为
$$\max z = 1.05x_{5A} + 1.35x_{4B} + 1.3x_{3C} + 1.4x_{2D}$$

综上,建立数学模型为
$$\max z = 1.05x_{5A} + 1.35x_{4B} + 1.3x_{3C} + 1.4x_{2D}$$
$$\text{s.t.} \begin{cases} x_{1A} + x_{1B} = 3\,000 \\ x_{2A} + x_{2B} + x_{2D} = 1.05x_{1A} \\ x_{3A} + x_{3B} + x_{3C} = 1.05x_{2A} + 1.35x_{1B} \\ x_{4A} + x_{4B} = 1.05x_{3A} + 1.35x_{2B} \\ x_{5A} = 1.05x_{4A} + 1.35x_{3B} \\ x_{iB} \leqslant 450 \quad (i=1,2,3,4) \\ x_{3C} \leqslant 1\,200 \\ x_{2D} \leqslant 1\,500 \\ x_{ij} \geqslant 0 \end{cases}$$

经求解,最优解如下:
$$X^* = (2\,550, 727.499\,9, 0, 157.5, 772.875, 450, 450, 450, 450, 921.374\,9, 1\,500)^T$$
$$z^* = 4\,716.806$$

由结果可知,第一年对项目 A 投资 2 550 万元,对项目 B 投资 450 万元;第二年对项目 A 投资 727.499 9 万元,对项目 B 投资 450 万元,对项目 D 投资 1 500 万元;第三年对项目 A 投资 0 万元,对项目 B 投资 450 万元,对项目 C 投资 921.374 9 万元;第四年对项目 A 投资 157.5 万元,对项目 B 投资 450 万元;第五年对项目 A 投资 772.875 万元,这样的安排使得第五年年末拥有资金的本利金额最大,最大金额为 4 716.806 万元。

2.4.6 市场营销调查问题

例 2-6 一个厨具制造公司要调查消费者对近期推出的一款洗碗机的反应,计划展开个人入户调查,拟从有老人的家庭和无老人的家庭中获得回答,计划要调查的家庭总数为 800 个,并且要同时开展工作日和双休日调查。另外对于此次调查还有以下要求:

(1) 至少访问 300 个有老人的家庭;
(2) 至少访问 300 个无老人的家庭;
(3) 双休日访问的家庭数量必须不少于工作日访问的家庭数量的 1/2;
(4) 至少 40% 有老人的家庭必须在双休日访问;
(5) 至少 40% 无老人的家庭必须在双休日访问。

预计的调查费用如表 2-7 所示。

表 2-7 调查费用　　　　　　　　　　（单位：元/家）

项目	调查费用	
家庭情况	工作日	双休日
有老人	12	16
无老人	10	14

应怎样安排调查计划才能使总调查费用最小？

解：设 WO 为工作日调查的有老人的家庭个数

RO 为双休日调查的有老人的家庭个数

WNO 为工作日调查的无老人的家庭个数

RNO 为双休日调查的无老人的家庭个数

z 为总调查费用

则该问题的数学模型为

$$\min z = 12\text{WO} + 16\text{RO} + 10\text{WNO} + 14\text{RNO}$$

$$\text{s.t.} \begin{cases} \text{WO} + \text{RO} + \text{WNO} + \text{RNO} = 800 & \text{调查家庭总数} \\ \text{WO} + \text{RO} \geq 300 & \text{调查有老人的家庭总数} \\ \text{WNO} + \text{RNO} \geq 300 & \text{调查无老人的家庭总数} \\ \text{RO} + \text{RNO} \geq (\text{WO} + \text{WNO})/2 & \text{双休日调查的家庭总数} \\ \text{RO} \geq 0.4(\text{WO} + \text{RO}) & \text{双休日调查有老人的家庭总数} \\ \text{RNO} \geq 0.4(\text{WNO} + \text{RNO}) & \text{双休日调查无老人的家庭总数} \\ \text{WO}, \text{RO}, \text{WNO}, \text{RNO} \geq 0 \end{cases}$$

经求解，最优解如下：

$$X^* = (180, 120, 300, 200)^\text{T}, \quad z^* = 9\,880$$

由结果可知，当工作日调查的有老人的家庭个数为 180 个，双休日调查的有老人的家庭个数为 120 个，工作日调查的无老人的家庭个数为 300 个，双休日调查的无老人的家庭个数为 200 个时，总调查费用最小，最小调查费用为 9 880 元。

2.4.7 收益管理问题

例 2-7 某航空公司的一架波音 737 客机的航线为：广州—上海—大连，飞机早上从广州飞往大连，中途经停上海，飞机最多可容纳 112 个座位。图 2-4 为该客机的航线状况。该航空公司为此客机制定了两种级别的机票：A 级别机票和 B 级别机票。表 2-8 详细说明了该客机各旅程的两种级别机票的票价和需求预测情况。

图 2-4　客机的航线状况

表 2-8　客机各旅程的两种级别机票的票价和需求预测情况

出发地	目的地	机票级别	票价/元	预测的需求数/人
广州	上海	B	640	34
上海	大连	B	310	41
广州	大连	B	875	47
广州	上海	A	1 020	25
上海	大连	A	580	31
广州	大连	A	1 375	17

应如何安排该客机各旅程的两种级别机票的数量,才能使总收益最大化?

解:设 GSB 为广州到上海旅程的 B 级机票数,
　　　SDB 为上海到大连旅程的 B 级机票数,
　　　GDB 为广州到大连旅程的 B 级机票数,
　　　GSA 为广州到上海旅程的 A 级机票数,
　　　SDA 为上海到大连旅程的 A 级机票数,
　　　GDA 为广州到大连旅程的 A 级机票数,
　　　z 为总收益,

目标函数为

$$\max z = 640\text{GSB} + 310\text{SDB} + 875\text{GDB} + 1\,020\text{GSA} + 580\text{SDA} + 1\,375\text{GDA}$$

约束条件包括需求约束和能力约束,需求约束指各级别票数不能大于对应的预测需求数量,即有 GSB≤34,SDB≤41,GDB≤47,GSA≤25,SDA≤31,GDA≤17。能力约束指各旅程的机票总数不能大于客机座位总数,经过旅程 1(广州—上海)的机票有 GSB、GDB、GSA、GDA 四种,所以应有 GSB+GDB+GSA+GDA≤112,经过旅程 2(上海—大连)的机票有 SDB、GDB、SDA、GDA 四种,所以应有 SDB+GDB+SDA+GDA≤112。

综上目标函数和约束条件,得到此问题的数学模型为

目标函数:

$$\max z = 640\text{GSB} + 310\text{SDB} + 875\text{GDB} + 1\,020\text{GSA} + 580\text{SDA} + 1\,375\text{GDA}$$

约束条件:

$$\text{s.t.} \begin{cases} \text{GSB} + \text{GDB} + \text{GSA} + \text{GDA} \leqslant 112 \\ \text{SDB} + \text{GDB} + \text{SDA} + \text{GDA} \leqslant 112 \\ \text{GSB} \leqslant 34, \text{SDB} \leqslant 41, \text{GDB} \leqslant 47, \text{GSA} \leqslant 25, \text{SDA} \leqslant 31, \text{GDA} \leqslant 17 \\ \text{GSB}, \text{SDB}, \text{GDB}, \text{GSA}, \text{SDA}, \text{GDA} \geqslant 0 \end{cases}$$

经求解,最优解如下:

$$X^* = (34, 28, 36, 25, 31, 17)^\text{T}, \quad z^* = 128\,795$$

由结果可知,设置广州到上海旅程的 B 级机票数为 34,上海到大连旅程的 B 级机票数为 28,广州到大连旅程的 B 级机票数为 36,广州到上海旅程的 A 级机票数为 25,上海到大连旅程的 A 级机票数为 31,广州到大连旅程的 A 级机票数为 17,这样安排使得总收

益最大,最大总收益为 128 795 元。

2.5 线性规划的对偶问题

2.5.1 线性规划的对偶问题概述

首先考虑下面两个问题:
(1) 在周长为 4 米的矩形中,怎样的矩形面积最大?
(2) 在面积为 1 平方米的矩形中,怎样的矩形周长最小?

表面看来,这两个问题一个是求最大,另一个是求最小,似乎不同,但其答案是一致的:均是边长为 1 米的正方形。上述两个问题就互为对偶问题(dual problem)。

在 2.2 节提出范例时,我们建立了一个求每天获利最大的奶制品生产计划的 LP 模型。现在从另一角度考虑这个问题。假定不生产甲、乙两种奶制品,而把原拟用于每天生产这两种奶制品的牛奶供应量,A 车间生产能力和 B 车间生产能力三种资源全部出售给外单位,则应如何考虑这三种资源的出售价格呢?

设 y_1、y_2、y_3 分别为出售每桶牛奶、A 车间 1 工时、B 车间 1 工时所得利润,ω 为总利润。

由于原拟用 0.25 桶牛奶、4 个 A 车间工时生产 1 千克甲奶制品可创造 32 元利润,所以出售上述数量的各资源所获得的利润至少应不低于 32 元,于是有

$$0.25y_1 + 4y_2 \geqslant 32 \tag{1}$$

与此类似,原拟用 0.2 桶牛奶、2 个 B 车间工时生产 1 千克乙奶制品可创造 16 元利润,所以出售上述数量的各资源所获得的利润至少应不低于 16 元,于是有

$$0.2y_1 + 2y_3 \geqslant 16 \tag{2}$$

而把原拟用于生产甲、乙两种奶制品的三种资源全部售出所获得的总利润如下:

$$\omega = 80y_1 + 640y_2 + 500y_3 \tag{3}$$

虽然 ω 越大越好,但也不能要求目标为 max ω,因为这势必导致 $\omega \to \infty$,这显然是不现实的。而且考虑市场竞争,资源售价也不宜定得过高。因此只能在上述有利的限制条件(1)、(2)之下,考虑使 ω 最小化,即 min ω。若 min ω = max z,则现拟销售方案与原拟生产方案在所获利润角度等价,相应的单位资源出售利润 y_1、y_2、y_3 可以接受;若 min ω < max z 则不应采用现拟出售方案。

将上述结果归纳起来即可构成范例的另一个 LP 模型:

$$\min \omega = 80y_1 + 640y_2 + 500y_3$$
$$\text{s.t.} \begin{cases} 0.25y_1 + 4y_2 \geqslant 32 \\ 0.2y_1 + 2y_3 \geqslant 16 \\ y_1 \geqslant 0, \quad y_2 \geqslant 0, \quad y_3 \geqslant 0 \end{cases}$$

其最优解为

$$Y^* = (80, 3, 0)^{\text{T}}$$
$$\omega^* = 8\,320$$

这恰好符合 $\min \omega = \max z$，即 $\omega^* = z^* = 8\,320$。我们把上述 LP 模型称为范例原始 LP 模型的对偶问题。

2.5.2 线性规划的对偶关系

总结 LP 问题及其对偶问题的**一般关系**如表 2-9 所示。

表 2-9

对偶问题	(P)	(D)	备 注
目标要求	max↔min		本质属性不变
规范不等式约束的式号	⩽	⩾	与自身目标要求相反
系数阵	$(a_{ij})_{m\times n}$	$(a_{ji})_{n\times m}$	互为转置阵
函数约束与变量	第 k 个约束↔第 k 个变量 约束个数 = 变量个数 第 k 个右端常数 = 第 k 个价值系数 (非)规范不等式约束↔非负(正)变量 等式约束↔自由变量		$k=i$ 或 j $i=1,2,\cdots,m$ $j=1,2,\cdots,n$

基于表 2-9 中的对应关系，可以写出任一 LP 问题的对偶问题。

例 2-8 试写出下述 LP 问题的对偶问题。

$$\min \omega = 5x_1 + 4x_2 - 2x_3 \quad (0)$$

$$\text{s.t.} \begin{cases} 3x_1 + 2x_2 + 5x_3 \geqslant 4 & (1) \\ 4x_1 - 5x_2 \leqslant 6 & (2) \\ 2x_1 + 4x_2 + 2x_3 = 3 & (3) \\ x_1 \leqslant 0, \quad x_3 \geqslant 0 & (4) \end{cases}$$

解：由于上述问题目标函数的最优化准则为 min，故其对偶问题目标要求必为 max；又(1)式对应 y_1，(2)式对应 y_2，(3)式对应 y_3，且(1)、(2)、(3)式的右端常数就是对偶问题目标函数的系数，故可得对偶问题的目标函数如下：

$$\max z = 4y_1 + 6y_2 + 3y_3 \quad (0)^*$$

又由 x_1 的系数可得对偶问题的第一个约束：

$$3y_1 + 4y_2 + 2y_3 \geqslant 5 \quad (1)^*$$

$(1)^*$ 中的 ⩾ 号是由 $x_1 \leqslant 0$ 决定的。因 x_1 为非正变量，故它对应非规范不等式约束，而对偶问题的目标要求为 max，故 ⩾ 号为非规范，从而就确定了 $(1)^*$ 为 ⩾ 形式的约束。

由 x_2 为自由变量可知其对应等式约束，是由 x_2 的系数可得对偶问题的第二个约束：

$$2y_1 - 5y_2 + 4y_3 = 4 \quad (2)^*$$

又因 $x_3 \geqslant 0$，而非负变量对应规范不等式约束，且与自身目标 max 相反的 ⩽ 号为规范，故由 x_3 的系数可得对偶问题的第三个约束：

$$5y_1 + 2y_3 \leqslant -2 \quad (3)^*$$

最后,由原始问题目标函数的最优化准则为 min 可知:①为规范不等式约束,它对应非负变量 $y_1 \geqslant 0$;②为非规范不等式约束,它对应非正变量 $y_2 \leqslant 0$;而等式约束(3)对应自由变量 y_3 为自由变量,于是有

$$y_1 \geqslant 0, \quad y_2 \leqslant 0 \tag{4}*$$

联立(0)*、(1)*、(2)*、(3)*、(4)*,即可得出所求解的对偶问题:

$$\max z = 4y_1 + 6y_2 + 3y_3 \quad (0)*$$

$$\text{s. t.} \begin{cases} 3y_1 + 4y_2 + 2y_3 \geqslant 5 & (1)* \\ 2y_1 - 5y_2 + 4y_3 = 4 & (2)* \\ 5y_1 + 2y_3 \leqslant -2 & (3)* \\ y_1 \geqslant 0, \quad y_2 \leqslant 0 & (4)* \end{cases}$$

2.5.3 对偶变量的经济学含义

由相关的对偶性质可证明以下结论成立:

$$\frac{\partial z^*}{\partial b_i} = y_i^* \tag{2-7}$$

可见,y_i^* 在经济上可表示为 b_i 单独增加一个单位时,目标函数的最优值的增量,亦称之为**影子价格**(shadow price)。

现就范例的三种资源分别讨论如下:

(1) 牛奶供应的最大量为 80 桶,若增加 1 桶即为 81 桶。约束条件变为:$0.25x_1 + 0.2x_2 \leqslant 81$,这相当于把图 2-5 中的界线②移到②*,这时最优点变成 $H_2(160, 205)$,相应的目标为 $z^* = 8\,400$,则 $\Delta z = z^* - z = 80$,即牛奶的影子价格为 80 元/桶。

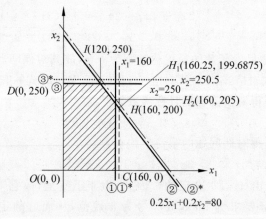

图 2-5

(2) A 车间最大生产能力为 640 工时。若增加 1 个工时,即把约束 $4x_1 \leqslant 640$ 变为 $4x_1 \leqslant 641$,这相当于把可行域的界限①移到①*,这时从图 2-5 可以看出,这时最优点变成 $H_1(160.25, 199.6875)$,相应的目标为 $z^* = 8\,323$,则 $\Delta z = z^* - z = 3$,即 A 车间生产能力的影子价格为 3 元/工时。

(3) B车间最大生产能力为500工时。若增加1个工时,即把约束$2x_2 \leqslant 500$变为$2x_2 \leqslant 501$,这相当于把可行域的界限③移到③*,从图2-5中可以看出,这时最优点仍为$H(160,200)$,所以相应的目标不变,仍为$z^* = 8320$,则$\Delta z = z^* - z = 0$,即B车间生产能力的影子价格为0元/工时。

由上述分析可知,影子价格是对有限资源的估价。并且如果当企业的目标是实现最大产值时,可利用y_i^*对资源i总存量进行评估。若设资源i的市场价值为p_i,则当$y_i^* \geqslant p_i$时,企业可以买进该资源,即增加其总存量;当$y_i^* \leqslant p_i$时,企业可以卖出该资源,即减少其总存量;从而实现产值最大化。

2.6 整数线性规划问题

2.6.1 整数线性规划的类型

基于整数规划中决策变量的类型,整数规划可以分为以下几类:

(1) 纯整数规划(pure integer programming,pure IP),此类规划要求所有决策变量均为整数变量。

(2) 混合整数规划(mixed integer programming,mixed IP),此类规划只要求一部分决策变量为整数变量。

(3) 0-1整数规划,此类规划要求全部或部分变量为0-1变量。当要求全部决策变量为0-1变量时,称为0-1纯整数规划;当要求部分决策变量为0-1变量时,称为0-1混合整数规划。

从目标函数与约束函数是否为线性的角度,可将整数规划分类为整数线性规划(ILP)和整数非线性规划(INLP)两类。本章主要介绍整数线性规划。

下面,将以工厂的选址问题、固定成本问题、投资决策问题、指派问题,以及产品设计和市场份额的优化问题为例,介绍整数规划问题的建模方法与结果分析。

2.6.2 工厂的选址问题

例2-9 某水泥公司欲向大连、沈阳、天津、北京、太原、青岛六地销售水泥,六地的需求量如表2-10所示。现拟在石家庄、本溪、烟台三地中选址建设水泥厂来生产水泥以满足供应,且规定一地最多只能建一个工厂。这三地的生产能力及固定费用如表2-11所示,三个可能的产地至六个销售地的运价如表2-12所示。应如何选择厂址和安排调运以使每天各厂固定费用与总运费之和最少?

解:设 $y_i = \begin{cases} 1, & \text{若在}i\text{地建厂} \\ 0, & \text{否则} \end{cases}$

n 为销售地个数,这里取值为6;

m 为生产地个数,这里取值为3;

b_j 为 j 销售地的需求量(吨/天),取值见表2-10;

a_i 为 i 地的生产能力(吨/天),取值见表2-11;

表 2-10　各销售地的需求量
（单位：吨/天）

销售地	需求量
大连	270
沈阳	205
天津	300
北京	360
太原	120
青岛	280

表 2-11　各生产地的生产能力及固定费用

生产地	生产能力/（吨/天）	固定费用/（元/天）
石家庄	1 350	27 000
本溪	1 080	21 000
烟台	1 200	30 500

表 2-12　各生产地至各销售地的运价
（单位：元/吨）

生产地	销售地	运价
石家庄	大连	72
	沈阳	63
	天津	21
	北京	17
	太原	14
	青岛	40
本溪	大连	25
	沈阳	7
	天津	50
	北京	58
	太原	85
	青岛	90
烟台	大连	20
	沈阳	95
	天津	53
	北京	62
	太原	70
	青岛	15

d_i 为 i 地的固定费用(元/天)，取值见表 2-11；

c_{ij} 为 i 地至销售地 j 的运价(元/吨)，取值见表 2-12；

x_{ij} 为从 i 地至销售地 j 的运量(吨/天)；

z 为总费用(元/天)；

则该问题的数学模型为

$$\min z = \sum_{i=1}^{m}\sum_{j=1}^{n} c_{ij} x_{ij} + \sum_{i=1}^{m} d_i y_i$$

$$\text{s.t.} \begin{cases} \sum_{j=1}^{n} x_{ij} \leqslant a_i y_i, & i=1,2,\cdots,m \quad (1) \\ \sum_{i=1}^{m} x_{ij} = b_j, & j=1,2,\cdots,n \quad (2) \\ x_{ij} \geqslant 0 \\ y_i = 0,1 \end{cases} \quad (2\text{-}8)$$

约束(1)表示从某生产地至所有销售地的运量之和不能大于该生产地的生产能力，约束(2)表示所有生产地至某销售地的运量之和应等于各销售地的需求量。由于 x_{ij} 为连续型变量，y_i 只能取 0 或者 1 值，因此这是一个混合整数规划问题，也是一个混合 0-1 规划问题。

以上模型是此类问题的通用模型，具体到本例中的数学模型为

$$\min z = 72x_{11} + 63x_{12} + 21x_{13} + 17x_{14} + 14x_{15} + 40x_{16} + 25x_{21} + 7x_{22}$$
$$+ 50x_{23} + 58x_{24} + 85x_{25} + 90x_{26} + 20x_{31} + 95x_{32} + 53x_{33} + 62x_{34}$$
$$+ 70x_{35} + 15x_{36} + 27\,000y_1 + 21\,000y_2 + 30\,500y_3$$

$$\text{s. t.} \begin{cases} x_{11} + x_{12} + x_{13} + x_{14} + x_{15} + x_{16} \leqslant 1\,350y_1 \\ x_{21} + x_{22} + x_{23} + x_{24} + x_{25} + x_{26} \leqslant 1\,080y_2 \\ x_{31} + x_{32} + x_{33} + x_{34} + x_{35} + x_{36} \leqslant 1\,200y_3 \\ x_{11} + x_{21} + x_{31} = 270 \\ x_{12} + x_{22} + x_{32} = 205 \\ x_{13} + x_{23} + x_{33} = 300 \\ x_{14} + x_{24} + x_{34} = 360 \\ x_{15} + x_{25} + x_{35} = 120 \\ x_{16} + x_{26} + x_{36} = 280 \\ x_{11}, x_{12}, x_{13}, x_{14}, x_{15}, x_{16}, x_{21}, x_{22}, x_{23}, x_{24}, x_{25}, x_{26}, x_{31}, x_{32}, x_{33}, x_{34}, x_{35}, x_{36} \geqslant 0 \\ y_1, y_2, y_3 = 0, 1 \end{cases}$$

经求解,最优解如下:

$x_{13}^* = 300$, $x_{14}^* = 360$, $x_{15}^* = 120$, $x_{16}^* = 280$, $x_{21}^* = 270$, $x_{22}^* = 205$

$y_1^* = 1$, $y_2^* = 1$, 其余决策变量均为 0, $z^* = 81\,485$

由结果可知,在石家庄和本溪两地建厂,由本溪运往大连 270 吨,本溪运往沈阳 205 吨,由石家庄运往天津 300 吨,石家庄运往北京 360 吨,石家庄运往太原 120 吨,石家庄运往青岛 280 吨,这种方案下每天各厂固定费用与总运费之和最少,为 81 485 元。

2.6.3 固定成本问题

例 2-10 东方文具制品厂要生产小、中、大三种型号的黑板,所需资源为玻璃板、劳动力和机器设备。制造这三种黑板所需的各种资源数量如表 2-13 所示。

表 2-13

资源	小号黑板	中号黑板	大号黑板
玻璃板/块	1	2	4
劳动力/人日	2	3	4
机器设备/台时	1	2	3

不考虑固定费用,每种黑板售出一块所得的利润分别为 20 元、30 元、40 元,可使用的玻璃板为 100 块、劳动力为 100 人日、机器设备为 50 台时。此外,不管每种黑板制造的数量是多少,都要支付一笔固定的费用:小号 25 元,中号 50 元,大号 75 元。现在要制定一个生产计划,以使获得的利润最大。

解:这是一个整数规划问题。

设 x_1、x_2、x_3 分别为小号黑板、中号黑板和大号黑板的生产数量。

各种黑板的固定费用,只有生产该种黑板时才投入,为了说明固定费用的这种性质,设:

$$y_i = \begin{cases} 1, & \text{生产} i \text{种黑板} \quad x_i > 0 \text{ 时} \\ 0, & \text{不生产} i \text{种黑板} \quad x_i = 0 \text{ 时} \end{cases}$$

这样,目标函数,即扣除了固定费用的最大利润可以写为

$$\max z = 20x_1 + 30x_2 + 40x_3 - 25y_1 - 50y_2 - 75y_3$$

约束条件首先可以写出受玻璃板、劳动力以及机器设备资源限制的三个不等式:

$$x_1 + 2x_2 + 4x_3 \leqslant 100 \quad (1)$$
$$2x_1 + 3x_2 + 4x_3 \leqslant 100 \quad (2)$$
$$x_1 + 2x_2 + 3x_3 \leqslant 50 \quad (3)$$

然后,为了避免出现某种黑板不投入固定费用就生产这样一种不合理的情况,必须加上以下约束条件:

$$x_1 \leqslant My_1$$
$$x_2 \leqslant My_2$$
$$x_3 \leqslant My_3$$

这里 M 是充分大的数,从一个黑板至少要两个劳动力约束条件可知,各种黑板的制造数量不会超过 50 块,我们可以取 M 为 50,即得

$$x_1 \leqslant 50y_1$$
$$x_2 \leqslant 50y_2$$
$$x_3 \leqslant 50y_3$$

当 y_i 等于零,即对第 i 种黑板不投入固定费用时,得 $x_i \leqslant 0$,即第 i 种黑板不生产;当 y_i 等于 1,即对第 i 种黑板投入固定费用时,得 $x_i \leqslant 50$,即第 i 种黑板生产的数量要小于等于 50。这是合理的。

综上所述,得到此问题的数学模型如下:

目标函数:

$$\max z = 20x_1 + 30x_2 + 40x_3 - 25y_1 - 50y_2 - 75y_3$$

约束条件:

$$\text{s.t.} \begin{cases} x_1 + 2x_2 + 4x_3 \leqslant 100 & (1) \\ 2x_1 + 3x_2 + 4x_3 \leqslant 100 & (2) \\ x_1 + 2x_2 + 3x_3 \leqslant 50 & (3) \\ x_1 - 50y_1 \leqslant 0 \\ x_2 - 50y_2 \leqslant 0 \\ x_3 - 50y_3 \leqslant 0 \\ x_1, x_2, x_3 \geqslant 0 \text{ 且为整数} \\ y_1, y_2, y_3 = 0, 1 \end{cases}$$

经求解,最优解如下:

$$x_1^* = 50, \quad y_1^* = 1, \quad \text{其余决策变量均为 } 0, \quad z^* = 975$$

也就是说，只生产 50 块小号黑板可获得最大利润 975 元，并从计算结果得到如下信息：约束(1)的松弛变量为 50，即有 50 块玻璃板没用；约束(2)的松弛变量为 0，即劳动力充分利用；约束(3)的松弛变量为 0，即机器设备工时数全部用完。

2.6.4 投资决策问题

例 2-11 凌格电器公司正在考虑随后 4 年内有不同资金要求的投资项目。面对每年有限的可用资金，公司管理者需要选择部分项目进行投资。每个项目的投资净现值、资金需求和公司 4 年内拥有的可用投资的资金数量如表 2-14 所示。另外，由于公司现有库存能力严重不足，公司决定仓库 1 和仓库 2 至少有一个需要扩建。试求该公司净现值总和最大的投资组合方案。

表 2-14 （单位：万元）

项　　目	工厂扩建	仓库1扩建	仓库2扩建	设备更新	新产品研发	
净现值	100	50	40	30	50	可用资金
第一年资金	20	10	10	10	20	50
第二年资金	20	15	20		15	40
第三年资金	20	15	10	10	15	50
第四年资金	30	10			20	40

解： 设决策变量 x_1、x_2、x_3、x_4、x_5 分别代表是否投资工厂扩建项目、仓库 1 扩建项目、仓库 2 扩建项目、设备更新项目和新产品研发项目。

$$x_i = \begin{cases} 1, & \text{投资该项目} \\ 0, & \text{不投资该项目} \end{cases} \quad (i=1,2,3,4,5)$$

由于此问题的目标是求得投资净现值最大的组合方案，因此目标函数可构造为

$$\max z = 100x_1 + 50x_2 + 40x_3 + 30x_4 + 50x_5$$

每年投资的可用资金约束可分别表示如下：

第一年可用资金约束：$20x_1 + 10x_2 + 10x_3 + 10x_4 + 20x_5 \leq 50$

第二年可用资金约束：$20x_1 + 15x_2 + 20x_3 + 15x_5 \leq 40$

第三年可用资金约束：$20x_1 + 15x_2 + 10x_3 + 10x_4 + 15x_5 \leq 50$

第四年可用资金约束：$30x_1 + 10x_2 + 20x_5 \leq 40$

关于仓库 1 和仓库 2 至少有一个需要扩建的约束可表示如下：

$$x_2 + x_3 \geq 1$$

综上，建立 0-1 整数线性规划模型如下：

$$\max z = 100x_1 + 50x_2 + 40x_3 + 30x_4 + 50x_5$$

$$\text{s.t.} \begin{cases} 20x_1 + 10x_2 + 10x_3 + 10x_4 + 20x_5 \leqslant 50 \\ 20x_1 + 15x_2 + 20x_3 + 15x_5 \leqslant 40 \\ 20x_1 + 15x_2 + 10x_3 + 10x_4 + 15x_5 \leqslant 50 \\ 30x_1 + 10x_2 + 20x_5 \leqslant 40 \\ x_2 + x_3 \geqslant 1 \\ x_1, x_2, x_3, x_4, x_5 = 1, 0 \end{cases}$$

经计算，最优解如下：

$$X^* = (1,1,0,1,0)^\mathrm{T}, \quad z^* = 180$$

由计算结果可知未来 4 年内应选择工厂扩建、仓库 1 扩建、设备更新三个项目进行投资，可获得最大净现值 180 万元。

投资决策问题很多起源于"0-1 背包问题"，或是"0-1 背包问题"的扩展、变形。"0-1 背包问题"起初被用以描述一个旅行者在旅途中携带哪些物品的问题。由于背包的容量有限，所需装入背包中的物品很多，考虑到物品的重量，甚至不能将所有所需物品全部装入背包中。这样，旅行者就需要选择在背包中携带哪些物品。由于每件所需物品都具有一定的价值或效用。因此，背包问题也可理解为一定容量约束下，以所选物品价值或效用之和最大为目标的问题。"0-1 背包问题"的一般模型可表示如下：

$$\max z = \sum_{j=1}^{n} c_j x_j$$

$$\text{s.t.} \begin{cases} \sum_{j=1}^{n} a_j x_j \leqslant b \\ x_j = 0 \text{ 或 } 1, \quad j = 1, 2, \cdots, n \end{cases}$$

其中，x_j 表示第 j 件物品是否放入背包中；c_j 表示第 j 种物品的价值或效用；a_j 表示第 j 种物品的重量；b 表示旅行者背包的最大容量。若允许所携带的同一种物品多于一件，则只需将约束条件"$x_j = 0$ 或 1"改为"$x_j \geqslant 0$ 且为整数"即可。这时模型就是一个纯整数规划，亦称为"一般背包问题"，它是整数规划的一个重要典型，且它的解法曾推动了一般整数规划解法的研究与发展。

2.6.5 指派问题

例 2-12 甲、乙、丙、丁 4 个人都懂得英、法、俄、西班牙 4 种语言。现让这 4 人去翻译 A（英语撰写）、B（法语撰写）、C（俄语撰写）、D（西班牙语撰写）4 篇文献，每人翻译各篇文献所需时间见表 2-15。应如何安排，才能使总的翻译时间最少？

表 2-15

人\文献	A	B	C	D
甲	10	8	7	14
乙	9	6	12	11
丙	8	3	13	6
丁	16	10	15	13

解：该例题是一个指派问题。

表 2-15 给出了该问题的效益矩阵，任何一个指派问题都有这样一个效益矩阵，其元素记为 c_{ij}，表示第 i 个对象完成了第 j 个任务时的效益（如利润、费用、时间等）。

现在建立该例的数学模型，为此引入 0-1 变量：

$$x_{ij} = \begin{cases} 1, & \text{当指派第 } i \text{ 个人翻译第 } j \text{ 篇文献} \\ 0, & \text{否则} \end{cases}$$

则该例的数学模型可表示如下：

$$\min z = \sum_{i=1}^{4}\sum_{j=1}^{4} c_{ij} x_{ij}$$

$$\text{s. t.} \begin{cases} \sum_{j=1}^{4} x_{ij} = 1, & i = 1,2,3,4 \quad (1) \\ \sum_{i=1}^{4} x_{ij} = 1, & j = 1,2,3,4 \quad (2) \\ x_{ij} = 0,1 \quad (i,j = 1,2,3,4) \end{cases} \quad (2\text{-}9)$$

其中，式(1)表示：第 i 个人必须且仅允许翻译一篇文献；式(2)表示：第 j 篇文献必须由一人且只许由一个人去翻译；c_{ij} 表示表 2-15 中的数值，z 为总的时间。该例具体的数学模型如下：

$$\min z = 10x_{11} + 8x_{12} + 7x_{13} + 14x_{14} + 9x_{21} + 6x_{22} + 12x_{23}$$
$$+ 11x_{24} + 8x_{31} + 3x_{32} + 13x_{33} + 6x_{34}$$
$$+ 16x_{41} + 10x_{42} + 15x_{43} + 13x_{44}$$

$$\text{s. t.} \begin{cases} x_{11} + x_{12} + x_{13} + x_{14} = 1 \\ x_{21} + x_{22} + x_{23} + x_{24} = 1 \\ x_{31} + x_{32} + x_{33} + x_{34} = 1 \\ x_{41} + x_{42} + x_{43} + x_{44} = 1 \\ x_{11} + x_{21} + x_{31} + x_{41} = 1 \\ x_{12} + x_{22} + x_{32} + x_{42} = 1 \\ x_{13} + x_{23} + x_{33} + x_{43} = 1 \\ x_{14} + x_{24} + x_{34} + x_{44} = 1 \\ x_{ij} = 0,1 \quad (i,j = 1,2,3,4) \end{cases}$$

经计算，最优解如下：

$$x_{13}^* = 1, \quad x_{21}^* = 1, \quad x_{34}^* = 1, \quad x_{42}^* = 1, \quad \text{其余决策变量均为 } 0, \quad z^* = 32$$

计算结果表明：当 $x_{13}=1, x_{21}=1, x_{34}=1, x_{42}=1$ 时，目标函数值最小，最小值为 32，即由甲翻译文献 C，乙翻译 A，丙翻译 D，丁翻译 B 时，总的翻译时间最少。

2.6.6 产品设计和市场份额的优化问题

例 2-13 彩虹服饰有限公司计划设计一款秋季风衣，并想以之占领秋季风衣服饰的主要市场。彩虹公司的服饰设计师已经确定了顾客在购买秋季风衣时最关心的三个属性：款式、面料和颜色。款式分为长款和短款；面料分为亚麻和纯棉；颜色分为暗色系、亮色系和中性色系。目前风衣服饰市场上主要有两个品牌：奇迹（长款、纯棉、中性色的风衣）和飞儿（短款、亚麻、亮色的风衣）。

表2-16是7位目前购买奇迹或飞儿风衣，但有可能转向彩虹的潜在顾客给出的每一种属性的局部价值。对于顾客1，长款款式的局部价值为8，而短款的为5，这就意味着他偏好长款款式。在面料属性上，亚麻的局部价值是5，而纯棉的为7，这就意味着顾客1对纯棉有轻微偏好。同理，该顾客对暗色系有轻微偏好。综上所述，顾客1喜欢长款、纯棉、暗色系的风衣。其他顾客的局部价值也是如此解释的。

表 2-16

顾客	款式		面料		颜色		
	长	短	亚麻	纯棉	暗色	中性	亮色
1	8	5	5	7	12	9	7
2	5	7	8	16	14	1	19
3	12	8	20	14	15	5	12
4	4	11	6	9	16	20	3
5	7	2	2	8	26	27	8
6	13	6	11	3	25	29	10
7	4	15	17	12	8	14	16

局部价值还可以用来确定每位顾客对某一种风衣的整体评价（效用），从而确定该顾客最中意的风衣。例如，对于顾客1来说，长款的局部价值为8，纯棉的局部价值为7，中性色的局部价值为9，因此奇迹风衣对于顾客1的效用为8+7+9=24。我们也可以用类似的方法计算飞儿风衣对顾客1的效用。飞儿风衣为短款、亚麻、亮色的风衣，则对于顾客1的效用为5+5+7=17。奇迹风衣对于顾客1的效用要大于飞儿风衣对顾客1的效用，因此顾客1目前最中意的是奇迹风衣。一般地，每位顾客对于某种风衣的评价就是简单地偏好的局部价值的相加。

为了使其产品获得成功，彩虹服饰意识到必须诱使市场上的消费者从他们目前中意的风衣品牌上转变到彩虹的产品上来。也就是说，彩虹必须设计出一款风衣，使这款风衣能为足够多的人提供比其目前中意的风衣更高的效用，这样才能保证足够的销售量，从而支持这种产品的生产。假设目前所研究的7位抽样顾客可以代表整个风衣服饰市场，那么我们就可以列出一个整数规划模型来帮助彩虹服饰制定设计方案。

定义决策变量如下：

如果彩虹在属性j上选择品质i，则$l_{ij}=1$，否则为0；

如果顾客k选择彩虹服饰，则$y_k=1$，否则为0。

目标是使选择彩虹风衣的顾客人数达到最大,所以目标函数就是
$$\max z = y_1 + y_2 + y_3 + y_4 + y_5 + y_6 + y_7$$

每一位顾客都有一个约束条件。为了说明约束条件,我们以顾客1为例。对于顾客1,某种风衣的效用可以表示为局部价值的和:
$$\text{顾客1的效用} = 8l_{11} + 5l_{21} + 5l_{12} + 7l_{22} + 12l_{13} + 9l_{23} + 7l_{33}$$

为了使顾客1选择彩虹风衣,彩虹风衣的效用必须高于该顾客目前中意的风衣。由上文分析可知,顾客1目前中意的风衣是奇迹风衣,效用为24,所以若要顾客1选择彩虹风衣,彩虹风衣的效用必须大于24,即
$$8l_{11} + 5l_{21} + 5l_{12} + 7l_{22} + 12l_{13} + 9l_{23} + 7l_{33} > 24$$

因为决策变量 y_k 的定义是:当顾客选择彩虹风衣时,$y_k = 1$;当顾客不选择彩虹风衣时,$y_k = 0$,所以我们这样来描述顾客1的选择条件:
$$8l_{11} + 5l_{21} + 5l_{12} + 7l_{22} + 12l_{13} + 9l_{23} + 7l_{33} \geqslant 1 + 24y_1$$

这样,只有当彩虹风衣的效用(约束条件的左边)至少比顾客1目前中意的风衣的效用大1时,顾客才可能选择彩虹风衣(即 y_1 才可能等于1)。把决策变量都放在约束条件的左边,此条件可以重新写为
$$8l_{11} + 5l_{21} + 5l_{12} + 7l_{22} + 12l_{13} + 9l_{23} + 7l_{33} - 24y_1 \geqslant 1$$

每一位顾客的约束条件都是如此。效用函数中的变量 l_{ij} 的系数来自于表2-16,变量 y_k 的系数是通过计算顾客目前中意的风衣的效用得到的。这7位顾客的约束条件如下:

$$8l_{11} + 5l_{21} + 5l_{12} + 7l_{22} + 12l_{13} + 9l_{23} + 7l_{33} - 24y_1 \geqslant 1$$
$$5l_{11} + 7l_{21} + 8l_{12} + 16l_{22} + 14l_{13} + 1l_{23} + 19l_{33} - 34y_2 \geqslant 1$$
$$12l_{11} + 8l_{21} + 20l_{12} + 14l_{22} + 15l_{13} + 5l_{23} + 12l_{33} - 40y_3 \geqslant 1$$
$$5l_{11} + 11l_{21} + 6l_{12} + 9l_{22} + 16l_{13} + 20l_{23} + 3l_{33} - 34y_4 \geqslant 1$$
$$7l_{11} + 2l_{21} + 2l_{12} + 8l_{22} + 26l_{13} + 27l_{23} + 8l_{33} - 42y_5 \geqslant 1$$
$$13l_{11} + 6l_{21} + 11l_{12} + 3l_{22} + 25l_{13} + 29l_{23} + 10l_{33} - 45y_6 \geqslant 1$$
$$4l_{11} + 15l_{21} + 17l_{12} + 12l_{22} + 8l_{13} + 14l_{23} + 16l_{33} - 48y_7 \geqslant 1$$

另外,对于属性的选择还有约束,每一种属性只需一个,对于属性1(款式),有以下约束:
$$l_{11} + l_{21} = 1 \quad (l_{11} \text{和} l_{21} \text{都是0-1变量})$$

同理,对于属性2和属性3分别有
$$l_{12} + l_{22} = 1$$
$$l_{13} + l_{23} + l_{33} = 1$$

这样,此问题的数学模型为
目标函数:
$$\max z = y_1 + y_2 + y_3 + y_4 + y_5 + y_6 + y_7$$

约束条件:

$$\text{s. t.} \begin{cases} 8l_{11} + 5l_{21} + 5l_{12} + 7l_{22} + 12l_{13} + 9l_{23} + 7l_{33} - 24y_1 \geqslant 1 \\ 5l_{11} + 7l_{21} + 8l_{12} + 16l_{22} + 14l_{13} + l_{23} + 19l_{33} - 34y_2 \geqslant 1 \\ 12l_{11} + 8l_{21} + 20l_{12} + 14l_{22} + 15l_{13} + 5l_{23} + 12l_{33} - 40y_3 \geqslant 1 \\ 5l_{11} + 11l_{21} + 6l_{12} + 9l_{22} + 16l_{13} + 20l_{23} + 3l_{33} - 34y_4 \geqslant 1 \\ 7l_{11} + 2l_{21} + 2l_{12} + 8l_{22} + 26l_{13} + 27l_{23} + 8l_{33} - 42y_5 \geqslant 1 \\ 13l_{11} + 6l_{21} + 11l_{12} + 3l_{22} + 25l_{13} + 29l_{23} + 10l_{33} - 45y_6 \geqslant 1 \\ 4l_{11} + 15l_{21} + 17l_{12} + 12l_{22} + 8l_{13} + 14l_{23} + 16l_{33} - 48y_7 \geqslant 1 \\ l_{11} + l_{21} = 1 \\ l_{12} + l_{22} = 1 \\ l_{13} + l_{23} + l_{33} = 1 \\ l_{ij}, y_1 \sim y_7 = 0,1 \quad (i=1,2, j=1,2,3) \end{cases}$$

经计算得

$l_{11}^* = l_{12}^* = l_{13}^* = 1$, $y_1^* = y_3^* = y_6^* = 1$, 其余决策变量均为 0。 $z^* = 3$

也就是说彩虹服饰设计这种风衣,最多将会得到 7 位顾客中 3 位的青睐。由于 $l_{11} = l_{12} = l_{13} = 1$,所以彩虹服饰应设计长款、亚麻、暗色系的风衣,顾客 1、3、6 将偏好彩虹风衣。

2.7 目标规划问题

前面介绍的线性规划问题都是追求单一目标的最优,如利润最大或时间最短。但在实际问题中会可能存在多目标问题,比如,投资问题不仅要考虑收益,还要考虑风险,而且有的目标并不是追求绝对意义上的最优,只要接近目标,达到相对意义上的满意即可。这类问题揭示了管理人的概念和令人满意的行为准则,目标规划就是解决这种多目标决策问题的一种方法。

2.7.1 目标规划问题实例

例 2-14 工厂选址问题

工厂选址不仅要考虑厂址与消费市场、厂址与原材料产地之间的物流费用,还要考虑厂址周围的劳动力、交通运输等因素。而且随着环境问题的日益突出,工厂选址还要考虑工厂对周边环境的影响、工厂的公众形象等问题。

例 2-15 市场调查问题

市场调查往往存在着多个目标,既希望调查能够深入和全面,以达到良好的效果,又要考虑成本、时间等因素。

例 2-16 某玩具厂商手工生产甲、乙两种玩具,已知生产一个甲玩具需要耗费人力 0.5 工时,生产一个乙玩具需要耗费人力 1 工时,甲、乙两种玩具的单位利润分别为 30 元和 55 元。生产这两种玩具的首要目标是每周的利润要超过 40 000 元。另外,为了最大效率地利用人力资源,次要目标是每周总耗费人力不能低于 600 工时,但也不能超过

680 工时的极限；最后，为了保证库存需要，还要求甲和乙的每周产量分别不低于 700 个和 320 个。问应如何安排甲、乙两种玩具的产量？

例 2-17 某厂生产 A、B 两种产品，利润分别为 130 元/百件、100 元/百件。每生产 100 件 A、B 产品，分别需要某种设备运行 2 小时、1.5 小时，该设备每天的正常运行能力为 22 小时。根据市场需求情况，A 产品的日产量应达到 500 件以上，而 B 产品日产量则不能多于 600 件，另外这两种产品每天总利润应达到 1 500 元。问该厂应如何安排 A、B 产品的日产量？

2.7.2 目标规划问题的一般建模方法

1. 基本概念

在对目标规划问题进行建模前首先引入几个概念：弹性约束、偏差变量、优先级与权数。

1) 弹性约束

在例 2-17 中，如果设备的运行能力被严格限制在 22 小时以内，不能有丝毫超出，那么这类约束的性质与一般线性规划问题的约束相同，称为**刚性约束**。但若设备的运行能力不被严格限制在 22 小时以内，有一定弹性，可以稍微超过 22，即允许存在一定偏差，则称为**弹性约束**。弹性约束更贴切地描述了实际管理中的目标，比如，尽量要让机器满负荷运行，但若存在一定偏差亦可。例 2-17 中的产量、利润等若也可具有一定弹性，则也都是弹性约束。

2) 偏差变量

在实际的多目标问题中，有些刚性约束往往是相互矛盾的。也就是说，要实现所有目标的绝对满足是不可能的，但是能够找出比较接近各个目标的满意解，这个满意解虽然不能够绝对意义上地满足所有目标要求，但是在实际情况下它是可以接受的，是令人满意的结果。因此，可以将刚性约束改为弹性约束，允许实际值有超出目标或未达到目标的部分。我们用 d^+ 表示超出目标的部分，称为**正偏差变量**；用 d^- 表示未达到目标的部分，称为**负偏差变量**；d^+ 和 d^- 统称为**偏差变量**。

d^+ 和 d^- 二者至少有一个为 0，因为当实际值大于目标时，$d^+>0, d^-=0$；当实际值小于目标时，$d^->0, d^+=0$；当实际值等于目标时，$d^+=d^-=0$。

例 2-17 中设备的正常运行能力为 22 小时，引入偏差变量后，该约束可表示为下述弹性约束：

$$0.02x_1 + 0.015x_2 = 22 + d^+ - d^- \qquad (2\text{-}10)$$

其中，x_1 为 A 产品的日产量（单位：件）；x_2 为 B 产品的日产量（单位：件）；d^+ 为超过 22 小时的部分；d^- 为少于 22 小时的部分。

若设备的实际运行时间超过 22 小时，即 $0.02x_1 + 0.015x_2 > 22$ 时，有 $d^+>0, d^-=0$；若设备的实际运行时间少于 22 小时，有 $d^->0, d^+=0$；若设备的实际运行时间刚好等于 22 小时，有 $d^+=d^-=0$。

将式(2-10)中的 d^+ 和 d^- 移到左边就有

$$0.02x_1 + 0.015x_2 + d^- - d^+ = 22$$

3）优先级与权数

为了表示目标规划中各目标重要程度的明显差异，可以为各目标划分不同的优先级。

如果有 r 个目标的重要程度明显不同，则为这 r 个目标划分 r 个不同的优先级，其级别按由高到低的顺序分别用 P_1、P_2、…P_k、…P_r 表示，且有 $P_1 \gg P_2 \gg \cdots \gg P_r$。$P_k(k=1,2,\cdots,r)$ 是优先因子，表示目标的重要程度，它本身并不是具体的数字。符号"$\gg$"表示"远优于"的意思，即优先级高的目标要远比优先级低的目标更重要。

如果要区分具有相同优先因子目标间的重要程度，可以为它们赋予不同的权数。权数是具体数字，但没有度量单位，当目标间的重要性相差不是很悬殊时（具有相同的优先因子），可以通过权数来对比反映这些目标的重要程度。

假定例 2-17 中工厂提出的目标按优先级排列如下。

P_1 级目标：总利润达到 1 500 元。

P_2 级目标：充分利用设备运行能力，且尽量避免超出设备运行能力。

P_3 级目标：A 产品日产量达到 500 件以上，B 产品日产量不多于 600 件。

2. 建模

为例 2-17 中的各个约束按优先级顺序分别引入偏差变量 d_i^-、d_i^+，得到以下四个弹性约束。

$$利润：1.3x_1 + 1x_2 + d_1^- - d_1^+ = 1\,500$$
$$设备能力：0.02x_1 + 0.015x_2 + d_2^- - d_2^+ = 22$$
$$A\ 产品日产量：x_1 + d_3^- - d_3^+ = 500$$
$$B\ 产品日产量：x_2 + d_4^- - d_4^+ = 600$$

下面考虑每个优先级的目标函数。

(1) 针对 P_1 级目标而言，该厂当然不希望总利润低于 1 500 元，即不希望 $d_1^- > 0, d_1^+ = 0$。即使出现这种情况，当然也希望低于 1 500 元的那部分越小越好，即 d_1^- 尽量地小。因此，P_1 级目标函数可表示为 $\min d_1^-$。

(2) 针对 P_2 级目标而言，该厂希望能够充分利用设备的生产能力，但最好不要超过设备的运行能力 22 小时/天，也就是希望设备的运行时间为 22 小时/天，即希望 $d_2^+ + d_2^- = 0$，即使出现 $d_2^+ + d_2^- > 0$ 的情况，当然也希望 $d_2^+ + d_2^-$ 尽可能地小。因此，P_2 级目标函数可表示为 $\min (d_2^+ + d_2^-)$。

(3) 针对 P_3 级目标而言，类似 P_1 级目标易知 A 产品日产量的目标函数为 $\min d_3^-$。而由 B 产品日产量不多于 600 件的目标可知，该厂不希望 B 产品日产量多于 600 件，即不希望 $d_4^+ > 0, d_4^- = 0$。即使出现这种情况，当然也希望 d_4^+ 尽量地小。因此，B 产品日产量的目标函数可表示为 $\min d_4^+$。因为 A 产品和 B 产品日产量的目标优先级是一样的，所以将二者的目标函数合并，得到 P_3 级目标函数为 $\min (d_3^- + d_4^+)$。

于是，例 2-17 的目标函数可表示为

$$\min z = P_1 d_1^- + P_2(d_2^+ + d_2^-) + P_3(d_3^- + d_4^+)$$

综上，得到例 2-17 的目标规划模型：

$$\min z = P_1 d_1^- + P_2(d_2^+ + d_2^-) + P_3(d_3^- + d_4^+)$$

$$\text{s.t.} \begin{cases} 1.3x_1 + 1x_2 + d_1^- - d_1^+ = 1\,500 \\ 0.02x_1 + 0.015x_2 + d_2^- - d_2^+ = 22 \\ x_1 + d_3^- - d_3^+ = 500 \\ x_2 + d_4^- - d_4^+ = 600 \\ x_1, x_2, d_3^-, d_3^+, d_4^-, d_4^+ \geqslant 0 \text{ 且为整数}, d_1^-, d_1^+, d_2^-, d_2^+ \geqslant 0 \end{cases}$$

3. 目标规划的一般模型

目标规划的一般模型表示如下：

$$\min z = \sum_{k=1}^{r} P_k z_k \qquad (r \leqslant m) \qquad (1)$$

$$\text{s.t.} \begin{cases} \sum_{j=1}^{n} a_{tj} x_j \leqslant (=, \geqslant) e_t & (t = 1, 2, \cdots, l) \quad (2) \\ \sum_{j=1}^{n} c_{ij} x_j + d_i^- - d_i^+ = b_i & (i = 1, 2, \cdots, m) \quad (3) \\ x_j, d_i^-, d_i^+ \geqslant 0 & (j = 1, 2, \cdots, n) \quad (4) \end{cases} \qquad (2\text{-}11)$$

其中，式(2)是刚性约束，是目标规划问题中严格限制、不允许存在偏差的那些约束。式(3)是弹性约束，它们是由人们在经营管理中对各种目标的满意性需求构成的，通过引入了正负偏差变量，使得实际值与目标值间允许存在偏差。式(1)是目标函数，其中 P_k 是目标的优先因子；z_k 是与 P_k 相对应的第 k 级子目标函数，它等于该级上各偏差变量与其权数的乘积之和。z_k 中偏差变量的列入根据目标要求的不同而不同：

(1) 若目标要求恰好达到 b_i，比如，例 2-17 中关于充分利用设备运行能力且尽量避免超出设备运行能力的目标，要求设备的运行时间最好是 22 小时/天，则 z_i 为 $\min(d_i^+ + d_i^-)$。

(2) 若目标要求大于 b_i，比如，例 2-17 中关于利润的目标，要求利润达到 1 500 元，则 z_k 为 $\min d_i^-$；

(3) 若目标要求小于 b_i，比如，例 2-17 中关于 B 产品日产量的目标，要求 B 产品日产量不能超过 600 件，则 z_k 为 $\min d_i^+$。

2.7.3 目标规划问题的求解与分析

对例 2-17 经求解，结果如下：

决策变量 $x_1 = 500, x_2 = 850$；偏差变量 $d_1^- = 0, d_1^+ = 0, d_2^- = 0, d_2^+ = 0.75, d_3^- = 0, d_3^+ = 0, d_4^- = 0, d_4^+ = 250$。

计算结果表明，总利润为 1 500 元，设备的运行时间为 22.75 小时，A 产品的日产量为 500 件，B 产品的日产量为 850 件，可见利润目标实现了，但是关于设备运行时间和日产量的目标有一些偏差。实际问题中，目标规划问题很难实现所有目标都满足的情况。

2.8 存储论简介

存储论(inventory theory)是研究有关存储问题的一门理论,它是运筹学的一个分支。本节将概要介绍存储论的相关概念与模型,并以一个简单的存储模型为例,介绍相关概念与原理的应用。

1. 存储问题

存储无论是在人们的日常生活中,还是在生产、销售等活动中都是一个不可或缺的重要环节。家庭若无储备品,则不仅日常生活不便,还有断炊之虞;工厂若没有储备一定数量的原材料,则可能会发生停产现象;商店若存储商品数量不足,则会发生缺货现象,这不仅影响商店的经济效益,还会直接影响居民的正常生活。但是存储物品过多,将会影响资金的周转速度,从而降低经济效益,而且存储活动本身也需耗费相应的资源,如人、财、物等。因此,如何保持合理的存储水平,以节约资金,获得更多利润,便是存储论研究的主要问题。

存储论主要解决如下问题:
(1) 订货量是多少?
(2) 什么时候订货?

2. 存储系统

存储论的对象是一个由补充、存储和需求三个环节构成的现实运行系统,且以存储为中心环节,故称为存储系统,其一般结构如图 2-6 所示。

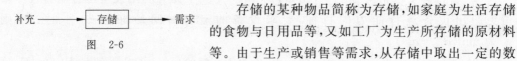

图 2-6

存储的某种物品简称为存储,如家庭为生活存储的食物与日用品等,又如工厂为生产所存储的原材料等。由于生产或销售等需求,从存储中取出一定的数量,这就是存储的输出。由于不断输出而使存储减少,因而必须加以补充,否则会无法满足需求,这就是存储的输入。

需求可能是连续的,也可能是间断式的。如工厂自动流水线对原材料的需求是连续的,而顾客对商品的需求是间断式的。需求可能是确定性的,也可能是随机性的。如某一时期内确定产量的生产活动对原材料的需求一般是确定性的,而销售活动中对某种商品的需求则是随机的。对于随机性的需求,经过大量的统计,可能会发现需求量的统计规律,称之为有一定的随机分布的需求。

补充有外部订购(采购)和内部生产两种方式。在有些情况下,从订货到货物进入存储往往需要一段时间,这段时间称为**备货时间**。备货时间可能很长,也可能很短;可能是确定性的,也可能是随机的。因此,为使存储在某一时刻获得补充,就必须提前一段时间订货,这段时间称为**提前时间**。

3. 存储策略

如何通过控制订货时间和订货量来调节存储系统的运行,以便达到最优运营效果,称为存储系统的最优运营问题。

决定多长时间补充一次货物以及每次补充多少数量的策略称为存储策略,简称策略。常用的存储策略有以下几种类型:

(1) t_0-循环策略,即每隔 t_0 时间补充存储量 Q。这种决策又称为经济批量决策,它适用于需求确定的存储系统。

(2) (s, S) 策略,即每当存储量 $x \leqslant s$ 时,立即补充存储量 Q,且有 $x+Q=S$。当 $x>s$ 时,则不补充。

(3) (t, s, S) 策略,即每隔 t 时段检查存储量一次,若存储量 $x \leqslant s$ 时,立即补充存储量 Q,且有 $x+Q=S$;当 $x>s$ 时,则不补充。

4. 运营费用

运营费用是衡量一个存储策略优劣的常用数量指标,包括进货费用、存储费用、缺货费用三项费用。

1) 进货费用

进货费用是指补充存储而发生的费用,记为 C_O,其一般形式为

$$C_O = \begin{cases} a + cQ, & Q > 0 \\ 0, & Q = 0 \end{cases} \tag{2-12}$$

其中,a 为每次进货的固定费用,与进货数量(批量)Q 的大小无关;c 为补充单位货物的费用。

由于进货分为外部订购与内部生产两种方式,故 a 和 c 在不同方式下有不同的含义。

订购费用:订货与购货所发生的费用。此时,a 表示每次订购费用,如手续费、最低起运费、派人员外出采购等费用。a 与订货批量 Q 无关。c 表示单位货物购置费用,如货物的订购单价、单位运费等。

生产费用:生产货物所发生的费用。此时,a 表示每次的装配费用(或准备、结束费用),如更换器械、添置专用设备等的费用,与生产批量 Q 无关。c 表示单位货物的生产费用,即单位货物所消耗的原材料、能源、人工等费用之和。

2) 存储费用

存储费用是指持有货物而发生的费用,记为 C_H。它可能包括仓库使用费、货物保管费,以及存货陈旧、变质、降价等所造成的损失等。单位时间内单位货物的存储费用记为 h。

3) 缺货费用

缺货费用是指存储供不应求时所造成的损失费,记为 C_S,如停工待料所造成的损失、货物脱销而造成的机会损失、延期付货所交付的罚金等。

运营费用又称为总费用,等于上述三项费用之和,记为 C_T,则有

$$C_T = C_O + C_H + C_S \tag{2-13}$$

又记 f 表示单位时间的平均(或期望)运营费用。

使运营费用 f 达到最小的进货批量称为经济批量(economic lot size),记为 Q^*。对几种确定性存储系统,人们已经导出了经济批量 Q^* 的数学表达式,称为经济批量公式。由于这些公式也是存储模型的一种形式,故也称为经济批量模型。

5. 存储论的典型模型

存储论的典型模型可以分为两大类:确定性存储系统模型和随机性存储模型。其中,确定性存储系统的主要基本模型包括:

模型一,不允许缺货,备货时间很短。

模型二,不允许缺货,生产需要一定时间。

模型三,允许缺货,备货时间很短。

模型四,允许缺货,生产需要一定时间。

模型五,定价有折扣的存储模型。所谓"定价有折扣",是指物资提供方采用了鼓励用户多订货的优惠政策,即根据订货量的大小设定不同的购价,订货量越大则购价越低。

随机性存储模型主要包括 (t, s, S) 策略模型等。

本节仅以模型一为例,介绍存储论的相关概念、理论的应用。

6. 模型一:不允许缺货,备货时间很短

假设:

(1) 需求是连续的、均匀的,单位时间的需求量记为常数 d;

(2) 不允许缺货,当存储降到零时立即补充,即备货时间很短,可视为零。

(3) 在每一运营周期 t 的初始时刻进行补充,每期进货批量相同,均为 $Q = dt$。

根据上述条件可以画出该系统的存储状态图,如图 2-7 所示。其中,L 为订货提前期,当每个运营周期 t 内存储量 $x = L_d$ 时,就立即订货。

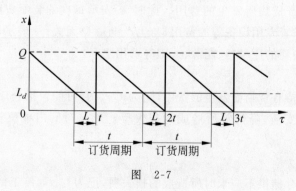

图 2-7

由图 2-7 可知,在 $[0, t]$ 时段内的存储量为

$$\int_0^t x d\tau = \int_0^t (Q - d \times \tau) d\tau = Qt - \frac{1}{2}dt^2 = \frac{1}{2}Qt$$

因此,在一个运营周期 t 内的存储费用为

$$C_H = \frac{1}{2}hQt$$

而进货费用为

$$C_O = a + cQ$$

由于不允许缺货,因此一个周期 t 内的运营费用 C_T 可表示为

$$C_T = C_H + C_O = \frac{1}{2}hQt + a + cQ$$

而单位时间的平均运营费用为

$$f = \frac{C_T}{t} = \frac{1}{2}hQ + \frac{a}{t} + \frac{cQ}{t} \tag{2-14}$$

由 $Q = dt$,有

$$f(Q) = \frac{1}{2}hQ + \frac{ad}{Q} + cd \tag{2-15}$$

利用微积分求最小值方法可得 $Q = Q^*$ 时,$f(Q)$ 为极小值。

$$Q^* = \sqrt{\frac{2ad}{h}} \tag{2-16}$$

而最佳运营周期为

$$t^* = \frac{Q^*}{d} = \sqrt{\frac{2a}{hd}} \tag{2-17}$$

最优值(最小平均运营费用)为

$$f^* = \sqrt{2ahd} + cd \tag{2-18}$$

例 2-18 某发动机制造厂今年计划生产汽车发动机 90 000 台,该款发动机中的一种零件需从另一厂家订购,且每制造一台发动机需要 1 个该零件。每次的订购手续费为 120 元,该零件的订购价格为每个 8 元,零件的全年库存保管费用为购价的 15%。试求发动机制造厂今年对该种零件的最佳存储策略与费用。

解:根据题意可知,以一年为时间单位,则有

$a = 120(\text{元/次})$, $c = 8(\text{元/个})$, $d = 90\,000(\text{个/年})$

$h = 0.15c = 0.15 \times 8 = 1.2(\text{元/年})$

由式(2-16)、式(2-17)、式(2-18)得

$$Q^* = \sqrt{\frac{2ad}{h}} = \sqrt{\frac{2 \times 120 \times 90\,000}{1.2}} \approx 4\,243(\text{个})$$

$$t^* = \frac{Q^*}{d} = \frac{4\,243}{90\,000} \approx 0.047(\text{年})$$

$$f^* = \sqrt{2ahd} + cd = \sqrt{2 \times 120 \times 1.2 \times 90\,000} + 8 \times 90\,000$$

$$\approx 725\,091.17(\text{元}/\text{年})$$

2.9 排队论简介

排队论(queueing theory),或称为等候线理论(waiting line theory),是通过研究各种服务系统在排队等待现象中的概率特性,以解决系统的最优设计和控制问题的一门理论,该理论已广泛应用于交通、商务管理、公共事业、运输、生产及计算机网络等领域中。它是运筹学的一个分支。

也正是由于排队等待现象具有概率特性,才使得此类问题区别于线性规划问题。本节从排队问题出发,概要介绍排队系统的相关概念、理论和模型。

1. 排队问题

在现实世界中,经常会碰到各类服务系统。如病人到医院看病,病人与医生构成了一个服务系统;到 ATM 机取款,取款人与 ATM 机构成了一个服务系统;为了起到防洪作用,同时满足可能的发电、灌溉和航运需要,水与水库构成了一个服务系统。在这些系统中,都存在等候服务的问题。

一般地,将要求获得服务的对象泛称为顾客,而从事服务的设施或人等统称为服务台。顾客与服务台构成的系统称为服务系统。在一个服务系统中,若某一时刻顾客的数目超过服务台的数目,则顾客需要等待一段时间才能获得服务,这称为拥挤。由于拥挤而产生排队现象的服务系统称为排队系统。

在形式各异的排队系统中,顾客可以是人,如病人、取款人等;也可以是物,如水、待分类的图书等。服务台可以是人,如医生;也可以是设施,如 ATM 机;还可以是一个系统,如由医生、护士、手术台、手术器械、药品等构成的有机整体。

众所周知,排队是一件令人苦恼的事情。如何恰当地解决顾客的排队时间与服务成本费用的矛盾,既保证服务质量与水平,又保证服务成本经济合理,这就是排队论所要解决的主要问题。

2. 排队系统

排队系统总是涉及顾客的到达与离去。顾客的到达称为排队系统的输入,顾客的离去称为排队系统的输出。排队系统的基本结构如图 2-8 所示。

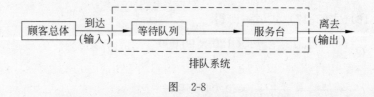

图 2-8

现实世界中的排队系统虽然类别多样,但都具有三个共性特征,即输入过程、排队规则和服务过程。

1) 输入过程

输入过程是指顾客到达系统的情况。从顾客总体来看,顾客总体既可能为有限集,也可能为无限集。从顾客到达的时间间隔来看,有确定的时间间隔,也有随机的时间间隔。从顾客到达的方式来看,有以单个方式到达的,也有以成批方式到达的。

常见的输入分布(即到达间隔的概率分布)有:

(1) 定长输入,即顾客严格按照固定的间隔时间相继到达。

(2) 泊松输入,即顾客到达过程为泊松流。

(3) 爱尔朗输入,即顾客相继到达间隔时间相互独立且具有相同参数的爱尔朗分布。

(4) 一般独立输入,即顾客相继到达间隔时间相互独立且同分布。

2) 排队规则

排队规则有损失制和等待制两种情况。**损失制**是指顾客到达时,若所有服务台都被占用,则顾客自动离开。例如,顾客到停车场停车,若所有车位均被占用,则顾客离开。**等待制**是指顾客到达时,若所有服务台都被占用,则顾客排队等待。

多数系统属于等待制。该机制下,服务次序一般包括以下几种类型:

(1) 先到先服务(FCFS)。即按顾客到达的先后次序排成队伍并依次接受服务,排在队首的顾客先接受服务。这是最通常的情形。

(2) 后到先服务(LCFS)。与"先到先服务"正好相反,这是指后到达的顾客先接受服务。例如,到仓库取货时往往先取后装进仓库的货物等。

(3) 随机服务(SIRO)。即达到服务系统的顾客不形成队伍,当服务台空闲时,从等待的顾客中随机挑选出一个为之服务。例如,产品质量检验时,所采用的抽样检验方式就属于这种情况。

(4) 带优先权服务(PR)。即对到达的顾客按重要性进行分类,服务台优先对重要程度高的顾客提供服务,如医院对重症病人优先诊治等。

3) 服务过程

服务过程是指服务台的个数以及服务方式等。服务台既可能是单个,也可能是多个。多服务台又可分为串联、并联和网络等形式。服务方式有单个服务的,也有成批服务的。如公交车一次可承载大批乘客,就属于成批服务方式。

常见的服务分布(即服务时间的概率分布)有:

(1) 定长服务,即为每位顾客服务的时间均相等,是一个常数。这种情况属于确定型服务类型。

(2) 指数服务,即为每位顾客服务的时间相互独立且具有相同参数的指数分布。

(3) 爱尔朗服务,即为每位顾客服务的时间相互独立且具有相同参数的爱尔朗分布。

(4) 一般独立服务,即为每位顾客服务的时间相互独立且具有的分布相同。

目前普遍采用肯道尔(E. G. Kendall)于 1953 年提出(后经他人扩展)的分类记号:

$$输入分布/服务分布/服务台数/系统容量/顾客源总数$$

其中,表示输入分布与服务分布的常用记号有:M 为泊松输入或指数服务;D 为定长分布;E_k 为 k 阶爱尔朗分布;G 为一般独立分布。

一般地,顾客源总数(顾客总体数)为 ∞,则可省略这一特征,如 $M/E_k/s/\infty$ 表示泊松输入、k 阶爱尔朗分布服务、s 个并联服务台、系统容量为 ∞、顾客源总数为 ∞ 的排队系统。

为了刻画排队系统的运行情况,主要考虑以下数量指标:

s——系统中并联服务台的数目;

L——系统中的平均顾客数;

L_q——平均等待队长,即在队伍中排队的平均顾客数;

W——平均逗留时间,即顾客花在系统中的平均逗留时间,包括等待时间和接受服务时间;

W_q——平均等待时间,即顾客花在队伍中等待的平均时间;

P_0——系统中没有顾客的概率;

P_n——系统中正好有 n 个顾客的概率;

λ——平均到达率;

μ——平均服务率;

ρ——服务强度,即每个服务台单位时间内的平均服务时间,一般有 $\rho=\lambda/s\mu$;

N——稳态系统任意时刻的状态(即系统中顾客数);

U——任意顾客在稳态系统中的逗留时间;

Q——任意顾客在稳态系统中的等待时间。

在系统达到稳态时,设平均到达率为常数 λ,则有下面的李特尔(John D. C. Little)公式:

$$L = \lambda W \tag{2-19}$$

$$L_q = \lambda W_q \tag{2-20}$$

又假定平均服务时间为常数 $1/\mu$,则有

$$W = W_q + \frac{1}{\mu} \tag{2-21}$$

$$L = L_q + \frac{\lambda}{\mu} \tag{2-22}$$

由于

$$L = \sum_{n=0}^{\infty} n P_n \tag{2-23}$$

$$L_q = \sum_{n=0}^{\infty} (n-s) P_n = \sum_{n=0}^{\infty} n P_{s+n} \tag{2-24}$$

因此,只要求得 $P_n(n=0,1,2,\cdots)$,则 L、L_q、W、W_q 均可得到。

3. M/M/1/∞ 系统

对于此类系统,相关数量指标间具有如下关系:

$$\rho = \frac{\lambda}{\mu} \tag{2-25}$$

$$P_0 = 1 - \rho \tag{2-26}$$

$$P_n = \rho^n (1 - \rho) \tag{2-27}$$

$$L = \frac{\lambda}{\mu - \lambda} \tag{2-28}$$

$$L_q = L\rho \tag{2-29}$$

$$W = \frac{1}{\mu - \lambda} \tag{2-30}$$

$$W_q = W\rho \tag{2-31}$$

$$P(N > k) = \rho^{k+1} \tag{2-32}$$

$$P(U > t) = e^{-\mu t(1-\rho)} \tag{2-33}$$

例 2-19 某村镇储蓄所同一时刻只能为一位顾客办理业务,办理业务的时间服从指数分布,每位顾客办理业务平均需要 12 分钟。顾客按泊松分布达到,平均每小时到达 4 个人。

(1) 为使顾客平均逗留时间不超过 20 分钟,则平均服务时间应减少多少?

(2) 若储蓄所希望等候服务的顾客 80% 以上都能有座位,则储蓄所等候区至少应安排多少座位?

解: 首先对该排队系统进行分析,分析结果如下:

$$\lambda = 4(\text{人}/\text{小时}), \quad \mu = 60/12 = 5(\text{人}/\text{小时})$$

故系统的服务强度为

$$\rho = \frac{\lambda}{\mu} = \frac{4}{5} = 0.8$$

系统中没有顾客的概率,即顾客到来时不必等待,立即就能办理业务的概率为

$$P_0 = 1 - \rho = 1 - 0.8 = 0.2$$

该系统中的顾客平均数为

$$L = \frac{\lambda}{\mu - \lambda} = \frac{4}{5 - 4} = 4(\text{人})$$

该系统中排队等待的顾客平均数为

$$L_q = L\rho = \frac{\lambda}{\mu - \lambda} \times \frac{\lambda}{\mu} = 4 \times 0.8 = 3.2(\text{人})$$

顾客在系统内平均逗留的时间为

$$W = \frac{1}{\mu - \lambda} = \frac{1}{5 - 4} = 1(\text{小时})$$

顾客的平均等待时间为

$$W_q = W\rho = 1 \times 0.8 = 0.8(\text{小时}) = 48(\text{分钟})$$

(1) 下面开始运用上述结论解答问题。

由于

$$W = \frac{1}{\mu - \lambda} \leq \frac{1}{3}$$

代入 $\lambda = 4$,解得 $\mu \geq 7$,则平均服务时间为

$$\frac{1}{\mu} \leq \frac{1}{7}(\text{小时}) \approx 8.6(\text{分钟})$$

故

$$\Delta \frac{1}{\mu} \geqslant 12 - 8.6 = 3.4 (\text{分钟})$$

平均服务时间至少应该减少 3.4 分钟。

(2) 假设应安置 x 个座位，则加上正在接受服务的一位顾客，则共有 $x+1$ 个座位。要使 80% 以上的顾客有座位，相当于使"来储蓄的顾客数不多于 $x+1$ 位"的概率不小于 80%，即

$$P(N \leqslant x+1) = 1 - P(N > x+1) \geqslant 0.8$$

由公式得

$$\rho^{x+2} \leqslant 0.2$$

两边取对数得

$$(x+2)\lg\rho \leqslant \lg 0.2$$

已知 $\rho = 0.8$，解不等式得

$$x + 2 \geqslant \frac{\lg 0.2}{\lg 0.8} \approx 7.2$$

则

$$x \geqslant 6$$

即储蓄所的等候区至少需要安置 6 个座位。

习题

1. 某工厂要生产甲、乙两种商品，生产过程中要使用 A、B、C 三种设备和 Ⅰ、Ⅱ、Ⅲ 三种原料。其中，已知乙商品不使用设备 B，甲商品每天的生产量不超过 28 件，有关数据参照表 2-17。应如何安排生产才能使利润最大？

表 2-17

项 目		商品单耗		日供应量		单位成本	
		甲	乙	数量	单位	价格	单位
设备	A	1	2	90	工时	8	元/工时
	B	4	—	70	工时	4	元/工时
	C	2	3	80	工时	6	元/工时
原料	Ⅰ	4	13	320	米	3	元/米
	Ⅱ	6	2	130	件	2	元/件
	Ⅲ	5	3	180	千克	6	元/千克
其他费用/(元/件)		25	30				
单价/(元/件)		120	160				

2. 某幼儿园营养师要为孩子们拟订本周菜单，可供选择的蔬菜及其费用和所含营养成分的数量，以及此阶段儿童每周所需各类营养成分的最低数见表 2-18。试判断如何搭

配膳食,才能在满足儿童营养所需的条件下经济最优。

表 2-18

蔬菜	每份蔬菜所含养分数量					每份蔬菜费用/元
	铁/毫克	磷/毫克	维生素A/毫克	维生素C/毫克	烟酸/毫克	
豆角	0.53	15	430	9	0.36	2.5
胡萝卜	0.49	26	9 100	5	0.41	3.5
白菜	1.15	45	2 600	49	0.5	2.6
卷心菜	0.6	30	83	28	0.25	0.9
芹菜	0.4	20	18	7	0.15	1.5
土豆	0.5	70	248	5	0.75	1.8
每周养分最低需求量	6.0	335	17 400	269	6.0	

3. 某市打算迁移公安局分局,通过改变公安局分局的布局来达到加强管制高犯罪率地区的效果。该市共由7片地区组成,表2-19是所考虑的地点以及相应地点所能管制到的区域。构建一个整数线性模型,以最少数目的地点覆盖所有区域,即最优选址问题,并求解该模型。

表 2-19

可能的分布地址	覆盖区域	可能的分布地址	覆盖区域
A	1,5,6	E	2,5,6
B	2,3,5	F	1,3,4,6
C	1,3,5	G	5,7
D	2,4,7		

4. 校游泳队要选拔运动员参加混合接力比赛,已知下列5名运动员各种姿势的游泳成绩(各为50米)如表2-20所示。如何从中选拔4名运动员参加4×100米混合泳的接力队,使预期比赛成绩最好?

表 2-20 (单位:秒)

游泳姿势	A	B	C	D	E
仰泳	39.0	33.6	35.4	40.3	37.5
蛙泳	43.2	35.2	44.2	36.5	42.1
蝶泳	38.2	29.5	37.9	32.9	35.0
自由泳	33.6	28.1	29.8	30.7	31.9

5. 某工厂生产两种绳子：橡筋绳与钢丝绳，利润分别为1.7元/米和2.8元/米。正常情况下该厂每周生产两种绳子的总生产能力为80工时，每小时可生产任一一种绳子1 000米。据市场需求情况预测每周销量为：橡筋绳15 000米、钢丝绳72 000米。请拟订生产计划以满足下列目标：

P_1：每周利润不低于220 000元；

P_2：不使产品滞销；

P_3：充分利用生产能力,尽量少加班。

第 3 章 网络分析

图论是运筹学的一个分支,其已被广泛应用于物理学、化学、控制论、信息论、科学管理、计算机等各个领域中。图论的起源最早可追溯到 1736 年欧拉所发表的一篇关于解决著名的"哥尼斯堡七桥问题"的论文。但是直到 20 世纪 50 年代,因离散数学问题的地位越来越重要,图论才蓬勃发展起来。

网络分析(network analysis)作为图论的一个重要内容,已成为对各种系统进行分析、研究和管理的重要工具。本章主要介绍运输问题、最短路问题、最小支撑树问题、最大流问题,以及网络计划评审与优化问题。

3.1 图与网络的基本概念

图论中的图是反映现实世界中具体事物及其相互关系的一种抽象工具,它比地图、分子结构图、电路图等更抽象。

1. 图的定义

简单地说,一个图是由一些点及点间的连线所组成的。点可以作为现实世界中事物的抽象,而点间的连线表示事物间的关系。点间的连线可有两种形式:一是不带箭头的连线,称为边,如连接两个城市的铁路线;二是带箭头的连线,称为弧,如交通运输中的单行线。

如果一个图由点及边所构成,则称之为**无向图**(也简称为**图**),记为 $G=(V,E)$。其中,V 是一个有限非空的点集合,称为 G 的**点集**,一般表示为 $V=\{v_1,v_2,\cdots,v_n\}$;E 是一个边集合,称为 G 的**边集**,一条连接 v_i 和 v_j 的边一般表示为一个无序对 $e=(v_i,v_j)$。

例 3-1 试用一个图来表示大连、北京、深圳、上海四城市之间的民航客机通航情况。

解:设 v_1、v_2、v_3、v_4 分别表示大连、北京、深圳、上海四市,则它们之间的通航情况可表示为一个无向图:$G=(V,E)$,如图 3-1 所示。

其中
$$V=\{v_1,v_2,v_3,v_4\}$$
$$E=\{e_1,e_2,e_3,e_4,e_5,e_6\}$$
$$e_1=\{v_1,v_2\},\quad e_2=\{v_1,v_3\},\quad e_3=\{v_1,v_4\}$$
$$e_4=\{v_2,v_3\},\quad e_5=\{v_2,v_4\},\quad e_6=\{v_3,v_4\}$$

上述每条边表示相应两市互相通航。

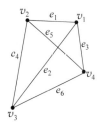

图 3-1

如果一个图由点及弧所构成，则称之为**有向图**，记为 $D=(V,A)$。其中，V 是点的集合；A 是弧的集合，一条从 v_i 连接到 v_j 的弧一般表示为一个有序对 $a=(v_i,v_j)$。

例3-2 有 A、B、C、D 四支篮球队，进行单循环比赛，比赛情况如表 3-1 所示。试用一个图表示各队之间的胜负关系。

表 3-1

比赛球队	获胜球队	比赛球队	获胜球队
A—B	A	B—C	B
A—C	A	B—D	D
A—D	D	C—D	C

解：设 v_1, v_2, v_3, v_4 分别表示球队 A、B、C、D，其相互间的胜负关系可表示为一个有向图：$D=(V,A)$，如图 3-2 所示，从 v_i 连接到 v_j 的弧表示 v_i 代表的球队胜 v_j 代表的球队。

其中

$$V = \{v_1, v_2, v_3, v_4\}$$
$$A = \{a_1, a_2, a_3, a_4, a_5, a_6\}$$
$$a_1 = \{v_1, v_2\}, \quad a_2 = \{v_1, v_3\}, \quad a_3 = \{v_4, v_1\}$$
$$a_4 = \{v_2, v_3\}, \quad a_5 = \{v_4, v_2\}, \quad a_6 = \{v_3, v_4\}$$

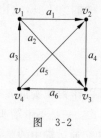

图 3-2

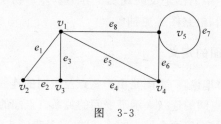

图 3-3

2. 几个基本概念

下面介绍一些与图相关的基本概念，先考虑无向图。

若有 $e=(v_i, v_j)$，则称 v_i、v_j 是 e 的**端点**，也称点 v_i 与 v_j **相邻**，称 e 是 v_i、v_j 的**关联边**。如图 3-3 中，v_1 与 v_4 是 e_5 的端点，点 v_2 与 v_3 相邻，e_6 是 v_4 与 v_5 的关联边等。

若一条边的两个端点相同，则称该边为**环**，如图 3-3 中的 e_7；若两个端点之间不止一条边，则称具有**多重边**；一个无环也无多重边的图称为**简单图**。

图 $G=(V,E)$ 中，设 $v_{i_0}, v_{i_1}, \cdots v_{i_k} \in V, e_{j_0}, e_{j_1}, \cdots, e_{j_k} \in E$。若

$$e_{j_t} = (v_{i_{t-1}}, v_{i_t}) \quad (t=1,2,\cdots,k)$$

则交替序列 $\mu = v_{i_0}, e_{j_1}, v_{i_1}, e_{j_2}, \cdots, e_{j_k}, v_{i_k}$ 称为一条从 v_{i_0} 到 v_{i_k} 的链，简记为

$$\mu = v_{i_0} v_{i_1} \cdots v_{i_k}$$

若 $v_{i_0} = v_{i_k}$ 则称 μ 为**闭链**，否则称 μ 为**开链**。若 μ 中的边均不相同，则称 μ 为**简单链**；

若 μ 中所有结点也均不同,则称 μ 为**初等链**。若一条闭链 μ 中,除 $v_{i_0}=v_{i_k}$ 外,任意两点均不相同,则称 μ 为一个**圈**。如图 3-4 中,$\mu_1=v_4v_7v_5v_6v_7v_8$ 是简单链,$\mu_2=v_4v_5v_7v_6v_8$ 是初等链,$\mu_3=v_4v_5v_6v_8v_7v_4$ 是一个圈,但 $\mu_4=v_4v_7v_6v_8v_7v_5v_4$ 仅为一条闭链,而不是圈。

若图 G 中,任意两点间至少存在一条链,则称图 G 为**连通图**,否则称为**不连通图**。如图 3-3 是连通图,而图 3-4 是不连通图,因为 v_1 与 v_4 之间不存在链。

设有图 $G=(V,E)$ 和图 $G'=(V',E')$,若 $V'=V,E'\subseteq E$,则称 G' 是 G 的一个**支撑子图**或**支撑图**。

例如,在图 3-5 中,(a)、(b)、(c)均为(a)的支撑子图,但(d)不是(a)的支撑子图,因为(d)比(a)少一个点 v_1。

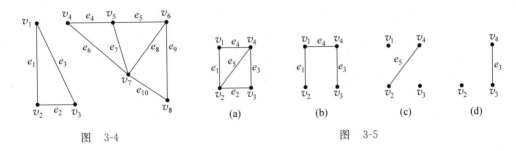

图 3-4　　　　　　　　　图 3-5

若把一个有向图 D 中所有弧的方向去掉,即每一条弧都用相应的无向边代替,所得到的一个无向图称为该有向图 D 的**基础图**,记为 $G(D)$,如图 3-6 中(b)为(a)的基础图。

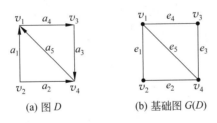

(a) 图 D　　　　(b) 基础图 $G(D)$

图 3-6

把基础图 $G(D)$ 的链和圈定义为有向图 D 的链和圈。如图 3-6 中,$\mu_1=v_2v_1v_4v_3$ 是 $G(D)$ 的一条初等链,因而也是 D 的一条初等链;$\mu_2=v_2v_4v_1v_2$ 是 $G(D)$ 的一个圈,因而也是 D 的一个圈。

若交替序列 $\mu=v_{i_0},a_{j_1},v_{i_1},a_{j_2},\cdots,v_{i_k},a_{j_k}$ 是有向图 $D=(V,A)$ 的一条链,并且有
$$a_{j_t}=(v_{i_{t-1}},v_{i_t})\quad(t=1,2,\cdots,k)$$
则称 μ 是图 D 的一条从 v_{i_0} 到 v_{i_k} 的**路**,简记为
$$\mu=v_{i_0}v_{i_1}\cdots v_{i_k}$$

又若 $v_{i_0}=v_{i_k}$,则称 μ 是图 D 的一条**回路**,否则称为**开路**。

对无向图 G 而言,链和路(闭链和回路)这两个概念是一致的。如图 3-6 中,$\mu_3=v_2v_4v_1v_3$ 是一条开路,$\mu_4=v_4v_1v_3v_4$ 是一条回路;但 $\mu_1=v_2v_1v_4v_3$ 和 $\mu_2=v_2v_4v_1v_2$ 虽然分别是 $G(D)$ 的开路和回路,却不是 D 的路,而仅是 D 的链和圈。

3. 网络

若给一个图中的每一条边（或弧）都赋予一个实数 $\omega_{ij} = \omega(v_i, v_j)$，所得的图称为一个**赋权网络图**。赋权无向图和赋权有向图统称为**网络**，记为 N。这里，ω_{ij} 称为边 (v_i, v_j) 的**权数**（或**权**）。

一般来讲，图论中所讨论的图，特别是在应用图论中所讨论的图多数是网络。

3.2 运输问题

运输问题一般可描述为：一种物资有 m 个产地 $A_i(i=1,2,\cdots,m)$，其产量分别为 a_i；有 n 个销地 $B_j(j=1,2,\cdots,n)$，其销量分别为 b_j；从 A_i 至 B_j 的运价为 c_{ij}。问如何设计调运方案才能使总运费最少？运输问题既可以采用表上作业法进行求解，也可以借助相关的运筹学软件包进行求解。

3.2.1 产销平衡问题

当总产量等于总销量，即 $\sum_{i=1}^{m} a_i = \sum_{j=1}^{n} b_j$ 时，称为**产销平衡的运输问题**，简称平衡问题。

例 3-3 有 A_1、A_2、A_3 三个水泥厂，每天要把生产的水泥运往 B_1、B_2 两地。各厂的产量、各地的需求量（销量）以及各厂地间的运价见表 3-2。问如何设计调运方案才能使总运费最少？

表 3-2

销地 产地	运价(c_{ij})/(元/吨)		产量(a_i)/(吨/天)
	B_1	B_2	
A_1	120	150	11
A_2	145	130	15
A_3	135	140	9
销量(b_j)/(吨/天)	14	21	

解：因为 $\sum_{i=1}^{m} a_i = 11+15+9 = 35$，$\sum_{j=1}^{n} b_j = 14+21 = 35$，$\sum_{i=1}^{m} a_i = \sum_{j=1}^{n} b_j$，所以这是一个产销平衡问题。

目标函数为

$$\min z = \sum_{i=1}^{m} \sum_{j=1}^{n} c_{ij} x_{ij}$$

其中,x_{ij}为A_i至B_j的运量,因为某产地运往各销地的运量之和应等于该产地的产量,所以有$\sum_{j=1}^{n}x_{ij}=a_i(i=1,2,\cdots,m)$;又因各产地运往某销地的运量之和应等于该销地的销量(需求量),所以有$\sum_{i=1}^{m}x_{ij}=b_j(j=1,2,\cdots,n)$。

综上所述,得到产销平衡运输问题的一般模型为

$$\min z = \sum_{i=1}^{m}\sum_{j=1}^{n}c_{ij}x_{ij}$$

$$\text{s.t.}\begin{cases}\sum_{j=1}^{n}x_{ij}=a_i & (i=1,2,\cdots,m)\\ \sum_{i=1}^{m}x_{ij}=b_j & (j=1,2,\cdots,n)\\ x_{ij}\geqslant 0 & (i=1,2,\cdots,m;j=1,2,\cdots,n)\end{cases} \quad (3\text{-}1)$$

式(3-1)应用到本例中的实例模型为

$$\min z = 120x_{11}+150x_{12}+145x_{21}+130x_{22}+135x_{31}+140x_{32}$$

$$\text{s.t.}\begin{cases}x_{11}+x_{12}=11\\ x_{21}+x_{22}=15\\ x_{31}+x_{32}=9\\ x_{11}+x_{21}+x_{31}=14\\ x_{12}+x_{22}+x_{32}=21\\ x_{ij}\geqslant 0 \quad (i=1,2,3;j=1,2)\end{cases}$$

经求解,最优解如下:

$$X^*=(11,0,0,15,3,6)^T, \quad z^*=4\,515$$

由结果可知,由A_1运往B_1地11吨,A_2运往B_2地15吨,A_3运往B_1地3吨,A_3运往B_2地6吨,这样安排总运费最少,最少总运费为4 515元。调运方案如图3-7所示。

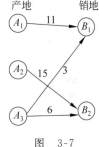

图 3-7

3.2.2 产销不平衡问题

当总产量大于总销量,即$\sum_{i=1}^{m}a_i > \sum_{j=1}^{n}b_j$时,称为**产大于销的运输问题**;当总产量小于总销量,即$\sum_{i=1}^{m}a_i < \sum_{j=1}^{n}b_j$时,称为**产小于销的运输问题**。产大于销的运输问题和产小于销的运输问题统称为**产销不平衡问题**。

例 3-4 有A_1、A_2、A_3三个水泥厂,每天要把生产的水泥运往B_1、B_2两地。各厂的产量、各地的需求量(销量)以及各厂地间的运价见表3-3。问如何设计调运方案才能使总运费最少?

表 3-3

产地\销地	运价(c_{ij})/(元/吨)		产量(a_i)/(吨/天)
	B_1	B_2	
A_1	120	150	11
A_2	145	130	15
A_3	135	140	9
销量(b_j)/(吨/天)	13	20	

解：因为 $\sum_{i=1}^{m} a_i = 11+15+9 = 35$，$\sum_{j=1}^{n} b_j = 13+20 = 33$，$\sum_{i=1}^{m} a_i > \sum_{j=1}^{n} b_j$，所以这是一个产大于销的运输问题。

目标函数为

$$\min z = \sum_{i=1}^{m} \sum_{j=1}^{n} c_{ij} x_{ij}$$

因为某产地运往各销地的运量之和不大于该产地的产量，所以有 $\sum_{j=1}^{n} x_{ij} \leqslant a_i (i=1, 2, \cdots, m)$；又因各产地运往某销地的运量之和应等于该销地的销量（需求量），所以有 $\sum_{i=1}^{m} x_{ij} = b_j (j=1, 2, \cdots, n)$。

综上所述，得到产大于销运输问题的一般模型为

$$\min z = \sum_{i=1}^{m} \sum_{j=1}^{n} c_{ij} x_{ij}$$

$$\text{s.t.} \begin{cases} \sum_{j=1}^{n} x_{ij} \leqslant a_i & (i=1,2,\cdots,m) \\ \sum_{i=1}^{m} x_{ij} = b_j & (j=1,2,\cdots,n) \\ x_{ij} \geqslant 0 & (i=1,2,\cdots,m; j=1,2,\cdots,n) \end{cases} \quad (3\text{-}2)$$

式(3-2)应用到本例中的实例模型为

$$\min z = 120x_{11} + 150x_{12} + 145x_{21} + 130x_{22} + 135x_{31} + 140x_{32}$$

$$\text{s.t.} \begin{cases} x_{11} + x_{12} \leqslant 11 \\ x_{21} + x_{22} \leqslant 15 \\ x_{31} + x_{32} \leqslant 9 \\ x_{11} + x_{21} + x_{31} = 13 \\ x_{12} + x_{22} + x_{32} = 20 \\ x_{ij} \geqslant 0 \quad (i=1,2,3; j=1,2) \end{cases}$$

经求解，最优解如下：

$$X^* = (11, 0, 0, 15, 2, 5)^T, \quad z^* = 4\,240$$

由结果可知,由 A_1 运往 B_1 地 11 吨,A_2 运往 B_2 地 15 吨,A_3 运往 B_1 地 2 吨,A_3 运往 B_2 地 5 吨,这样安排总运费最少,最少总运费为 4 240 元。调运方案如图 3-8 所示。

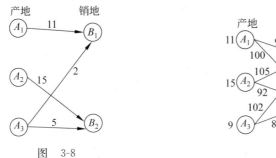

图 3-8

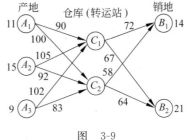

图 3-9

3.2.3 转运问题

前面介绍的运输问题,都是将物资直接由产地运往销地,但是实际中很多的运输问题是先将物资由产地运往某个或某些转运站(转运站在现实情况中往往表现为仓库),再由转运站运往销地,这类运输问题不仅要求总运费最少,而且要同时选出最优运输路线,这就是**转运问题**。

例 3-5 有 A_1、A_2、A_3 三个水泥厂,每天要把生产的水泥先运往 C_1、C_2 两个仓库,再由仓库运往 B_1、B_2 两地。各厂至各仓库、各仓库至各销地的运价(单位:元/吨)见表 3-4。图 3-9 是描述该问题的网络图,图中的弧代表运输路线,弧上方的数字表示路线的运价。另外,每个产地的产量(单位:吨/天)和每个销地的销量(单位:吨/天)分别在左侧和右侧作了标注。如何设计调运方案才能使总运费最少?

表 3-4

仓库 产地	C_1	C_2
A_1	90	100
A_2	105	92
A_3	102	83

仓库 产地	B_1	B_2
C_1	72	67
C_2	58	64

解:本例中共有 10 条运输路线,分别是 $A_1 \to C_1$、$A_1 \to C_2$、$A_2 \to C_1$、$A_2 \to C_2$、$A_3 \to C_1$、$A_3 \to C_2$、$C_1 \to B_1$、$C_1 \to B_2$、$C_2 \to B_1$、$C_2 \to B_2$,我们分别用数字 1、2、3、4、5、6、7 来表示 A_1、A_2、A_3、C_1、C_2、B_1、B_2,则这 10 条运输路线上的运量可分别用 x_{14}、x_{15}、x_{24}、x_{25}、x_{34}、x_{35}、x_{46}、x_{47}、x_{56}、x_{57} 来表示,于是目标函数为

$$\min z = 90x_{14} + 100x_{15} + 105x_{24} + 92x_{25} + 102x_{34}$$
$$+ 83x_{35} + 72x_{46} + 67x_{47} + 58x_{56} + 64x_{57}$$

由于这是一个产销平衡问题,对于产地,物资的运出量应等于产地的产量,因此

对 A_1 有

$$x_{14} + x_{15} = 11$$

对 A_2 有

$$x_{24} + x_{25} = 15$$

对 A_3 有

$$x_{34} + x_{35} = 9$$

对于转运站（仓库），物资的运入量应等于运出量，因此

对 C_1 有
$$x_{14} + x_{24} + x_{34} = x_{46} + x_{47}$$

对 C_2 有
$$x_{15} + x_{25} + x_{35} = x_{56} + x_{57}$$

对于销地，物资的运入量应等于销地的需求量，因此

对 B_1 有
$$x_{46} + x_{56} = 14$$

对 B_2 有
$$x_{47} + x_{57} = 21$$

综上，建立此例的数学模型为

$$\min z = 90x_{14} + 100x_{15} + 105x_{24} + 92x_{25} + 102x_{34}$$
$$+ 83x_{35} + 72x_{46} + 67x_{47} + 58x_{56} + 64x_{57}$$

$$\text{s.t.} \begin{cases} x_{14} + x_{15} = 11 \\ x_{24} + x_{25} = 15 \\ x_{34} + x_{35} = 9 \\ x_{14} + x_{24} + x_{34} = x_{46} + x_{47} \\ x_{15} + x_{25} + x_{35} = x_{56} + x_{57} \\ x_{46} + x_{56} = 14 \\ x_{47} + x_{57} = 21 \\ x_{14}, x_{15}, x_{24}, x_{25}, x_{34}, x_{35}, x_{46}, x_{47}, x_{56}, x_{57} \geqslant 0 \end{cases}$$

经求解，最优解如下：

$$X^* = (11, 0, 0, 15, 0, 9, 0, 11, 14, 10)^{\mathrm{T}},$$
$$z^* = 5\,306$$

最优调度方案如图 3-10 所示。

通过此例，我们可以归纳出转运问题的如下一般线性规划模型：

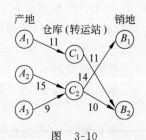

图 3-10

$$\min z = \sum_{\text{所有弧}} c_{ij} x_{ij}$$

$$\text{s.t.} \begin{cases} \sum_{\text{运出弧}} x_{ij} - \sum_{\text{运入弧}} x_{ij} \leqslant (=) a_i & \text{起点结点 } i \\ \sum_{\text{运出弧}} x_{ij} - \sum_{\text{运入弧}} x_{ij} = 0 & \text{转运结点} \\ \sum_{\text{运入弧}} x_{ij} - \sum_{\text{运出弧}} x_{ij} = (\leqslant) b_j & \text{终点结点 } j \\ x_{ij} \geqslant 0 & \text{对于所有的 } i \text{ 和 } j \end{cases} \quad (3-3)$$

这里，x_{ij} 表示从结点 i 到 j 的运量；c_{ij} 表示从结点 i 到 j 的运价；a_i 表示起始结点 i 的产量；b_j 表示终点结点 j 的销量（需求量）。

3.3 最短路问题

最短路问题一般可描述为:在一网络中,给定两个点 v_s 和 v_t,找到一条从 v_s 到 v_t 的路,使这条路上所有弧的权数之和最小,这条路就是 v_s 到 v_t 的**最短路**,这条路上所有弧的权数之和称为 v_s 到 v_t 的**距离**。最短路问题可以采用狄克斯屈标号法、距离矩阵摹乘法等方法进行求解,也可借助相关的运筹学软件包进行求解。

例 3-6 某电信公司计划在甲、乙两地铺设通信电缆,图 3-11 是甲、乙两地间的交通图,图中 v_1、v_2、v_3、v_4、v_5、v_6 表示 6 个地点,其中 v_1 表示甲地,v_6 表示乙地,点之间的连线(边)表示两地公路,边上的数值表示两地间公路的长度(单位:千米)。如何铺设才能使甲、乙两地的电缆长度最短?

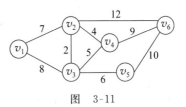

图 3-11

经求解最短路是 $v_1 - v_2 - v_6$,最短距离是 $7 + 12 = 19$ 千米,所以应在 $v_1 - v_2$、$v_2 - v_6$ 间铺设线路。

例 3-7 某汽车厂使用一台设备,每年年初,部门领导都要权衡是继续使用这台旧设备还是购置新设备的问题。如果购置新设备每年年初就要支付一定的购置费用;如果继续使用旧设备,则需要支付一定的维护费用。现在要设计一套 5 年内更新该设备的实施方案,使 5 年内的总支付费用最少。该设备在每年年初的购买价格如表 3-5 所示,该设备各年累计维护费用如表 3-6 所示。

表 3-5 设备各年年初购买价格 (单位:万元)

购买年份	1	2	3	4	5
购买价格	11	12	12	13	15

表 3-6 该设备累计维护费用 (单位:万元)

使用年限	1	2	3	4	5
维护费用	5	12	21	32	50

解:构建该问题的网络模型,如图 3-12 所示。

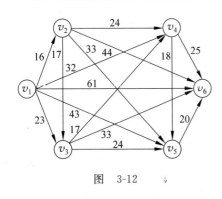

图 3-12

设 v_i 表示"第 i 年年初购入设备",如 v_1 表示在第 1 年年初购买设备;由 v_i 指向 v_j 的箭头表示第"i"年年初购买的设备使用到"j"年年初报废,则该设备的使用年限为 $j - i$。如从 v_1 指向 v_2 表示设备在第 1 年年初购置,在第 2 年年初报废,使用年限为 1 年;v_i 与 v_j 之间的费用取值为在第 i 年的购买价格与该设备使用年限内的维护费用总和。例如,v_1 与 v_2 之间的费用为 $11 + 5 = 16$,其中 11 为第 1 年的采购价格,5 为一年使用期限内的维护费用。

经求解，最佳解决方案是第 1 年购置新设备，第 3 年更换设备，这样 5 年内的费用最少，费用为 56 万元。

3.4 最小支撑树问题

首先介绍一下树、图的支撑树概念，然后引出最小支撑树问题，最后以线路铺设问题为例介绍最小支撑树问题的建模思路与求解分析。最小支撑树问题可以采用避圈法和破圈法等方法进行求解，也可借助相关的运筹学软件包进行求解。

一个连通无圈简单图称为**树**。若图 G 的一个支撑图 T 是树，则称 T 是图 G 的一棵**支撑树**。如图 3-13 示出了一个图 G 及其支撑树 T_1、T_2、T_3。

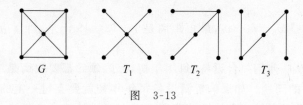

图 3-13

设 $T_k=(V,E_k)$ 是网络 $N=(G,\omega)$ 的一棵支撑树，则 T_k 的边集 E_k 中所有边的权数之和称为**树 T_k 的权**，记为 $\omega(T_k)$。即

$$\omega(T_k) = \sum_{e \in E_k} \omega(e)$$

若支撑树 T^* 的权 $\omega(T^*)$ 是 N 的所有支撑树的权中最小者，则称 T^* 为网络 N 的**最小支撑树**，简称**最小树**。即

$$\omega(T^*) = \min_{T_k \in T}\{\omega(T_k)\}$$

如何找出网络的最小树就是最小支撑树问题。

例 3-8 某自然景区内设有六个服务站和一个网络中心，景区的管理部门决定铺设光纤网络，为各服务站点提供通信（数据、声音、图像）线路。管理部门希望这个通信线路的建设成本尽可能低。尽管网络中心计算机可以和每个服务站直接联系，但若给一部分服务站装一条直达线，同时让其他站点通过与那些已与此系统连接的站点连接而入，就会更加经济实惠。图 3-14 表示了服务站和网络中心的分布情况，一个圆圈表示一个服务站（或网络中心），圆圈之间连线上的数字表示两个站点（或站点与网络中心）之间铺设电缆的成本（单位：万元）。请问应如何设计该通信线路？

经求解，结果如图 3-15 所示。此时，铺设总成本最小，为 $4+5+4+3+4+3=23$（万元）。

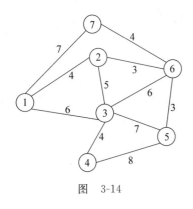
图 3-14

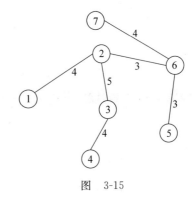
图 3-15

3.5 最大流问题

现实生活中，许多系统中都存在流量问题，如公路系统中存在车辆流，电力系统中存在电流，供水系统中存在水流，信息系统中存在信息流，金融系统中存在现金流等。

本节首先介绍网络流、可行流的基本概念，然后引出最大流问题，最后以通信网络为例介绍最大流问题的建模思路与求解分析。最大流问题可以采用福特-富尔克逊标号法等方法进行求解，也可借助相关的运筹学软件包进行求解。

1. 容量网络与网络流

满足如下规定的网络称之为**容量网络**：

（1）对于一个有向网络 $N=(V,A)$，各弧的方向就是流量通过的方向；

（2）对网络中的每一弧 $(v_i,v_j) \in A$，都赋予一个容量 $r(v_i,v_j)=r_{ij} \geqslant 0$，表示容许通过该弧的最大流量；

（3）网络有一个始点 v_s 和一个终点 v_t。除 v_s 和 v_t 外的其余点称为**中间点**。

本节所讨论的均为容量网络，以下简称**网络**。

所谓**网络流**，是指某种流在网络中各弧上的流量的集合。即

$$X = \{x_{ij} \mid (v_i, v_j) \in A\}$$

其中，x_{ij} 为流经弧 (v_i,v_j) 的流量。

2. 可行流

满足下述条件的流 $X=\{x_{ij}\}$ 称为一个**可行流**：

（1）容量限制条件：

$$0 \leqslant x_{ij} \leqslant r_{ij}, \quad (v_i, v_j) \in A$$

（2）中间点平衡条件：

$$\sum_j x_{ij} - \sum_j x_{ji} = 0 \quad (i \neq s, t)$$

上式意味着每个中间点的流入量必须等于其流出量，二者必须平衡。

设以 $f=f(X)$ 表示可行流 X 从 v_s 到 v_t 的流量,则有

$$\sum_j x_{ij} - \sum_j x_{ji} = \begin{cases} f & \text{当} i = s \\ -f & \text{当} i = t \end{cases}$$

由上式可以看出,可行流 X 的流量 $f(X)$ 等于始点的净流出量,也等于终点的净流入量。

可行流恒存在,令所有弧的流量均为 0,即可得到一个可行流,称为**零流**,其流量 $f(X)=0$。又如图 3-16 所示的网络流也是一个可行流,图中每条弧旁的数字均为 (r_{ij}, x_{ij})。

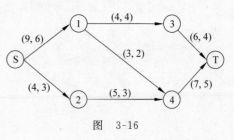

图 3-16

3. 最大流

最大流问题就是求一个可行流 X^*,使其流量 $f^* = f(X^*)$ 最大,并满足

$$\max f$$
$$\text{s. t.} \begin{cases} \sum_j x_{ij} - \sum_j x_{ji} = \begin{cases} f, & i = s \\ 0, & i \neq s, t \\ -f, & i = t \end{cases} \\ 0 \leqslant x_{ij} \leqslant r_{ij}, \quad (v_i, v_j) \in A \end{cases} \tag{3-4}$$

最大流问题是一个特殊的线性规划问题。由于其特殊性,用网络分析的方法求解它要比线性规划的一般方法更方便、更直观。

4. 通信网络的最大流问题

例 3-9 迅达通信公司使用光缆网络在不同地方传递电话和其他信息,信息通过光缆线和转换点传递。该公司的传送网络如图 3-17 所示。一个圆圈代表一个转换点,转换点之间连线上的数字表示该条光缆线的最大信息传递能力。求该通信网络的最大传输能力。

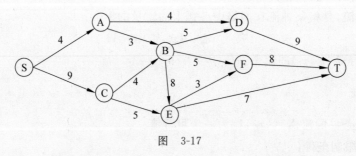

图 3-17

经求解,各线路的实际传输情况如图 3-18 所示(括号内第一个数字表示该线路的最大传输能力,第二个数字表示该线路的实际传输情况),该网络的最大传输能力为 13 个信息单位。

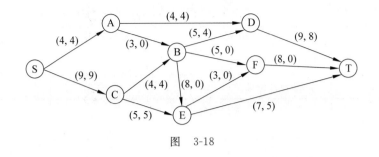

图 3-18

3.6 网络的计划评审与优化问题

现实生活中,网络的计划评审与优化是项目管理的重要方法之一。通常在项目管理过程中,管理者需要负责项目的计划、安排和控制工作。在这种情况下,为了使管理者更加切实有效地对项目进度进行掌控,计划评审法(PERT)和关键路径法(CPM)就显得至关重要。

计划评审法(program evaluation and review technique,PERT)和关键路径法(critical path method,CPM)是网络分析的重要组成部分。这两种方法几乎同时从不同的方面发展起来,它们被广泛应用于系统分析与项目管理之中。PERT 是由美国海军特种计划局和洛克希德、汉米尔顿公司于 1958 年 1 月联合开发的一种计划管理方法,首先被应用于美国海军北极星导弹的研制系统。CPM 是由美国杜邦公司提出的,并在后来的建厂工作中发挥了巨大作用。PERT 和 CPM 是根据不同的项目而设计的,因此二者有不同之处。今天这两种方法都被应用于项目安排的设计之中。通常,人们用计划评审法来解决活动时间不确定的项目,用关键路径法来处理活动时间已确定的项目。计划评审法与关键路径法可以用来解决下述问题:

(1)该项目总共是由多少活动组成的?总共需要多少时间?

(2)每一个活动的开始和完成日期在何时?

(3)哪些活动是"极其重要的"?其完成情况影响整个项目进度,必须严格按计划完成。

(4)"不重要"的活动最多可延时多长时间完成,而不至于影响整个项目的完成时间?

我们将通过例题来具体讲述 PERT 和 CPM 两种方法在实际中的应用。

3.6.1 活动时间确定的项目

例 3-10 某公司决定启动一项可行性研究项目,对某一新设计出来的产品的可行性进行研究。该项目的活动清单如表 3-7 所示。

项目负责人该如何控制项目进度,才能使项目在最短的时间内完成?

管理决策方法

表 3-7

活动	活动描述	紧前活动	活动时间/天
A	市场调查准备	—	12
B	产品设计论证	—	8
C	市场调查与需求预测分析	A	40
D	计划安排生产	B	7
E	成本估算	D	12
F	生产产品原型	D	28
G	准备定价报告	C,E	5
H	产品原型测试	F	23
I	制定投资计划	G,H	4
J	制定营销策略	G	10
K	完成最终报告	I,J	19

表 3-7 注明了各项活动的紧前活动和活动时间。对于给定的活动，只有在其紧前活动都已经完成后，该活动才能开始进行。由于活动 A、B 没有紧前活动，这些活动可以在项目开始时就进行，因此在紧前活动栏中以"—"表示其没有紧前活动。另外，由表 3-7 可知，活动 C 只有在活动 A 结束之后才能开始；活动 D 要在活动 B 结束后开始；活动 E、F 要在活动 D 结束后开始；活动 G 要在活动 C、E 结束后开始。其他活动同理可述。最后一个活动 K 要在活动 I、J 结束后开始。当活动 K 完成后，该项目就完成了。

表中的最后一栏列出了完成每项活动需要的时间。例如，活动 A 需要 12 天，活动 B 需要 8 天，等等。按照简单的时间相加，我们估计完成所有活动需要 168 天。但是，该项目中的很多活动是可以同时进行的，因此可以大大缩短项目的完成时间。计划评审法和关键路径法将为我们提供一份详细的活动安排，使得项目能够在尽可能短的时间内完成。

为了更加直观地了解项目的情况，可以构造一个项目网络图。网络图中的每个结点表示每项活动，箭头代表活动之间进行的优先顺序，另外还有两个新添加的结点表示项目的开始和结束。项目网络图如图 3-19 所示。

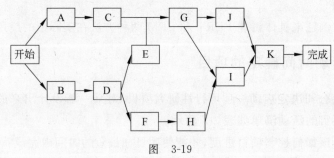

图 3-19

为了确定完成项目所需要的时间,我们要对网络进行分析,并找出网络图中所谓的关键路径。所谓路径,就是从起点到终点之间相连结点的序列。如图 3-19 所示,A—C—G—J—K 就可以被定义为网络中的一条路径。为了完成整个项目,网络中将存在多条路径,因此我们需要找出其中最长的路径。如果最长路径上的活动被延误,那么整个活动完成的时间就会被延误,因此这条最长路径就是我们要找的关键路径。关键路径上的活动称为项目的关键活动,是整个项目中的重要关键环节。该条路径中的持续时间决定了完成整个项目所必需的最少时间,作为项目管理者需要安排充裕的人力物力等,以保证该路径上的活动按期完成。

下面我们介绍如何确定关键路径。

首先,我们要找出网络图中活动的最早开始时间和最早完成时间。

ES——一项活动的最早开始时间;

EF——一项活动的最早完成时间;

t——活动时间。

对于任何活动,最早完成时间为

$$EF=ES+t$$

例如,项目 A 是从项目开始时开始进行,则我们设活动 A 的最早开始时间为 0。而完成项目 A 需要 12 天,所以活动 A 的最早完成时间为 $EF=ES+t=0+12=12$。我们将在每个结点上注明完成活动需要的时间、最早开始时间和最早完成时间。以活动 A 为例。

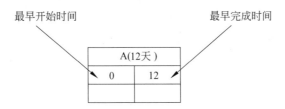

由于每一活动在其紧前活动没有完成的情况下是不能开始的,按照以下规则,我们可以确定每项活动的最早开始时间。

每项活动的最早开始时间等于所有紧前活动最早完成时间的最大值。

我们将最早完成时间的确定规则运用到网络中的部分结点中,如 A、B、C 和 G。活动 B 具有最早开始时间 0 和活动时间 8,在活动 B 的结点中可以看到 $ES=0$,$EF=ES+t=0+8=8$。对于活动 C,我们可以看到,活动 A 是活动 C 的唯一紧前活动,完成活动 A,至少需要 12 天,所以活动 C 的最早开始时间就是 $ES=12$。活动 C 的活动时间为 40,那么活动 C 的最早完成时间就应该为 $EF=ES+t=12+40=52$。活动 C 的最早开始时间和最早完成时间都可以在结点中清晰地显示出来。再如活动 G,根据最早开始时间的确定规则,因为活动 C、E 都是 G 的紧前活动,那么活动 G 的最早开始时间必定等于活动 C 和活动 E 的最早完成时间的较大值,经计算得,活动 C 的最早完成时间为 $EF=52$,活动 E 的最早完成时间为 $EF=27$,所以我们选择最大值 52 作为活动 G 的最早开始时间。可以看到活动 G 需要耗时 5 天,则其最早完成时间为 $EF=ES+t=52+5=57$。同理,可以得到图中所有的活动的最早开始时间和最早完成时间。项目的最后一项活动 K 的最早完成时间是 89，因此我们可知整个项目的最早完成时间是 89 天。

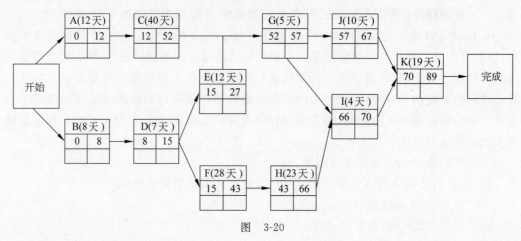

图 3-20

现在我们通过从后向前逆推项目网络图找出关键路径。经过前面的推导，已知该项目的最早完成时间是 89 天，我们就应该从最后结束的活动 K 开始向前逆推。首先明确几个变量，设

LS——每项活动的最晚开始时间；

LF——每项活动的最晚完成时间；

$$LS = LF - t$$

我们首先从活动 K 入手。我们知道活动 K 的最晚完成时间与最早完成时间相等，即 LF=EF=89，活动时间是 $t=19$。因此，活动 K 的最晚开始时间就应该为 LS=LF−t=89−19=70。我们将最晚开始时间 LS 与最晚完成时间 LF 写在结点 K 最早开始时间（ES）和最早完成时间（EF）下边的空格处，故有

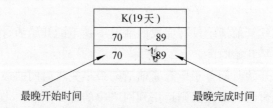

按照以下规则，我们可以确定每项活动的最晚完成时间。

每项活动的最晚完成时间等于其所有紧后活动最晚开始时间的最小值。

我们可以运用上述规则对活动 J 的 LS 和 LF 值进行验证。活动 J 的最晚完成时间必然等于活动 K 的最晚开始时间。因此，我们得到活动 J 的最晚完成时间为 LF=70，则活动 J 的最晚开始时间为 LS=LF−t=70−10=60。其他活动可以此类推。对于活动 D，最晚开始时间规则的运用比较复杂，因为活动 D 有活动 E 和活动 F 两个紧后活动。根据最晚完成时间的相关规则可知，活动 D 的最晚完成时间就应该是活动 E 和活动 F 的最晚开始时间的最小值，活动 F、E 的最晚开始时间为 15 和 43，所以我们得到活动 D 的最晚完成时间为 LF=15。同理，我们可依次计算各个活动的最晚开始时间和最晚完成时间，如图 3-21 所示。

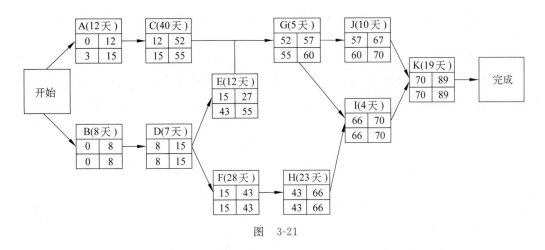

图 3-21

在进行接下来的工作之前,我们先引入一个新的概念——松弛变量。松弛变量是指延迟某项活动的活动时间而又不影响整个项目整体完工时间。每项活动的松弛变量计算公式如下:

$$松弛变量=LS-ES=LF-EF$$

项目 G 的松弛变量为 $LS-ES=55-52=3$。这表明,活动 G 的进行最多可以延迟 3 天,而又不会影响整个项目的计划完成时间,也就是说,活动 G 并不能影响项目是否能按期完成。而对于项目 H 来说,松弛变量为 $LS-ES=43-43=0$,也就是说活动 H 没有松弛。因此活动 H 不能被延误,否则将会影响整个项目的进度。可以说,重要的活动的松弛变量值为 0,即重要活动就是没有松弛的活动。根据现有的信息,对这个项目制定具体的安排。将有关活动的所有信息以表格的形式列出,如表 3-8 所示。PERT/CPM 可以识别出重要活动,以便项目负责人对该类活动进行严密监测。

表 3-8

活动	最早开始时间(ES)	最晚开始时间(LS)	最早完成时间(EF)	最晚完成时间(LF)	松弛(LS－ES)	关键路径
A	0	3	12	15	3	—
B	0	0	8	8	0	是
C	12	15	52	55	3	—
D	8	8	15	15	0	是
E	15	43	27	55	28	—
F	15	15	43	43	0	是
G	52	55	57	60	3	—
H	43	43	66	66	0	是
I	66	66	70	70	0	是
J	57	60	67	70	3	—
K	70	70	89	89	0	是

由表 3-8 可知，B—D—F—H—I—K 就是该活动的关键路径。从本质上说，关键路径的运算法则就是最长路径的运算法则，它描述了从开始结点到完成结点，完成时间最长的路径。当确定了一个项目中的关键路径后，就应该考虑哪些重要活动的时间可以缩短以及如何缩短，如果活动的时间可以调节，那么就需要对关键路径上活动的时间进行调整和重新计算，以达到用最少的时间来完成项目的目的。

3.6.2 活动时间不确定的项目

现实生活中的许多项目，如新产品的研发，在项目的进行过程中会有很多不可预测的事情发生，所以在此类活动的安排中，项目负责人必须将这些不确定的因素考虑进去。本节将分析活动时间不确定的项目的安排问题。

依然以上节例子中的可行性研究项目为例，若项目中的每个活动的时间，只能够用一个适当的值域来描述，而不是一个具体的预计值。公司希望能将项目从开始到完成的时间控制在 90 天之内。请问是否有这样的可能性？若有，可能性为多少？

下面我们对活动时间不确定的项目进行计划安排，把时间不确定的因素考虑在内，得到一些基本信息：

乐观时间 a——在最佳状态下完成某项活动的时间；

悲观时间 b——在最不利的条件下完成某项活动的时间；

最大可能时间 m——一般情况下完成某项活动的时间。

由这些信息组成的网络图称为**概率型网络图**。该项目的各项活动的三种时间估算如表 3-9 所示（单位：天）。

表 3-9

活动	活动描述	紧前活动	乐观时间(a)	最大可能时间(m)	悲观时间(b)
A	市场调查准备	—	10	12	14
B	产品设计论证	—	4	8	12
C	市场调查与需求预测分析	A	35	40	45
D	计划安排生产	B	5	7	9
E	成本估算	D	9	12	15
F	生产产品原型	D	15	28	35
G	准备定价报告	C,E	2	5	8
H	产品原型测试	F	16	23	30
I	制定投资计划	G,H	3	4	5
J	制定营销策略	G	7	10	13
K	完成最终报告	I,J	13	19	25

以活动 A 对表 3-9 中所列出的时间进行说明。对于 A，乐观时间 $a=10$，最大可能时间 $m=12$，悲观时间 $b=14$，则完成该活动的平均时间 t 和方差 σ^2 的计算公式如下：

$$t = \frac{a+4m+b}{6} \tag{1}$$

$$\sigma^2 = \left(\frac{b-a}{6}\right)^2 \tag{2}$$

由上述两个式子可以看出,乐观时间和悲观时间的差值是影响方差的主要原因。二者的差值越大,说明该活动的不确定性越大。对于活动 A,平均时间 t 和方差 σ^2 经计算得

$$t = \frac{a+4m+b}{6} = \frac{10+4\times12+14}{6} = 12$$

$$\sigma^2 = \left(\frac{b-a}{6}\right)^2 = \left(\frac{14-10}{6}\right)^2 = 0.44$$

式(1)与式(2)是建立在活动时间服从 β 概率分布的基础上的。我们用这种方法求出项目中所有活动的平均时间和方差,计算结果如表 3-10 所示。

表 3-10

活动	平均时间	方差	活动	平均时间	方差
A	12	0.44	G	5	1
B	8	1.78	H	23	5.44
C	40	2.78	I	4	0.11
D	7	0.44	J	10	1
E	12	1	K	19	4
F	27	2.78			

接下来我们开始寻找该项目的关键路径,以确定完成整个项目的期望时间和活动时间表。在活动时间不确定的情况下,对于关键路径的计算只是确定了项目平均完成时间,这与实际的项目所需时间会有偏差。活动的方差越大,说明不确定性越大,项目负责人应该对方差较大的活动进行严密监测。利用上一节所提到的从前向后顺推方法,我们可以求出每项活动的最早开始时间 ES 和最早完成时间 EF,最后一项活动 K 的最早完成时间是 88 天。因此,这个项目的期望完成时间就是 88 天。我们再利用从后向前逆推的方法,可以求出各个活动的最晚开始时间 LS 和最晚完成时间 LF。具体数值如图 3-22 所示。

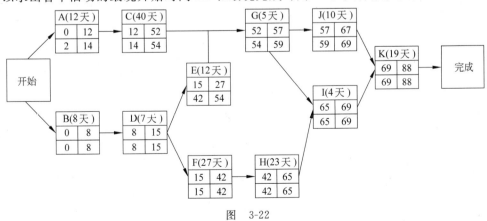

图 3-22

根据现有的信息,为这个项目制定具体的安排。将有关活动的所有信息以表格的形式列出,如表3-11所示。

表 3-11

活动	最早开始时间(ES)	最晚开始时间(LS)	最早完成时间(EF)	最晚完成时间(LF)	松弛(LS−ES)	关键路径
A	0	2	12	14	2	—
B	0	0	8	8	0	是
C	12	14	52	54	2	—
D	8	8	15	15	0	是
E	15	42	27	54	27	—
F	15	15	42	42	0	是
G	52	54	57	59	2	—
H	42	42	65	65	0	是
I	65	65	69	69	0	是
J	57	59	67	69	2	—
K	69	69	88	88	0	是

由表3-11可知,该项目的关键路径为 B—D—F—H—I—K,这说明了该项目的总体平均完成时间为88天。关键路径上活动存在的方差可能会导致项目总体完成时间的偏差,我们可以暂时不考虑非关键路径上活动的方差,因为那些活动存在松弛变量,不会影响项目的总体完成时间。但是如果非关键路径上的活动被延误的时间过长,也会导致松弛度降低,这项活动很可能成为项目新的关键路径,并导致整个项目的期望完成时间增加。

如果关键路径上活动的完成时间超过了预期完成时间,那么就会导致项目总体的完成时间增加。如果关键路径上活动的整体完成时间比预期时间要短,那么就会相应地缩短项目总体的完成时间。主要使用关键路径活动的方差来确定项目总体完成时间的方差。假设项目中的所有活动都是独立的,设 T 为完成整个项目需要的总时间,即关键路径上各个活动的平均时间之和。

$$E(T)=t_B+t_D+t_F+t_H+t_I+t_K=88(天)$$

整个项目的完成时间的方差等于所有关键路径活动的方差之和,因此有

$$\sigma^2 = \sigma_B^2+\sigma_D^2+\sigma_F^2+\sigma_H^2+\sigma_I^2+\sigma_K^2 = 1.78+0.44+2.78+5.44+0.11+4 = 14.55$$

均方差

$$\sigma = \sqrt{\sigma^2} = \sqrt{14.55} = 3.81$$

假设项目的完成时间满足正态分布,对于包含活动较多的项目,分析其正态分布可以帮助我们更好地估算项目完成时间的近似值。例如,项目初期,估算项目完成时间为 90 天,则有:

$$T_d = 90$$
$$P(T \leqslant T_d) = \int_{-\infty}^{T_d} N(E(T), \sigma^2) \mathrm{d}t = \phi\left(\frac{T_d - E(T)}{\sigma}\right) = \phi\left(\frac{90-88}{3.81}\right)$$
$$= \phi(0.524\ 9) = 0.662\ 0$$

说明在 90 天之内完成任务的概率为 0.662 0。由此我们可以知道,有可能在 90 天之内完成任务。

对于活动时间不能确定的项目,需要通过对关键路径进行概率估计,同时也应对非关键路径上的活动进行检测,项目负责人应该对项目的实施过程进行实时监督,并及时对偏差进行修正,以确保项目按照预期的安排进行。

3.6.3 网络计划的优化

在实现了上例的两种可能情况的解答之后,我们已经知道了如何根据实际情况制定一个项目的网络计划图,并以网络图为基础,计算这一项目的完成时间。但仅能做到这些还是不够的,网络计划图的核心价值在于通过对项目资源的综合评价,完成项目方案的进一步优化,实现时间和成本的最佳组合。换一种说法,就是帮助项目负责人作出时间和成本间的合理判断。

依然以 3.6.1 节中的项目为例,若该公司经过前期预测分析,发现必须将这个项目的时间控制在 87 天以内。而通过 3.6.1 节的计算,得到项目的关键路径长度为 89 天,所以必须缩短活动的已知时间,否则将不能完成任务。通常在这种情况下,我们可以通过增加资源来缩短活动时间,这种方法称为**紧缩**。然而增加资源意味着成本的增大,所以必须找到一种方案,使我们在付出最少的资源的情况下紧缩活动时间,从而在期望的时间内完成项目。

要对项目的时间进行紧缩,我们需要掌握更多的信息:

τ_i——活动 i 的期望时间;

τ_i'——达到最大紧缩时间时,活动 i 的活动时间;

M_i——紧缩时间后,活动 i 可能减少的最大时间。

计算 M_i:

$$M_i = \tau_i - \tau_i'$$

C_i——正常活动时间下 i 的成本;

C_i'——最大紧缩时间下活动 i 的成本;

K_i——每项活动单位时间的紧缩成本。

计算 K_i:

$$K_i = \frac{C'_i - C_i}{M_i}$$

本例的相关参数如表 3-12 所示。

表 3-12

活动	紧前活动	时间/天		成本/万元		最大可缩放时间 M_i/天	紧缩单位成本 K_i/(万元/天)
		τ_i	τ'_i	C_i	C'_i		
A	—	12	9	18	30	3	4
B	—	8	6	25	35	2	5
C	A	40	36	63	83	4	5
D	B	7	4	25	37	3	4
E	D	12	8	70	90	4	5
F	D	28	23	90	105	5	3
G	C, E	5	4	30	37	1	7
H	F	23	19	68	80	4	3
I	G, H	4	2	21	27	2	3
J	G	10	6	43	51	4	2
K	I, J	19	15	32	58	4	6

可利用相关的运筹学计算软件包进行网络计划的优化,计算结果为:需要将 F 的活动时间缩短为 26 天,可将项目时间控制在 87 天以内。原本项目成本为 485 万元,紧缩后成本为 491 万元,比原计划增加了 6 万元。

习题

1. 某公司在三个地方有 Ⅰ、Ⅱ、Ⅲ 三个分厂,生产同一种产品,其产量分别为 400 吨、500 吨、700 吨。需要供应甲、乙、丙、丁四个地方销售,这四地的产品需求分别为 300 吨、200 吨、600 吨、500 吨。三个分厂到四个销地的单位运价如表 3-13 所示。

表 3-13

产地\销地	甲	乙	丙	丁
Ⅰ	25	19	27	30
Ⅱ	18	12	30	17
Ⅲ	23	24	22	26

(1) 应如何安排调运方案,才能使得总运费最小?

(2) 如果Ⅱ分厂的产量从 500 吨提高到 700 吨,那么应如何安排运输方案,才能使总运费为最小?

(3) 如果销地丙的需求从 600 吨提高到 700 吨,而其他情况都同(1),那该如何安排调运方案,才能使得总运费最小?

2. 某公司每天使用公司货车直接将货物送到零售商手中。当生意少时,司机们在运送货物时可自由地决定选择什么样的路线到达零售地点。然而,当生意多时,为了提高运输效率,该公司管理部门决定找到从公司(结点①)到零售点(结点⑪)之间的最短路径。图 3-23 展示了从结点①到结点⑪之间可能被选择的路线。现在,请找出从结点①到结点⑪的最短路径。

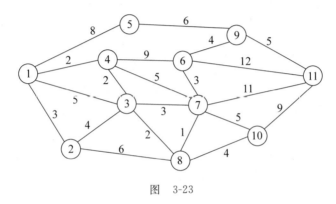

图 3-23

3. 某地区的输油管道网如图 3-24 所示,图中 1～6 为地点,边为管道,边上的数字为该段管道的流量(单位:立方米/小时),请求出地点 1 到地点 6 的最大流量。

4. 某地区共由 1 个城市和 8 个乡镇组成,该地区不久将用光纤网络,其中城市 1 设有终端服务器。现要设计一个网络系统,使得城市 1 与乡镇 2～9 都有光纤连通,并且使铺设光纤的总长度尽可能地少。城镇之间的距离如表 3-14 所示。

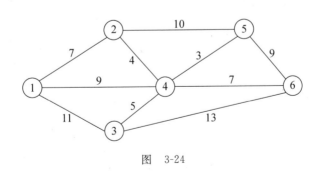

图 3-24

表 3-14

结点	2	3	4	5	6	7	8	9	10
1	9	4	9	15	15	11	16	16	22
2		8	16	12	8	10	19	14	20
3			6	9	11	7	12	11	15
4				4	16	11	8	15	17
5					7	12	6	14	13
6						10	3	7	15
7							7	9	10
8								11	12
9									9

5. 金星社区计划在小区广场上建造一个老年活动室,具体项目的活动安排如表 3-15 所示。

表 3-15

活动	活动描述	紧前活动	活动时间/周
A	考察建筑工地	—	8
B	最初图纸设计	—	4
C	社区委员会通过	A,B	15
D	招标建筑商	C	6
E	规划预算	C	9
F	设计定稿	D,E	17
G	申请资金	E	14
H	雇用承包商	F,G	9

(1) 绘制项目网络图,标明最早开始时间、最早完成时间、最晚开始时间和最晚完成时间。

(2) 找出关键路径,并判断项目能否在 1 年内完工。

(3) 由于社区要参加全国百家优秀社区的评选,所以要紧缩项目,假定该项目必须在 50 周之内完成,才能来得及参加评选,请利用表 3-16 所给出的信息,制定成本最小的方案。并计算出实际所需成本、为紧缩时间所增加的费用。

表 3-16

活动	时间		成本/万元	
	正常	紧缩	正常	紧缩
A	8	6	9	12
B	4	3	20	22
C	15	12	18	22
D	6	5	5	7
E	9	7	15	16
F	17	16	30	35
G	14	13	28	31
H	9	7	6	8

6．一项管道施工工程由 A～F 六项活动组成，有关数据资料如表 3-17 所示。

表 3-17

活动	紧前活动	时间/天		
		乐观	最可能	悲观
A	—	4	6	9
B	A	2	5	7
C	A	2	4	6
D	B,C	7	8	10
E	B	1	2	3
F	D,E	4	8	11

（1）画出项目网络图。
（2）设计活动的时间安排表。
（3）判断关键路径，并求出项目的期望完成时间。
（4）承包商希望在 25 天内完成这项管道施工项目，请判断该工程按计划完工的可能性有多大。

第 4 章 预测与仿真

4.1 基本概念及原理

4.1.1 预测与仿真的必要性

在第 1 章给出了预测的基本概念,它是对客观事物系统的内在及外在环境因素未来可能的状态进行的预估和测度。预测是管理决策活动的重要组成部分,是进行科学决策的依据。政府部门、企业及社会组织制定发展战略、编制计划以及日常管理决策,都需要以科学的预测工作为基础。

预测学是一门古老而又崭新的交叉学科,它充分运用现代科学技术所提供的理论方法、手段来研究人类社会、政治、经济、军事、自然以及科学技术等各种事物的发展趋势,预估事物近期状况、中期变化和远景轮廓,并给出定性描述或定量测度,为人们进行近期决策、中期决策、远期决策、长期决策提供依据。

近年来由于世界政治经济的全球化和多元化,以及信息技术的飞速发展与普及,世界变得复杂和脆弱了,全球的、局部的、宏观的、微观的、政府的和企业的、政治的、经济的、军事和自然的等各种危机不断突发。预测学正是以监测信息为基础,为这些突发事件的预警分析提供支持。

仿真是与预测并列的、应用最广泛的决策定量方法之一。它是以建立某实际事物系统的模型为基础,通过对模型的输入或参数量进行变化试验来了解该系统行为的一种方法。这类模型称为仿真模型,它可以包含数学表达式和逻辑表达式,通过这些表达式在给定输入参量值的条件下计算出输出量的值。任何仿真模型都有两种输入量,即可控输入量和概率输入量。

仿真模型用可控输入量的值和概率输入量的值来计算输出量的值。通过进行一系列的实验,了解可控输入量的值是如何影响或改变仿真模型的输出量的。因此,仿真模型可用于在给定条件下预估系统的可能行为,或在给定决策方案时,分析事物系统的状态变化,评判决策方案的效果。

在现今的复杂管理决策活动中,特别是突发公共安全事件应急管理指挥决策中,仿真模型被用于模拟演练、应急预案研究、辅助教学、决策方案评价以及决策方案的诠释等,发挥着越来越重要的作用。

4.1.2 预测与仿真问题

预测与仿真问题从古至今,在各类管理决策活动中普遍存在。大家所熟知的《孙子兵法》,实际上主要是讲预测问题。如"生死之地,存亡之道,不可不察也",这个"察"就是预测。这部书历时两千多年长盛不衰,至今仍被中外军事战略家、企业家奉为经典,主要原因是它提供的种种预测方法,能够帮助人们进行正确决策。诸葛亮敢于"借东风",是基于他对当地气象变化的预测;他敢于唱"空城计",是基于他对司马懿军事决策行为特点的分析和预测。

1990年,以美国为首的多国部队在实施"沙漠风暴"军事行动之前,曾担心一旦战争爆发,科威特的所有油井可能被全部点燃。当时,美国五角大楼委托一家咨询公司进行预测。研究人员建立了热能转换模型,进行了一系列模拟计算,最后得出结论:油井燃烧形成的烟雾可能会导致一场地区性的重大污染,但不至于完全失控,不会造成全球性的气候变化,不会对地球生态和经济系统造成不可挽回的损失。这一科学预测结论促使美国作出采取军事行动的决定。因此,人们说第一次世界大战是化学战(火药),第二次世界大战是物理战(原子武器),而海湾战争是数学战,指的是这场战争在战前就已对战争的进程以及战争所涉及和影响的方方面面作出了科学的预测。

预测与仿真问题按照行业领域可分为政治的、经济的、军事的、科学技术的、文化的和自然的等类型。按照空间域又可分为全球的、局部的、宏观的、微观的、政府的和企业的等类型。下面列举一些常见的预测与仿真问题。

1. 政治类

全球政治格局及霸权国的势力范围演变趋势问题;全球及区域的民族矛盾及冲突的态势演变分析预测问题;恐怖袭击事件的发生率预测;恐怖组织发展及其活动意向分析预测;公共安全刑事案件发生率发生区域点分析预测问题;舆情民意监测预测等问题。

2. 经济类

全球及区域的经济增长预测;消费价格指数(CPI)变化预测;消费品市场需求预测;原材料市场需求预测;金融、通货膨胀等经济危机的预期及消亡预测;股市预测;企业的资金流分析预测;企业产品或服务的市场份额预测等。

3. 自然类

全球及区域的自然资源与能源的需求、储量及能源危机的预测;土地资源、水资源供需预测;人口发展与自然承载能力的仿真分析与预测;地震、海啸、暴雨、干旱、沙漠化、虫害、疾病等自然灾害的监测预测;气候变暖、空气质量、水质量以及空间电磁辐射场等环境质量的变化预测等。

4. 科学技术类

全球及区域科学技术发展总水平预测;科学发明与技术创新专利数增长预测;学术论

文与著作出版及发行量预测;各类学科的新技术趋势分析预测;生产过程中产品对原材料的单位消耗随技术变化预测等。

5. 军事类

军事冲突分析预测;各国军事力量预测;敌军战略或战术意图预测与判断;战术模拟演练仿真问题等。

6. 文化类等

民族文化发展分析预测;东西方文化相互影响分析预测;不同区域民俗的文化娱乐需求分析预测等。

一般情况下,比较复杂的预测分析总会要分析影响被预测要素变化的起因,分析或判断原因要素的可能状况,推演被预测要素的变化。这种情况,可以说就是一种仿真问题。

4.1.3 基本原则

预测与仿真分析方法的本质都是依据人们对客观事物的现状及历史的认知所获得关于事物属性状态的测度及变化规律去推演其可能的发展状态。由于认知的局限和事物的变化性,分析又不能完全拘泥于过去的经验和具体的方法,因此,需要把东方的辩证思维与西方的逻辑思维结合起来,这样才能提高预测与仿真工作的科学性和有效性。以下给出几条基本的指导原则。

1. 坚持正确的指导思想

从哲学层面,把辩证唯物主义作为预测与仿真研究方法论的指导思想。马克思和恩格斯早已为我们树立了科学预测的典范。马克思、恩格斯处在资本主义的上升初期阶段,他们通过对资本主义内在矛盾的深入分析,推测了资本主义必然灭亡的历史规律,预言共产主义必然代替资本主义,为人类展现了社会主义和共产主义的光辉前景,从而奠定了无产阶级革命的理论基础。毛泽东同志在《论持久战》中对抗日战争作出了科学的预测,为我们党制定正确的战略方针提供了依据。马克思主义者的未来研究与唯心主义者的先验论有着根本的区别,它们的区别在于先验论者是一种主观唯心主义,它的结论来源于主观臆断;而马克思主义者的未来研究是唯物的,它建立在对客观事物进行科学分析的基础之上,其结论来源于科学的辩证思维与逻辑推断。

《易经》是我国一部最古老且深邃的经典,是华夏五千年智慧与文化的结晶,被誉为"群经之首,大道之源"。其在古代是帝王之学,政治家、军事家、商家的必修之术。从本质上来讲,《易经》是一本关于"卜筮"之书。"卜筮"就是对未来事态的发展进行预测,而《易经》便是总结这些预测的规律理论的书,其蕴涵着深刻的宏观辩证的科学思想,而这些思想是可以吸纳的。

2. 坚持系统性原则

预测与仿真是管理决策活动的重要组成部分,是与其他活动紧密联系的。同时,所研究的客观事物之间,以及与其他客观事物之间存在着普遍联系。每一个客观事物都有自己的过去、现在和将来,这样一种纵的发展关系,并与其他事物相互交织,按照内在、外在的联系作用机制或规律,构成相互制约、相互影响的因果关系。因此,预测与仿真活动必须要全面分析预测事物本身及与其本身有关联的所有因素的发展规律。将事物作为一个互相作用和反作用的动态整体来研究,不单是研究事物的本身,而且要将事物本身与周围的环境组合成一个系统综合体来研究。

系统性原则要求预测者只能客观地、如实地反映预测对象及其相关因素的发展规律及组合方式,不能随意增减某些因素或改变它们其中的组合方式。

例如,1874年DDT(滴滴涕)就已在实验室里研究成功,但直到1939年才发现它是一种消灭马铃薯虫害的有效药剂。1942年DDT被投入市场,后来发现它不仅对马铃薯害虫有效,而且对其他农作物同样是好的杀虫剂。同时,它还能被直接用于卫生防疫方面,消灭传播斑疹伤寒的虱子、传播疟疾的蚊子以及传播瘟疫的老鼠、跳蚤。事实证明,无论在什么地方,只要有大量人聚集在一起,在卫生条件差的情况下,许多疾病就会由于虱子、蚊子、跳蚤等的繁殖到处传播。

第一次世界大战中仅波兰、苏联和罗马尼亚,因斑疹伤寒而引起的死亡人数就达数百万人。第二次世界大战时,英美方的欧洲前线由于对军士、战俘、难民、监狱等通通用DDT喷射处理,斑疹伤寒实际上并未发生,而德国占领区则伤寒盛行。另外,1943年全世界估计有3亿疟疾病患者,每年有300万人死亡。1945年以后,世界上绝大部分疟疾流行的地区使用了DDT,10年内疟疾病的死亡率降低了1/2。DDT在全世界包括中国在内被广泛使用的历史将近30年,它直接或间接地拯救了数以百万计的生命,DDT的效果被人们普遍承认,它的发明者米勒(Mueller)也因此获得了诺贝尔奖。

DDT尽管有这样那样的辉煌成就,然而它现在已成为破坏生态环境的罪魁祸首。不幸的是,当时的决策者并不知道DDT除了能杀死害虫外,还能杀死大量其他有益的鸟类、鱼类等动物及植物,甚至伤害人类自己。更糟糕的是,外界环境不能使DDT的毒性衰减。据估计,现在存留在大气层、大地以及海洋中的DDT约有10亿磅以上,这些DDT将无限期地污染着地球。

人们为了控制环境创造了某种技术或产品,而这一技术或产品又转向人类索取代价,使人类不得不自食其果。这是由于没有坚持系统性原则,没有充分考虑到系统内部各种因素之间以及系统与环境之间的关系。

3. 坚持动态性原则

按照哲学观点,事物总是在不断变化着。预测与仿真研究的对象所相关的因素和外部环境也是处于不断发展变化的过程中。这些因素或环境的各个发展阶段对预测对象都有影响,有时甚至会改变预测对象的发展方向或性质。相关因素或外部环境是预测对象内部矛盾性的外因(或外界条件)。如果外因(或外部环境或相关因素)变化很平稳,或处于相对稳定的状态,则预测者可以利用历史数据进行外推,预测事物的发展。但是情况并不是都这样理想。自然灾害、资料缺失、意外变故(如条约双方有一方毁约),预测时都要加以充分考虑。通常使用的生长曲线法、趋势外推法和投入产出法都是建立在条件不变的前提下,一般只能用于短期预测,如果要作长期预测或中期预测,则可以考虑用包络曲线法代替生长曲线,或对趋势外推法或投入产出法进行修正。

预测与仿真分析在本质上说是人对客观事物及其变化的一种抽象描述或刻画,而这种抽象描述或刻画依赖于主观已形成的知识域基础,体现人们如何看待客观事物的世界观。"罗马俱乐部"出版的《成长的极限》(*The Limits to Growth*)就是一个很好的例子。这本书从全球的角度论述了人口增长、工业发展、粮食供应、资源利用、污染危害及其相互关系。他们得出结论:未来的发展不是无限的,而是有一种极限。依据他们的观点,如果当前世界人口、工业化、污染、粮食生产和资源消耗发展趋势不变,则地球上在100年内其成长极限将会来临。最可能的结果是,人口和工业将出现急剧而不可控的萎缩。

4.1.4 方法分类

根据管理决策研究任务的不同,按照不同标准或视角预测与仿真可以有不同的分类。常用的有以下几种分类。

1. 按照预测与仿真的范围或层次不同来分类

按照预测与仿真的范围或层次不同,可将其分为宏观预测与仿真和微观预测与仿真。

宏观预测与仿真,是指针对国家或部门、地区的活动所进行的各种预测与仿真分析。它以整个社会经济发展的总图景作为考察对象,研究经济发展中各项指标之间的联系和发展变化、规模和结构的预测。对社会商品总供给与总需求的规模、结构、发展速度和平衡关系的预测与仿真。又如预测社会物价总水平的变动,仿真分析物价总水平的变动对市场商品供应和需求的影响等。宏观经济预测与仿真是政府制定方针政策、编制和检查计划、调整经济结构的重要依据。

微观预测与仿真,是针对基层单位的各项活动所进行的各种预测与仿真。它以企业或农户生产经营发展的前景作为考察对象,研究微观经济中各项指标间的联系和发展变化。如对商业企业的商品购、销、调、存的规模和构成变动的预测;对工业企业所生产的具体商品的生产量、需求量和市场占有率的预测等。微观预测与仿真是企业制定生产经营决策、编制和检查计划的依据。

宏观预测与仿真和微观预测与仿真之间有着密切的关系,宏观预测与仿真分析应以微观预测与仿真分析为参考或依据,微观预测与仿真分析应以宏观预测与仿真分析为指导,二者相辅相成。

2. 按照预测的时间长短不同来分类

按照预测时间的长短不同,可将其分为长期预测、中期预测、短期预测和近期预测。

长期预测,是指对5年以上发展前景的预测。长期经济预测是制定国民经济和企业生产经营发展的十年计划、远景计划,提出经济长期发展目标和任务的依据。

中期预测,是指对1年以上5年以下发展前景的预测。中期经济预测是制定国民经济和企业生产经营发展的五年计划,提出经济五年发展目标和任务的依据。

短期预测,是指对3个月以上1年以下发展前景的预测。它是制定企业生产经营发展年度计划、季度计划,明确规定经济短期发展具体任务的依据。

近期预测,是指对3个月以下企业生产经营状况的预测。它是制定企业生产发展月、旬计划,明确规定近期经济活动具体任务的依据。

也有人将短期预测和近期预测相合并,把凡是1年以下的预测,都统称为短期预测。事实上,不同的领域,划分的标准也不一样,如气象部门,不超过3天为近期预测,1周以上的为中期预测,超过1个月的就是长期预测了。

3. 按照预测方法的性质不同来分类

按照预测与仿真分析方法的性质不同,可将其分为定性预测与仿真分析和定量预测与仿真分析。

定性预测与仿真分析,是指预测者通过调查研究,了解实际情况,凭自己的实践经验和理论、业务水平,对事物发展前景的性质、方向、程度以及相关要素间的影响行为逻辑作出判断,进行预测与仿真分析的方法,也称为判断预测或调研预测。预测与仿真分析的目的主要在于判断事物未来发展的性质和方向,也可以在情况分析的基础上提出粗略的数量估计。定性预测与仿真的准确程度,主要取决于预测者的经验、理论、业务水平以及所掌握的情况和分析判断能力,这种预测综合性强,需要的数据少,能考虑无法定量的因素。在数据不多或者没有数据时,可以采用定性预测与仿真,或把定性方法与定量方法相结合,这样就可以提高预测与仿真的可靠程度。

定量预测与仿真,是指根据准确、及时、系统、全面的调查统计资料和信息,运用统计方法和数学模型,对事物未来发展的规模、水平、速度和比例关系的测定。定量预测与仿真与统计资料、统计方法有密切关系。常用的定量预测与仿真方法有回归分析、时间序列预测、因果分析和灰色系统预测与仿真等。

定性预测与仿真比较简单易行,可利用有关人员的丰富经验、专门知识及所掌握的实际情况,综合考虑定性因素的影响,进行比较切合实际的分析。其缺点在于,分析者由于工作岗位不同、掌握的情况不同、理论水平与实践经验各异,进行预测与仿真分析时受主观因素影响较多,往往会过分乐观而估计过高,或偏于保存而估计过低,对同一问题不同人会作出不同判断,从而得出不同的结论。定量预测与仿真,以调查统计资料和信息为依据,考虑事物发展变化的规律性和因果关系,建立数学模型,可以对事物未来发展前景进行科学的定量分析。其缺点在于,不能充分考虑定性因素的影响,而且要求外界环境和各种主要因素相对稳定,当外界环境或者某些主要因素发生突变时,定量预测与仿真结果就会出现较大误差。

4.2 时间序列预测

4.2.1 时间序列预测问题

管理决策所面对的社会经济客观事物系统行为现象是错综复杂的,事物之间、相关的要素之间存在着复杂的因果关系,如果人们了解了这类因果链,就可以抓住一个事物或要素,沿着链条追根溯源。但由于人们对事物内在规律认知的局限,以及受所研究问题的目的及问题界定的范围所限,这种因果链是分散的且不关联的,从而使得处在一个链的起始端的因素或事物的自身行为发展变化无法依据因果关系进行预测分析。

但在实际的管理决策活动中,虽然人们不能确切地认知和把握事物的一个关系,但可以在实践活动中观测到事物随时间发展变化的不同时点或时段的状态值。任何事物和相关因素都是随时间变化的,把这种变化状态的记录值按照时间的顺序排列就称为时间序列。时间序列是一组时序的数值,它反映事物或相应要素的状态变化轨迹,蕴涵着事物变化的内在规律。

依据时间序列数据,探求与分析它随时间变化的规律和趋势,通过时间外推,预测分析相关事物或因素目标未来时点的状态值的问题就是时间序列预测问题,所采用的工作程序和分析方法称为时间序列预测法。该方法仅依据事物因素自身的观测数据,与其他因素相对独立,是一种单因素分析法。因此,在缺乏完备的多因素统计资料的情况下,可以应用时间序列分析预测法分别进行单因素分析预测。

时间序列问题普遍存在。如每日可记录下农贸市场的鸡蛋价格,持续两个月后就会得到 60 个观测数据,把它们按时间顺序排列就构成了鸡蛋市场价格的时间序列。也可以依据各种观测监测仪器仪表获取如某一流域水质、某一处的空气质量指标等的随时间变化值,并可构造不同时间间隔的时间序列问题。从国家或地方政府统计部门获取社会经济统计资料,可以获得国民经济 GDP、CPI、工业总产值、劳动就业、局面消费、能源消耗等大量的按年度或月度的时间序列数据,可以构造各种时间序列问题,进行多方位的经济预测分析。

4.2.2 时间序列的组成因素

如前所述,时间序列是指某种统计指标的数值,按照时间先后排列起来的数列。例如,工农业总产值按年度顺序排列起来的数列、某种商品销售量按季度或月度排列起来的数列等都是时间序列。一般设 $y_1, y_2, \cdots, y_t, \cdots$ 表示一个时间序列,t 为时间,时间序列也简记为 $\{y_t\}$。

在时间序列中,每个时期指标数值的大小变化,本质上是受许多不同因素影响的。例如,某商品的月销量,它受居民的购买力等各种因素影响。对这些因素加以细分,测定其作用的大小,那是很困难的。但按照系统科学的思想与观点,这恰恰说明被考察或分析的指标变化不是单纯的自身行为,而正是相关事物系统行为的一种表象。因此,从这样的一个时间序列可窥事物系统的一斑。时间序列数据一般蕴涵着事物系统发展变化的四大类特征因素,即长期趋势、季节变动、循环变动和不规则变动。

1. 长期趋势

长期趋势是指由于某种根本性因素的影响,时间序列在较长时间内朝着一定的方向持续上升或下降,以及停留在某一水平上的倾向。它反映了事物系统的主要变化趋势。

2. 季节变动

季节变动是指由于自然条件和社会条件的影响,时间序列在1年内随着季节的转变而引起的周期性变动。例如,农作物的生长季节影响,从而导致农产品加工工业的季节变动,这是自然方面的季节变动。也有人为的季节变动,如春节、中秋节等节日期间,某些食品的需求量剧增,这就是人为季节变动的表现。

季节变动的周期性比较稳定,一般是以1年为周期变动。当然也有不到1年的周期变动,如银行的活期储蓄,发工资前少,发工资后多,在每月具有周期性。

3. 循环变动

循环变动与季节变动本质上都属于周期变动,但它们的起因和特征不同。循环变动是以数年为周期的周期变动。它与长期趋势不同,不是朝单一方向持续发展,而是涨落相同的波浪式起伏变动。它与季节变动也不相同,它的波动时间较长,变动周期长短不一,短则在1年以上,长则数年、数十年,上次出现以后,下次何时出现,则难以预料。

4. 不规则变动

不规则变动是指由各种偶然因素引起的无周期变动。不规则变动又可分为突然变动和随机变动。所谓突然变动,是指诸如战争、自然灾害、地震、意外事故、方针政策的改变所引起的变动;随机变动是指由于大量的随机因素所产生的影响,如常发性的社会、经济和自然因素随机变动及观测误差等。

构成时间序列的长期趋势、季节变动、循环变动和不规则变动这四类因素,相互组合决定相应指标的变化轨迹。一般四类因素的组合形式有以下几种类型:

(1) 加法型:
$$y_t = T_t + S_t + C_t + I_t$$

(2) 乘法型:
$$y_t = T_t \times S_t \times C_t \times I_t$$

(3) 混合型:
$$y_t = T_t \times S_t + C_t + I_t$$

或
$$y_t = S_t + C_t \times I_t \times T_t$$

其中,y_t 为时间序列的总变动;T_t 为长期趋势;S_t 为季节变动;C_t 为循环变动;I_t 为不规则变动。

对于一个具体的时间序列,要由哪几类变动组合,采取哪种组合形式,应根据所掌握的资料、时间序列及研究的目的来确定。

4.2.3 移动平均模型

移动平均模型是一个常用的基本时间序列预测分析模型。移动平均法是根据时间序列资料按时间逐项推移,依次计算包含一定项数的时序平均数,以反映长期趋势的方法。当时间序列的数值由于受周期变动和不规则变动的影响,起伏较大,不易显示出发展趋势时,可用移动平均法消除因素的影响,从而分析序列中的长期趋势。

移动平均法有简单移动平均法、趋势移动平均法等。

1. 简单移动平均法

设时间序列为 $y_1, y_2, \cdots, y_t, \cdots, M_t$ 为 t 期移动平均数,那么

$$M_t = \frac{y_t + y_{t-1} + \cdots + y_{t-N+1}}{N}, \quad t \geq N \tag{4-1}$$

其中,N 为移动平均的项数。式(4-1)表明,当 t 向前移动一个时期,就增加一个新数据,去掉一个远期数据,得到一个新的平均数。由于它不断地"吐故纳新",逐期向前移动,所以称之为移动平均法。

由式(4-1)可知

$$M_{t-1} = \frac{y_{t-1} + y_{t-2} + \cdots + y_{t-N}}{N}$$

因此

$$M_t = \frac{y_t}{N} + \frac{y_{t-1} + \cdots + y_{t-N+1} + y_{t-N}}{N} - \frac{y_{t-N}}{N}$$

$$M_t = M_{t-1} + \frac{y_t - y_{t-N}}{N} \tag{4-2}$$

这是它的递推公式。当 N 较大时,利用递推公式可以大大减少计算量。

由于移动平均可以平滑数据,消除周期变动和不规则变动的影响,使长期趋势显示出来,因此可以用于预测。

预测公式为

$$\hat{y}_{t+1} = M_t$$

即以第 t 期移动平均数作为第 $t+1$ 期预测值。

例 4-1 某城市家电销售公司某年 1 月至 12 月的电冰箱销售量如表 4-1 所示。试用简单移动平均法预测下年 1 月电冰箱销售量。

表 4-1 电冰箱销售量及移动平均预测值表

月份	1	2	3	4	5	6	7	8	9	10	11	12	
实际销售量 y_t	423	358	434	454	527	429	426	502	480	384	427	446	
3 个月移动平均预测值				405	415	472	470	461	452	469	455	430	419
5 个月移动平均预测值						439	440	454	468	473	444	444	448

解: 分别取 $N=3$ 和 $N=5$,按预测公式

$$\hat{y}_{t+1} = \frac{y_t + y_{t-1} + y_{t-2}}{3}$$

和

$$\hat{y}_{t+1} = \frac{y_t + y_{t-1} + y_{t-2} + y_{t-3} + y_{t-4}}{5}$$

计算3个月和5个月移动平均预测值,其结果列于表4-1中。

由表4-1中可以看出,实际销售量的随机波动较大,经过移动平均法计算后,随机波动显著减少,即消除了随机干扰,而且求取平均值所用的月数越多,即 N 越大,修匀的程度越大,因此,波动也越小。但是,在这种情况下,对实际销售量真实的变化趋势反应也越迟钝。反之,如果 N 取得越小,对销售量真实变化趋势反应越灵敏,但修匀性越差,容易把随机干扰作为趋势反映出来。因此,N 的选择甚为重要,N 取多大,应该根据具体情况作出抉择。当 N 等于周期变动的周期时,则可消除周期变化的影响。

当 $N=3$ 时,

$$S = \frac{1}{9} \sum_{t=4}^{12} (y_t - \hat{y}_t)^2 = \frac{29\,460}{9} = 3\,273.333$$

当 $N=5$ 时,

$$S = \frac{1}{7} \sum_{t=6}^{12} (y_t - \hat{y}_t)^2 = \frac{10\,958}{7} = 1\,565.429$$

计算结果表明:$N=5$ 时,S 较小,所以选取 $N=5$。预测下年1月电冰箱的销售量为448台。

2. 加权移动平均法

在简单移动平均法公式(4-1)中,每期数据在求平均时的作用是等同的。但是,每期数据所包含的信息量不一样,近期数据包含着更多关于未来情况的信息,因此,把各期数据等同看待是不尽合理的,应考虑各期数据的重要性不同,近期数据对未来影响会较大,应给予较大的权重,这就是加权移动平均法的基本思想。

设时间序列为 $y_1, y_2, \cdots, y_t, \cdots$,$M_{tw}$ 为 t 期加权移动平均数,即有

$$M_{tw} = \frac{w_1 y_t + w_2 y_{t-1} + \cdots w_N y_{t-N+1}}{w_1 + w_2 + \cdots + w_N}, \quad t \geq N$$

其中,w_i 为 y_{t-i+1} 的权数,并且 $w_1 > w_2 > \cdots > w_N$,体现了相应近期的 y_t 权重比较大。这样,加权移动平均法的预测公式为

$$\hat{y}_{t+1} = M_{tw}$$

即以第 t 期加权移动平均数作为第 $t+1$ 期预测值。

例 4-2 某省1999—2008年原煤产量如表4-2所示,单位为千万吨,试用加权移动平均法预测2009年的产量。

表 4-2 某省原煤产量统计数据及加权移动平均预测值表

年份	1999	2000	2001	2002	2003	2004	2005	2006	2007	2008
原煤产量 y_t	6.35	6.20	6.22	6.66	6.15	7.89	8.27	8.94	9.28	9.80
3年加权移动平均数				6.24	6.44	6.83	7.41	8.18	8.69	9.07
相对误差/%					6.31	9.93	13.14	14.68	8.50	6.36	7.45

解：取 $w_1=3, w_2=2, w_3=1$，按预测公式

$$\hat{y}_{t+1} = \frac{3y_t + 2y_{t-1} + y_{t-2}}{3+2+1}$$

计算 3 年加权移动平均预测值，其结果如表 4-2 所示。2009 年该省原煤产量的预测值为（单位：千万吨）

$$\hat{y}_{2009} = \frac{3 \times 9.80 + 2 \times 9.28 + 8.94}{6} = 9.48$$

这个预测值偏低，可以修正。其方法是：先计算各年预测值与实际值的相对误差，如 2002 年为

$$\frac{6.66 - 6.24}{6.66} = 6.31\%$$

将相对误差列于表中，再计算总的平均相对误差：

$$\left(1 - \frac{\sum \hat{y}_t}{\sum y_t}\right) \times 100\% = \left(1 - \frac{52.89}{58.44}\right) \times 100\% = 9.50\%$$

由于总预测值的平均值比实际值低 9.50%，所以可将 2009 年的预测值修正为

$$\frac{9.48}{1 - 9.5\%} = 10.48$$

在加权移动平均法中，w_i 的选择同样具有一定的经验性。一般的原则是：近期数据的权数大，远期数据的权数小。至于达到什么程度和小到什么程度，则需要按照预测者对序列的了解和分析来确定。

3. 趋势移动平均法

简单移动平均法和加权移动平均法，在时间序列没有明显的趋势变动时，能够较准确地反映实际情况。但当时间序列出现直线增加或直线减少的变动趋势时，用简单移动平均法和加权移动平均法来预测就会出现较大偏差。因此，需要进行修正，修正的方法是作二次移动平均，利用移动平均之后偏差的规律来建立直线趋势的预测模型，这就是趋势移动平均法。

一次移动的平均数为

$$M_t^{(1)} = \frac{y_t + y_{t-1} + \cdots + y_{t-N+1}}{N}$$

在一次移动平均的基础上再进行一次移动平均就是二次移动平均，其公式为

$$M_t^{(2)} = \frac{M_t^{(1)} + M_{t-1}^{(1)} + \cdots + M_{t-N+1}^{(1)}}{N} \tag{4-3}$$

它的递推公式为

$$M_t^{(2)} = M_{t-2}^{(2)} + \frac{M_t^{(1)} - M_{t-N}^{(1)}}{N}$$

下面讨论如何利用移动平均的滞后偏差建立直线趋势预测模型。

设时间序列 $\{y_t\}$ 从某时期开始具有直线趋势，且认为未来时期也按此直线趋势变化，则可设此直线趋势预测模型为

$$\hat{y}_{t+T} = a_t + b_t T, \quad T = 1, 2, 3, \cdots \tag{4-4}$$

其中,t 为当前的时期数;T 为由 t 至预测期的时期数;a_t 为截距;b_t 为斜率。a_t 和 b_t 又称为平滑系数。

现在,我们根据移动平均值来确定平滑系数。由模型(4-4)可知:

$$a_t = y_t$$
$$y_{t-1} = y_t - b_t$$
$$y_{t-2} = y_t - 2b_t$$
$$\cdots$$
$$y_{t-n+1} = y_t - (n-1)b_t$$

所以

$$M_t^{(1)} = \frac{y_t + y_{t-1} + \cdots + y_{t-N+1}}{N} = \frac{y_t + (y_t - b_t) + \cdots + [y_t - (N-1)b_t]}{N}$$
$$= \frac{Ny_t + [1 + 2 + \cdots + (N-1)]b_t}{N} = y_t - \frac{N-1}{2}b_t$$

因此

$$y_t - M_t^{(1)} = \frac{N-1}{2}b_t \tag{4-5}$$

由式(4-4)有

$$y_{t-1} - M_{t-1}^{(1)} = \frac{N-1}{2}b_t$$

所以

$$y_t - y_{t-1} = M_t^{(1)} - M_{t-1}^{(1)} = b_t$$

类似式(4-5)的推导,可得

$$M_t^{(1)} - M_t^{(2)} = \frac{N-1}{2}b_t \tag{4-6}$$

于是,由式(4-5)、式(4-6)可得平滑系数的计算公式:

$$\begin{cases} a_t = 2M_t^{(1)} - M_t^{(2)} \\ b_t = \frac{2}{N-1}(M_t^{(1)} - M_t^{(2)}) \end{cases}$$

例 4-3 某地区 1985—2005 年发电总量如表 4-3 所示,试分别预测 2006 年和 2007 年的发电总量。

表 4-3 某地区 1985—2005 年发电总量

年 份	t	发电总量 y_t	一次移动平均,$N=6$	二次移动平均,$N=6$
1985	1	676		
1986	2	825		
1987	3	774		
1988	4	716		
1989	5	940		

续表

年　份	t	发电总量 y_t	一次移动平均,$N=6$	二次移动平均,$N=6$
1990	6	1 159		
1991	7	1 384		
1992	8	1 524		
1993	9	1 668		
1994	10	1 688		
1995	11	1 958		
1996	12	2 031		
1997	13	2 234		
1998	14	2 566		
1999	15	2 820	2 216.2	
2000	16	3 006	2 435.8	
2001	17	3 093	2 625.0	
2002	18	3 277	2 832.7	
2003	19	3 514	3 046.0	
2004	20	3 770	3 246.7	2 733.6
2005	21	4 107	3 461.2	2 941.2

解：由表 4-3 可以看出，发电量基本上呈直线上升趋势，可用趋势移动平均法来预测。

取 $N=6$，分别计算一次移动平均和二次移动平均值，并分别列于表中：

$$M_{21}^{(1)} = \frac{4\,107 + 3\,770 + 3\,514 + 3\,277 + 3\,093 + 3\,006}{6}$$

$$= 3\,461.2$$

$$M_{21}^{(2)} = \frac{3\,461.2 + 3\,246.7 + 3\,046.0 + 2\,832.7 + 2\,625.0 + 2\,435.8}{6}$$

$$= 2\,941.2$$

由平滑系数公式得

$$a_{21} = 2M_{21}^{(1)} - M_{21}^{(2)} = 2 \times 3\,461.2 - 2\,941.2 = 3\,981.2$$

$$b_{21} = \frac{2}{6-1}(M_{21}^{(1)} - M_{21}^{(2)}) = \frac{2}{5}(3\,461.2 - 2\,941.2) = 208$$

于是，得 $t=21$ 时直线趋势预测模型为

$$\hat{y}_{21+T} = 3\,981.2 + 208T$$

分别预测 2006 年和 2007 年的发电总量为

$$\hat{y}_{2006} = \hat{y}_{22} = \hat{y}_{21+1} = 3\,981.2 + 208 = 4\,189.2$$

$$\hat{y}_{2007} = \hat{y}_{23} = \hat{y}_{21+2} = 3\,981.2 + 208 \times 2 = 4\,397.2$$

趋势移动平均法对于同时存在直线趋势与周期波动的序列,是一种既能反映趋势变化,又可以有效分离出来周期变动的方法。

4.2.4 指数平滑模型

移动平均法存在两个不足之处:一是存储数据量较大;二是对 $t-N$ 期以前的数据完全不考虑,丢失历史信息价值,不够符合实际情况。而指数平滑法通过引进平滑指数可以有效克服这两个缺点,应用较为广泛。

指数平滑法根据平滑次数的不同,可分为一次指数平滑法、二次指数平滑法和三次指数平滑法。

1. 一次指数平滑法

1) 预测模型

设时间序列为 $y_1, y_2, \cdots, y_t, \cdots$ 一次指数平滑公式为

$$S_t^{(1)} = ay_t + (1-a)S_{t-1}^{(1)} \tag{4-7}$$

其中,$S_t^{(1)}$ 为一次指数平滑值;a 为加权系数,且 $0 < a < 1$。

式(4-7)是由移动平均公式改进而来的,由式(4-2)可知,移动平均数的递推公式为

$$M_t = M_{t-1} + \frac{y_t - y_{t-N}}{N}$$

以 M_{t-1} 作为 y_{t-N} 的最佳估计,则有

$$M_t = M_{t-1} + \frac{y_t - y_{t-N}}{N} = \frac{y_t}{N} + \left(1 - \frac{1}{N}\right)M_{t-1}$$

令 $a = \frac{1}{N}$,以 S_t 代替 M_t,即得式(4-7):

$$S_t^{(1)} = ay_t + (1-a)S_{t-1}^{(1)}$$

为进一步理解指数平滑的实质,把式(4-7)依次展开,有

$$\begin{aligned}
S_t^{(1)} &= ay_t + (1-a)[ay_{t-1} + (1-a)S_{t-2}^{(1)}] \\
&= ay_t + a(1-a)y_{t-1} + (1-a)^2 S_{t-2}^{(1)} \\
&= \cdots\cdots \\
&= ay_t + a(1-a)y_{t-1} + a(1-a)^2 y_{t-2} + \cdots + (1-a)^t S_0^{(1)} \\
&= a\sum_{j=0}^{t-1}(1-a)^j y_{t-j} + (1-a)^t S_0^{(1)}
\end{aligned} \tag{4-8}$$

由于 $0 < a < 1$,当 t 趋向于无穷大时,$(1-a)^t$ 趋向于 0,于是式(4-8)变为

$$S_t^{(1)} = a\sum_{j=0}^{\infty}(1-a)^j y_{t-j}$$

由此可见,$S_t^{(1)}$ 实际上为 $y_1, y_2, \cdots, y_t, \cdots$ 的加权平均,加权系数分别为 a、$a(1-a)$、$a(1-a)^2$、$\cdots$ 按几何级数衰减,越近的数据,权数越大,越远的权数越小,且权数之和为 1。由于其较全系数符合指数规律,又具有平滑数据的功能,故称之为指数平滑。

以这种平滑值进行预测,就是一次指数平滑法,其预测模型为

$$\hat{y}_{t+1} = ay_t + (1-a)\hat{y}_t \tag{4-9}$$

就是以第 t 期指数平滑值作为 $t+1$ 期预测值。

2) 加权系数的选择

在进行指数平滑时,加权系数的选择是很重要的。由式(4-9)可以看出,a 的大小规定了在新预测值中新数据和原预测值所占的比重。a 值越大,新数字所占的比重就越大,原预测值所占的比重就越小;反之亦然。若把式(4-9)改写为

$$\hat{y}_{t+1} = \hat{y}_t + a(y_t - \hat{y}_t)$$

从上式可以看出,新预测值是根据预测误差对原预测值进行修正而得来的。a 的大小则体现了修正的幅度,a 值越大,修正幅度就越大。

因此,a 值既代表了预测模型对时间序列数据变化的反应速度,同时又决定了预测模型修正误差的能力。

3) 初始值的确定

用一次指数平滑法进行预测,除了选择合适的 a 外,还要确定初始值 $S_0^{(1)}$。初始值是由预测者估计或者指定的。当时间序列的数据较多,初始值对以后的预测值影响很小,可选用第一期数据为初始值。如果时间序列的数据较少,初始值对以后的预测值影响很大,这时,就必须认真研究如何正确确定初始值,一般以最初及其实际值的平均值作为初始值。

例 4-4 某地区 1996—2007 年某种电器销售额如表 4-4 所示,试预测 2008 年该电器销售额。

表 4-4 某种电器销售额及平滑预测值计算

年份	t	实际销售额 y_t	预测值 $\hat{y}_t(a=0.2)$	预测值 $\hat{y}_t(a=0.5)$	预测值 $\hat{y}_t(a=0.8)$
1996	1	50	51	51	51
1997	2	52	50.8	50.5	50.2
1998	3	47	51.04	51.25	51.64
1999	4	51	50.23	49.13	47.93
2000	5	49	50.38	50.07	50.39
2001	6	48	50.10	49.54	49.28
2002	7	51	49.68	48.77	48.26
2003	8	40	49.94	49.89	50.45
2004	9	48	47.95	44.95	42.09
2005	10	52	47.96	46.48	46.82
2006	11	51	48.77	49.24	50.96
2007	12	59	49.22	50.12	50.99

解：采用指数平滑法，并分别取 $a=0.2$、0.5 和 0.8 进行计算，初始值

$$S_0^{(1)} = \frac{y_1 + y_2}{2} = 51$$

即

$$\hat{y}_1 = S_0^{(1)} = 51$$

按预测模型

$$\hat{y}_{t+1} = a y_t + (1-a)\hat{y}_t$$

计算各期预测值，列于表中。

从表中可以看出，当 $a=0.2$、0.5 和 0.8 时，预测值是很不相同的。究竟取何值为好，可通过计算它们的均方误差 S，选取使 S 较小的那个 a 值。

当 $a=0.2$ 时，

$$S = \frac{1}{12}\sum_{t=1}^{12}(y_t - \hat{y}_t)^2 = \frac{243.14}{12} = 20.26$$

当 $a=0.5$ 时，

$$S = \frac{252.82}{12} = 21.07$$

当 $a=0.8$ 时，

$$S = \frac{281.39}{12} = 23.45$$

计算结果表明：$a=0.2$ 时，S 较小，故选取 $a=0.2$ 预测 2008 年该电器销售额为

$$\hat{y}_{2008} = 0.2 \times 59 + 0.8 \times 49.22 = 51.176$$

2．二次指数平滑法

一次指数平滑法虽然克服了移动平均法的两个缺点，但当时间序列的变动出现直线趋势时，用一次指数平滑法进行预测，仍存在明显的滞后偏差，因此也必须加以修正。修正的方法与趋势移动平均法相同。再作二次指数平滑，利用滞后偏差的规律建立直线趋势模型。计算公式为

$$S_t^{(1)} = a y_t + (1-a) S_{t-1}^{(1)}$$
$$S_t^{(2)} = a S_t^{(1)} + (1-a) S_{t-1}^{(1)} + (1-a) S_{t-1}^{(2)}$$

其中，$S_t^{(1)}$ 为一次平滑指数；$S_t^{(2)}$ 为二次平滑值。当时间序列 $\{y_t\}$ 从某时期开始具有直线趋势时，类似趋势移动平均法，可用直线趋势模型

$$y_{t+T} = a_t + b_t T, \quad T = 1, 2, 3, \cdots$$

$$\begin{cases} a_t = 2S_t^{(1)} - S_t^{(2)} \\ b_t = \dfrac{a}{1-a}(S_t^{(1)} - S_t^{(2)}) \end{cases}$$

进行预测。

3．三次指数平滑法

当时间序列的变动表现为二次曲线趋势时，则需要用三次指数平滑法。三次指数平

滑时在二次指数平滑的基础上,再进行一次平滑。其计算公式为

$$S_t^{(1)} = ay_t + (1-a)S_{t-1}^{(1)}$$
$$S_t^{(2)} = aS_t^{(1)} + (1-a)S_{t-1}^{(2)}$$
$$S_t^{(3)} = aS_t^{(2)} + (1-a)S_{t-1}^{(3)}$$

其中,$S_t^{(3)}$ 为三次指数平滑值。

三次指数平滑法的预测模型为

$$\hat{y}_{t+T} = a_t + b_t T + c_t T^2$$

式中

$$\begin{cases} a_t = 3S_t^{(1)} - 3S_t^{(2)} + S_t^{(3)} \\ b_t = \dfrac{a}{2(1-a)^2}[(6-5a)S_t^{(1)} - 2(5-4a)S_t^{(2)} + (4-3a)S_t^{(3)}] \\ c_t = \dfrac{a^2}{2(1-a)^2}[S_t^{(1)} - 2S_t^{(2)} + S_t^{(3)}] \end{cases}$$

4.2.5 混合时间序列模型

混合时间序列模型是一种组合长期趋势、季节变动、循环变动和不规则变动四大要素的组合时间序列模型,它吸收信息处理有关富氏级数、谱分析等技术,加入政策因素描述形成该模型独特的预测方法,把定性与定量相结合,发挥决策者和用户的主观能动性,并可以设定政策情景进行多方案预测,具有广泛的可用性。该模型依据时间序列数据和历史上对相应指标变化有突出影响的政策信息(也可以不考虑政策因素),可对未来政策状况(或相应因素)作定性预估判断,由此可加入人的经验信息,实现定性与定量的结合。

1. 基本模型

设一指标时间序列为 $y_1, y_2, \cdots, y_t, \cdots$ 记为 $\{y_t\}$,那么也可以把这一指标值作为时间 t 的函数,这里用 $y(t)$ 表示,则它应是如下组合函数:

$$y(t) = T(t) + C(t) + P(t) + e$$

上式中,$T(t)$ 为描述长期趋势的函数,一般简单取为时间的线性函数,即

$$T(t) = a + bt$$

其中,a 为初始时刻的值,也称截距;b 为随时间变化的比例系数。

$C(t)$ 为包含多个周期分量的周期函数,一般取富氏级数来表达,这里记

$$C(t) = \sum_{i=1}^{k} C_i \cos(2\pi f_i t + \varphi_i)$$

其中,c_i 为第 i 个周期分量的振幅;f_i 和 φ_i 为相应的频率与相位。该函数综合描述了季节变动和循环变动要素对指标序列的影响。

$P(t)$ 为政策因素影响函数,描述政策因素对指标 $y(t)$ 的影响,是一类不规则变动因素,这里取

$$P(t) = d\{z\}_t$$

其中，$P(t)$为刻画政策调整变化的时间序列数据；d为政策影响强度系数；$\{z\}_t$为一与指标时间序列对应的模糊数序列，描述政策的有无影响及各政策对该指标的影响的相对比较程度值，如

$$\{z\}_t = \{0, 0, 10, 0, 0, -30, 0, 0, \cdots\}$$

其意味着在时点序第三点和第六点有政策因素影响，其中第三点对应的政策因素是促使指标增加的，相对影响幅度是10；第六点对应的政策因素是促使指标减少的，影响幅度是第三点对应的政策因素的影响幅度的3倍，即-30。

2. 模型应用

依据富氏级数理论，上述模型是可以比较精确地描述任一类指标的时间序列。同时决策者可通过调整$\{z\}_t$时间序列值，使预测加入经验判断，使得经验知识与判断能够有机地融入定量预测模型中。

由于上述模型需要组合参数识别方法，计算比较复杂。特别是相应参数c_i、f_i和φ_i需要采用谱分析等方法进行估计，尽管该方法可自动获取季节变动和循环变动等周期分量，但计算比较繁复。所以，需要专门的计算机软件系统进行。软件系统可提供模型数据处理组件管理各经济指标原始数据和政策因素等模型数据，并以折线图方式描述各经济指标的原始数据，可以比较直观地了解原始数据的内容。提供的模型生成处理组件是一个后台服务组件，主要完成有关富氏级数、谱分析、长期趋势，并加入政策因素描述，实现参数辨识等建模工作。模型应用分析组件可以实现指标波动分析，即各指标在原始数据的基础上除去主趋势及政策因素后（如果建立政策因素数据）进行的波动部分分析。此外，该组件亦可应用建立的数学模型进行预测或模拟分析，可按给定的时间点数进行后续时间点上的指标预测。

4.3 因果关系仿真及预测

4.3.1 因果关系仿真及预测问题

按照哲学的事物普遍联系的观点，管理决策所面对的社会经济客观事物之间、相关的要素之间普遍存在因果关系。在关联要素中能够向其他要素施加影响的要素为原因要素，而被影响的要素为结果要素。那么，研究识别这种影响关系的机制或规律，并利用所获得规律去模拟原因要素怎样影响结果要素，即假设原因要素的某些状态，依据规律推演预估结果要素的可能状态的问题就是因果关系仿真及预测问题。

因果关系仿真及预测问题普遍存在。例如，农贸市场鸡蛋价格的变动是与鸡蛋的产量或市场供给量和来该市场买鸡蛋的所有消费者的需求量相关的，这就是经济学的基本市场规律，即供求决定价格。那么，价格如何随着供给量和需求量这两个量的变化而变化，就是一个典型的因果关系仿真或预测问题。而对应所有消费品市场情形都存在这样的因果关系仿真或预测问题。再如，一个企业的宏观产出或生产总值是与企业人力、财力和物力的投入相关联的，或者说生产总值是企业人力、财力和物力三个投入要素的函数，

可以记为
$$y = f(l,k,r)$$
其中，y 为生产总值；l 为企业人力投入量；k 为企业资本投入量；r 为企业物力投入量。这就是典型的生产函数。

一般来说，设一个结果要素 y 其对应的 n 个原因要素为 $x_1,x_2,\cdots,x_n$，则它们的因果关系可表示为
$$y = f(x_1,x_2,\cdots,x_n) \tag{4-10}$$

这里 f 是一个广义函数。由于人们对客观事物认识的程度不同，对应不同事物 f 是不同的。根据对 f 的认知不同，因果关系问题可分为多种类型。如果相应的解析关系是确定的，则称其为确定性问题。如第 1 章所给出的收益函数
$$R = c_1 x_1 + c_2 x_2 + \cdots + c_n x_n$$
其中，R 为收益值；$c_1,c_2,\cdots,c_n$ 和 $x_1,x_2,\cdots,x_n$ 分别为 n 种产品可按当前生产量卖出的单位价格和当前生产量。这是一个典型的收益为结果要素、n 种产品生产量为原因要素的因果关系问题，但其函数形式和参数价格都是已知的，所以是一个确定性问题。

但由于管理决策活动所面临的问题相应的因果关系是复杂的且不确定的，如果把因果关系表示为图 4-1，则可把 f 不确定情形称为黑箱问题。当 f 是半确定情形时，称之为灰箱问题。对不确定或半确定情形常常采用回归模型或神经网络模型进行分析。因此，本节分别介绍线性回归模型、非线性回归模型和类神经元网络模型。

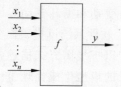

图 4-1　因果关系的图表示

4.3.2　线性回归模型

1. 一元线性回归模型

一元线性回归模型对应于只有一个原因要素和一个结果要素情形的问题。设 x 为原因要素并称为自变量，y 为结果要素并称为因变量，并假定 y 与 x 之间存在某种线性关系，即为如下线性模型：
$$y = a + bx$$

如果能够确知式中 a 和 b 的参数值，那么因果影响行为就是确知的。但大多数决策问题中这些参数是未知的。回归模型就是描述处理这种问题的一种方法。

设 $(x_i,y_i)(i=1,2,\cdots,n)$ 为相应因果要素的一组观察值，则一元线性回归模型为
$$y_i = a + bx_i + e_i \tag{4-11}$$

其中，e_i 为各随机因素对 y_i 的影响总和，也称随机误差。设 $\hat{y}_i = a + bx_i (i=1,2,\cdots,n)$，$\hat{y}_i$ 为 y_i 的估计值，对于每一个自变量 x_i 都可以得到一个估计值 $\hat{y}_i = a + bx_i$，并称 a 和 b 为回归系数。其中，a 是直线 $\hat{y}_i$ 在 y 轴上的截距，它是 $x_i = 0$ 时 $\hat{y}_i$ 的估计值；b 是 $\hat{y}_i$ 的斜率，表示自变量增加一个单位，因变量 $\hat{y}_i$ 相应地增加多少。可以证明，当 $b>0$ 时，x 和 y 为正相关；当 $b<0$ 时，x 与 y 为负相关。

估计模型的回归系数有许多办法,其中使用最广泛的是最小二乘法(order least squares,OLS)。其中心思想是,通过数学模型,拟合一条较为理想的趋势线,并使得观测值与模型估计值的离差平方和最小。即

$$\sum_{i=1}^{n}(y_i-\hat{y}_i)^2 = \sum_{i=1}^{n}(y_i-a-bx_i)^2 = \min$$

这种离差平方即二乘的含义。这样就变成如何确定回归系数 a 和 b 的值以使得上式达到最小化的求极值问题。这样可求得回归系数 a 和 b 对应的估计值:

$$\hat{b} = \frac{n\sum x_i y_i - \sum x_i \sum y_i}{n\sum x_i^2 - (\sum x_i)^2}$$

$$\hat{a} = \frac{\sum y_i}{n} - \hat{b}\frac{\sum y_i}{n}$$

其中,$\sum$ 均指 $i=1$ 到 n 的求和运算。

2. 多元线性回归

多元线性回归模型对应于有多个原因要素和一个结果要素情形的问题。设有 m 个原因要素并表示为 $x_1,x_2,\cdots,x_m$,y 为对应结果要素,那么各个影响因素与 y 的线性关系可描述为

$$y = a_0 + a_1 x_1 + a_2 x_2 + \cdots + a_m x_m$$

其中,a_0 为初始常量,也称截距;$a_1,a_2,\cdots,a_m$ 为 m 个原因要素变量对应的系数。

设 $(x_{i1},x_{i2},\cdots,x_{im},y_i)(i=1,2,\cdots,n)$ 为相应因果要素的一组观察值,则多元线性回归模型为

$$y_i = a_0 + a_1 x_{i1} + a_2 x_{i2} + \cdots + a_m x_{im} + e_i \tag{4-12}$$

其中,e_i 为随机误差。显然,一元线性回归模型是多元线性回归模型的一个特例,即自变量为一个时的情形。对应于有 m 个自变量的多元线性回归模型,有 $m+1$ 个估计参数或系数,即 $a_0,a_1,a_2,\cdots,a_m$。多元线性回归模型也可以采用矩阵和向量形式表述如下:

$$\mathbf{Y} = \mathbf{XA} + \mathbf{e}$$

其中

$$\mathbf{Y} = \begin{pmatrix} y_1 \\ y_2 \\ \vdots \\ y_n \end{pmatrix}; \quad \mathbf{X} = \begin{pmatrix} 1 & x_{11} & \cdots & x_{1m} \\ 1 & x_{21} & \cdots & x_{2m} \\ \vdots & \vdots & & \vdots \\ 1 & x_{n1} & \cdots & x_{nm} \end{pmatrix}; \quad \mathbf{A} = \begin{pmatrix} a_0 \\ a_1 \\ \vdots \\ a_m \end{pmatrix}; \quad \mathbf{e} = \begin{pmatrix} e_1 \\ e_2 \\ \vdots \\ e_n \end{pmatrix}$$

与一元线性回归模型一样,多元线性回归模型也可采用最小二乘法估计参数向量 $\mathbf{A}$,由于其计算繁复,并可以应用专门的计算机软件进行计算,所以,这里不再赘述。

3. 模型有效性检验

从理论上讲,任意一组 $(x_{i1},x_{i2},\cdots,x_{im},y_i)(i=1,2,\cdots,n)$ 观察值都可以获得回归方程的回归系数 $a_0,a_1,a_2,\cdots,a_m$ 的值,但它们有时是无效的或无意义的。所以,需要对其

有效性进行检验。一般须经过三个层次的检验,即先验性检验、统计检验和经济计量检验。

1) 先验性检验

先验性检验是指应用经验性知识检验相应的估计系数的合理性。包括系数正负性是否符合经济物理含义的正确性,以及相应的值是否落在合理的值域范围内等。

2) 统计检验

统计检验是依据统计学理论的检验,也称显著性检验,主要有以下几个检验指标。

A. 相关系数 R

相关系数 R 是线性回归模型中用来衡量因变量和自变量之间线性相关关系强弱程度的指标,它的统计公式为

$$R = \sqrt{1 - \frac{\sum(y_i - \hat{y}_i)^2}{\sum(y_i - \bar{y})^2}}$$

其中,$\bar{y} = \frac{1}{n}\sum y_i$,它可由相关软件计算给出。

一般来说,相关系数越大,说明变量之间的线性相关关系越强。但相关系数的绝对值大到什么程度时,才能认为两变量之间的线性相关关系是显著的,回归模型用来预测才是有意义的?对于不同组数的观测值、不同数值的显著性水平,衡量的标准是不同的。它是 0 到 1 区间的一个数值,越趋向 1 说明相关强度大,一般小于 0.5 被认为基本不相关。

B. F 检验

F 检验是通过 F 统计量检验假设 $H_0: a_0 = a_1 = a_2 = \cdots = a_m = 0$ 是否成立的方法。这需要计算 F 统计量:

$$F = \frac{\sum(\hat{y}_i - \bar{y})^2 / (m-1)}{\sum(y_i - \hat{y}_i)^2 / (n-m)}$$

其中,$m-1$ 为回归变差 $\sum(\hat{y}_i - \bar{y})^2$ 的自由度;$n-m$ 为剩余变差 $\sum(y_i - \hat{y}_i)^2$ 的自由度。可以证明 F 统计量服从第一自由度为 $m-1$、第二自由度为 $n-m$ 的 F 分布,故对给定的显著性水平 a 查 F 分布表可得临界值 $F_a(m-1, n-m)$。若 $F > F_a(m-1, n-m)$,则否定假设 H_0,认为一组自变量 $x_1, x_2, \cdots, x_m$ 与因变量 y 之间的回归效果显著;反之,则不显著。

一般来讲,回归效果不显著的原因有三种:一是影响 y 的因素除了所选定自变量 $x_1, x_2, \cdots, x_m$ 之外,还有其他不可忽略的因素;二是 y 与自变量 $x_1, x_2, \cdots, x_m$ 之间的关系不是线性的;三是 y 与自变量 $x_1, x_2, \cdots, x_m$ 之间无关。这时,回归模型就不能用来预测,应分析其原因并另选自变量或改变预测模型的形式。

C. t 检验

前面讲的 R 检验和 F 检验都是将所有的自变量作为一个整体来检验它们与因变量 y 的相关程度以及回归效果,而 t 检验则是通过 t 统计量对所求回归模型的每一个系数逐一检验假设 $H_0: a_i = 0 (i = 0, 1, 2, \cdots, m)$ 是否成立的方法。t 统计量值也由相关回归模型

软件给出。这一检验值的有效性还与观测值的数量 n 也称样本量有关,由统计学可以证明,t 服从自由度为 $n-2$ 的 t 分布。查 t 分布表得临界值 $t_{a/2}(n-2)$。若 $t > t_{a/2}(n-2)$,则认为 a_i 显著异于 0;反之,若 $t \leq t_{a/2}(n-2)$,则认为 a_i 不显著异于 0。

3) 经济计量检验

由于经济观察值一般为时间序列情形,所以会出现序列相关现象。而回归模型假设要求随机误差项之间不存在序列相关或自相关,如果存在序列相关就会导致回归模型无效。同时,对应多元线性回归模型有些自变量之间也会存在相关性,这就是所说的共线性问题,这样会导致有些自变量系数与经济含义相悖。这方面的研究首先出现在经济计量学中,所以也称为经济计量检验。

A. DW 检验

误差项序列相关中最常见的是误差项为一期的序列相关又称一阶自相关,该检验法就是针对这种情形的方法。因 J. Durbin 和 G. S. Watson 于 1950 年首先提出,故称之为 DW 检验法(Durbin-Watson 准则)。DW 统计量定义为

$$DW = \frac{\sum_{i=2}^{n}(e_i - e_{i-1})^2}{\sum_{i=1}^{n} e_i^2}$$

当误差项序列正相关时,DW→0。当序列负相关时,DW→4。若不存在自相关或相关程度很低时,DW→2。从上式可以看出,DW 值为 0~4。该统计量可由一般的分析软件给出,严格情形可根据 DW 检验表来分析模型的经济计量的有效性,简单情形,如果 DW 值落在 1.5~2.5,则模型被认为是基本有效的。

当模型被检验为误差项序列相关时,应考虑把略去的重要影响因素引入回归模型中,或者重新选择回归模型形式。其次可考虑增加观察样本容量和改善数据的准确性。

B. 自变量共线性检验

若多元回归模型的自变量间存在线性相关关系,会体现在回归计算中系数求解的奇异现象,或导致一些系数的负号或量值与经济物理含义相悖。因此,经济计量学给出一些检验自变量间共线性方法可以参考。这里建议先进行自变量间的相关性分析,如果一组自变量间存在相关,可选择其中具有主要意义的自变量进行保留,而把其他自变量剔出原模型。

4.3.3 非线性回归模型

管理决策活动所面临的问题理论上讲都是非线性的。线性问题直观简单,但线性只是人们在认识或处理上的一种简化。非线性是复杂系统的一个基本特征。非线性回归模型,从字面意义理解是指用于描述客观事物的模型是非线性的,或称曲线型的。对应式(4-10)来说,f 为非线性解析式。

1. 非线性回归模型的分类

常见的非线性回归模型有以下几种:

(1) 双曲线模型:
$$y_i = a_0 + a_1 \frac{1}{x_i} + e_i$$

(2) 二次曲线模型:
$$y_i = a_0 + a_1 x_i + a_2 x_i^2 + e_i$$

(3) 对数模型:
$$y_i = a_0 + a_1 \ln x_i + e_i$$

(4) 三角函数模型:
$$y_i = a_0 + a_1 \sin x_i + e_i$$

(5) 指数模型:
$$y_i = ab^{x_i} + e_i$$
$$y = e^{a_0 + a_1 x_{i1} + a_2 x_{i2} + e_i}$$

(6) 幂函数模型:
$$y_i = a x_i^b + e_i$$

(7) 罗吉斯曲线:
$$y_i = \frac{e^{a_0 + a_1 x_{i1}}}{1 + e^{a_0 + a_1 x_{i1}}} + e_i$$

(8) 修正指数增长曲线:
$$y_i = a + b r^{x_i}$$

上述模型中 y_i, x_{i1}, x_{i2} 分别为因变量和自变量;e_i 为随机误差项;其余均为相应系数。

2. 非线性回归模型的建立方法

建立求解非线性回归模型的基本思路是化非线性回归模型为线性回归模型,这一过程也叫做线性化。根据非线性回归模型线性化的不同性质,上述模型一般可分为三种类型:

第一类为直线换元型。这类非线性回归模型通过简单的变量换元可直接化为线性回归模型。如模型(1)设 $x_i' = \frac{1}{x_i}$ 则原模型可线性化为
$$y_i = a_0 + a_1 x_i' + e_i$$

同理,对应模型(2)设 $x_i' = x_i^2$ 原模型化为
$$y_i = a_0 + a_1 x_i + a_2 x_i' + e_i$$

对应模型(3)设 $x_i' = \ln x_i$ 原模型化为
$$y_i = a_0 + a_1 x_i' + e_i$$

对应模型(4)设 $x_i' = \sin x_i$ 原模型化为
$$y_i = a_0 + a_1 x_i' + e_i$$

可见这类模型的因变量没有变形,所以可以直接采用最小二乘法估计回归系数并进行检验和预测。

第二类为间接代换型。这类非线性回归模型经常通过对数变形的代换间接地化

为线性回归模型,如(5)、(6)、(7)。把回归方程两边同时取对数,既可以把乘、除、幂运算化为加、减、乘运算,从而实现线性化。这类模型在对数变形代换过程中改变了因变量的形态,使得变形后模型的最小二乘估计失去了原模型的残差平方和为最小的意义,从而估计不到原模型的最佳回归系数,会造成回归模型与原数列之间的较大偏差。

第三类为不可线性化的非线性回归模型,如(8)。相应地可以说第一类和第二类非线性回归模型为可线性化的非线性回归模型。不可线性化的非线性回归模型现在还没有非常有效的系数估计或建模方法。可能会用到的一种方法是在给定变量值域情形下,按富氏级数展开,取一阶展开项,略去高阶,从而实现线性化,这也称之为分段线性化。

4.3.4 类神经元网络模型

由于复杂的因果关系具有非线性特征,并且相应的解析表达式不能确知,或不能辨识表达式中的参数值,这类问题成为黑箱问题或灰箱问题。人工神经元网络模型就是一种不需要确知关系解析结构情形,可以给出比较好的仿真与预测分析结果的方法。

人工神经元网络模型是依据大脑的神经元传递和记忆信息的原理,运用计算机模拟机制,通过对观察样本的学习建立神经元连接体系结构和确立相关参数,从而实现对因果影响机制的记忆。同时当给定一组输入,即自变量值时,这些值会通过神经元传递和参数转换给出相应的输出值,即结果要素值。

人工神经元网络模型建立方法的核心是如何确立神经元连接结构和相应参数的学习算法。根据算法不同有多种人工神经元网络模型。这里仅介绍其中的两种。

1. BP 模型及学习算法

BP 模型是美国学者 David E. Rumelhart 等提出的基于反向误差传播法(back propagation)的一种近年来应用较多的神经元网络模型。BP 模型是多层前馈网络,所能解决的基本问题是对任意给定的因变量和自变量样本集(也称输入向量与输出向量的样本集合),在一个已知的结构模型的多层前馈网络上寻找权值参数,使网络在接受样本集中的输入时所产生的输出与相应的期望输出尽可能一致。解决这一问题的基本思路是:先定义一个描述网络对全部样本的实际输出与期望输出之间误差的误差函数,以各权值为变量,以误差函数为目标函数进行求解。简单的二层 BP 神经网见图 4-2,其中输入结点为 x_1、x_2,输出结点为 O_y,O_1、O_2 为隐结点,悬空端为阈值。网络的学习过程是对样本逐一进行沿着连接边向后传播,同时进行误差修正,直到误差为允许的限度之内时才结束。

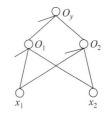

图 4-2 BP 神经元网络示意图

经实际应用可知,该模型的主要问题是学习算法的效率低,并且所得结果有时是局部最小解而不是全局最小解,而实际中有时只能将误差限制在一定范围内。因此,围绕如何判定是否存在更小解、如何求更小解等多个角度,提出了对 BP 模型的一些改进方法,主要思路有在迭代过程中增加启发信息,进行样本集的挑选,采用不同梯度下降算法以及加扰动使之脱离局部最小或重新随机设置初始点,等等。

2. 类神经元网络模型

神经元网络模型的应用范围取决于网络归纳能力的研究,而网络结构和学习算法的质量直接影响这种归纳能力。因此在讨论算法的同时,网络结构本身也不应忽视。BP 模型除了存在前述的算法问题外,在结构上需要事先预估,这也增加了模型建立的难度和降低了模型的实用性。类神经元网络模型是基于神经元网络模型并综合应用 GMDH(group method of data handle)等有关思想和方法,提出一种的新的神经元网络模型。该模型具有结构自学习、快速的学习算法和高精度的模拟效果。

1) 类神经元网络模型的结构

图 4-3 列出了有 n 个输入结点、1 个输出结点的 m 层类神经元网络结构,其中,y_i 视为隐结点,它的含义为后续学习算法所定义的一种关于输出 y 的第 i 次近似结点;$n_l(l=1,2,\cdots,m-1)$ 为第 l 层隐结点数。

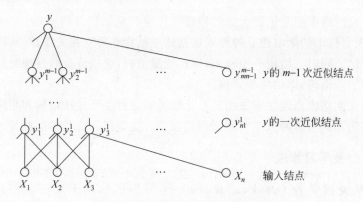

图 4-3 类神经元网络结构示意

2) 类神经元网络结点的数学模型

类神经元网络结点的数学模型是依据 GMDH 方法构建的,GMDH 方法的核心思想是应用二次函数进行多级复合,理论证明任何一类非线性函数都可以用二次函数进行多级复合逼近。所以,这里结点的数学模型采用如下二次函数形式,如

$$y = \sum_{\substack{i=1 \\ j \geq i}}^{n} x_i w_{ij} x_j$$

显然,它满足单调连续可导的作用函数的要求。这样一个多层网络就意味着二次函数的多级复合,所以可以很好地向预期输出靠近。

类神经元网络模型已有软件可以运用,一些繁复运算都已由计算机完成,应用者只需注重分析就可以了。

4.4 定性预测方法

4.4.1 定性预测问题

在实际的管理决策活动中,总会碰到不能够获取观察数据或者不能用定量方法描述的问题,只能根据相关事物的概念属性形象或语言的描述以及先验知识对其进行分析,这就是定性分析方法。对这些以形象或语言描述为主的事物未来发展状况的预估就叫做定性预测。定性预测是预测者根据自己所掌握的实际情况、实践经验、专业水平,对经济发展前景的性质、方向和程度等作出的判断。有时在定性分析的基础上也可以提出数量估计,其特点是需要的数据少,能考虑无法定量的因素,比较简便可行。因此,定性预测是一种不可缺少的、灵活的经济预测方法。通过定性预测,提出有预见性的建议,可以为政府和企业进行经济决策、计划管理、指导工作提供依据,具有广泛的应用价值。

定性预测问题普遍存在于掌握的数据不多、不够准确或主要影响因素难以用数字描述,且无法进行定量分析的情形。如新建企业生产经营的发展前景、新产品销售的市场前景,由于缺少历史资料,因此以采用定性预测方法为宜。又如,党和国家方针政策的变化、消费者心理的变化对市场商品供需变化的影响,均无法定量,只能通过判断分析,进行定性预测。

此外,为了提高预测质量,在进行定量预测时,也要进行定性预测。由于经济现象发展变化过程中,存在质和量的辩证关系,一定的质决定一定的量,因此,经济预测应将定性分析作为出发点,定量预测应以定性分析为基础,并且要以定性分析加以检验,这也是回归模型先验检验为首要之所在。任何质量都表现为一定的数量,都有决定质量的数量界限。定量预测虽然可使定性分析更加深入和具体化,起到胸中有"数"的作用,但是,定量预测只能测定主要因素的影响,其余因素的影响,特别是无法定量因素的影响,则难以包含。因此,在定量预测之后,也要进行定性分析,对其结果进行必要的调整,这样才能使预测接近实际。

由于定性预测主要靠预测者的经验和判断能力,易受主观因素的影响,其主要目的不在数量估计。为了提高定性预测的准确程度,应注意以下几个问题:

第一,应加强调查研究,努力掌握影响事物发展的有利条件、不利条件和各种活动的情况,从而使对经济发展前景的分析判断更加接近实际。

第二,在进行调查研究、搜集资料时,应做到数据和情况并重,使定性分析定量化。也就是通过质的分析进行量的估计,进行有数据有情况的分析判断,提高定性预测的说服力。

第三,应将定性预测和定量预测相结合,提高预测质量。在预测过程中,应先进行定性分析,然后进行定量预测,最后再进行定性分析,对预测结果进行调整定案。这样才能深入地判断事物发展过程的阶段性和重大转折点,提高预测的质量,为决策和计划管理提供依据。

4.4.2 专家判断法

定性预测通常建立在某一个专家的判断之上，或代表一组专家的一致意见。组织各个领域的专家使其运用专业方面的经验和知识，通过对过去和现在发生的问题进行综合分析，从中找出规律，并对发展远景作出判断就是专家判断法。专家判断法是一种被经常建议使用的方法。即使在没有使用正式的定量模型，缺乏足够统计数据和原始资料的许多情况下，专家判断法仍提供了良好预测。

专家判断法有几种，其中头脑风暴法是占有重要地位的一种基本的专家判断法。20世纪50年代，头脑风暴法作为一种创造性的思维方法在预测中得到广泛运用，并日趋普及。从60年代末期到70年代中期，头脑风暴法在各类预测中的应用比重由6.2%增加到8.1%。头脑风暴法主要是组织专家参加积极的创造性思维。

采用头脑风暴法组织专家会议时，应遵循如下原则：

（1）就所论问题提出一些具体要求，并严格规定提出设想时所用术语，以便限制所论问题的范围，使参加者把注意力集中于所论的问题。

（2）不能对别人的意见提出怀疑，不能放弃和终止讨论任何一个设想，而不管这种设想是否适当和可行。

（3）鼓励参加者对已经提出的设想进行改进和综合，为准备修改自己设想的人提供优先发言权。

（4）支持和鼓励参加者解除思想顾虑，创造一种自由的气氛，激发参加者的积极性。

（5）发言要精练，不需要详细论述。展开发言不但拉长时间，而且有碍于一种富有成效的创造性气氛的产生。

（6）不允许参加者宣读事先准备的建议一览表。

实践经验证明，利用头脑风暴法从事预测，通过专家之间直接交换信息，充分发挥创造性思维，有可能在比较短的时间内得到富有成效的创造性成果。头脑风暴法还可以细分为如下几种方法。

1. 直接头脑风暴法

该方法根据一定的规则，通过共同讨论具体问题，鼓励创造性活动的一种专家集体估价方法。这些规则包括：禁止评估已提出的设想；限制每一个人的发言时间，允许一个人多次发言；将所有设想集中起来；在后续阶段对提出的所有设想进行估价。

2. 质疑头脑风暴法

这是一种同时召开两个会议的集体产生设想的方法。第一个会议完全遵循直接头脑风暴法原则，第二个会议对第一个会议提出的设想进行质疑。

3. 有控制的产生设想的方法

这种方法也是集体产生设想的一种方法。即通过定向智力活动激发产生新的设想，用于开拓远景设想和独到设想。

4. 鼓励观察的方法

该方法的目的是在一定限制条件下,就所论问题寻求合理的方案。

5. 对策观察的方法

该方法就所论问题寻找一个统一的方案。

头脑风暴法为了提供一个创造性思维环境,必须决定小组的最佳人数和会议的进行时间。小组规模以10～15人为宜,会议时间一般为20～60分钟。参加成员的选取应考虑两种情形:一是当参加者相互认识时,要从同一职位(职称和级别)的人员中选取,领导人员不应参加,否则对下属人员将产生一定压力;二是当参加者互不认识时,可从不同职位(职称和级别)的人员中选取。这时不论成员是院士还是硕士,都应同等对待,每个成员赋予一个编号,以便以后按编号与参加者联系。

参加者的专业是否与所论问题一致,不是专家组成员的必要条件。并且专家组中,希望包括一些学识渊博、对所论问题有所理解的其他领域的专家。

预测的领导者要对预测的问题作如下说明:问题产生的原因,原因的分析和可能的结果(最好把结果进行夸张描述,以便使参加者感到矛盾必须解决);分析解决这类问题的实践经验;解决这一问题的现存途径;中心问题以及其子问题,形成需要解决的问题(问题的内部结构应当简单,问题的面比较窄将有助于发挥头脑风暴法的效果)。

最好将头脑风暴法的领导工作委托给预测学家负责。因为预测学家对所提的问题和从事科学辩论有充分的经验,同时他们熟悉处理程度和处理方法。如果所论问题专业面很窄,则应邀请所论问题的专家和预测专家共同负责领导工作。头脑风暴法小组应由以下人员组成:方法学者,即预测学领域的专家;设想产生者,即所论问题领域专家;分析者,即所论问题领域的高级专家,他们应当追溯过去,并及时估价对象的现状和发展趋势;演绎者,即对所论问题具有发达的推断思维能力的专家。

所有头脑风暴法参加者都应具有发达的联想思维能力。在进行头脑风暴法时,应尽可能提供一个有助于把注意力高度集中于所论问题的创造性环境。有时某个人提出的设想,可能是其他准备发言的人已经思维过的设想。所有头脑风暴法产生的结果,应当认为是全组集体创造的成果。其中最有价值的一些设想,是在从前提出的设想基础上发展的设想,以及对两个或几个设想综合的设想。

有时参加者希望以书信方式事先告诉所论问题。这时信中要作如下具体说明:头脑风暴法的目标;解决问题的有益设想;解决所论问题途径一览表;应答问题一览表;解决所论问题的计划。

头脑风暴法领导者的发言应能激起参加者的心理灵感,以促使参加者感到急需回答会议提出的问题。通常在头脑风暴法开始时,领导者必须采取强制询问,因为领导者很少有可能在5～10分钟内营造一个自由交换意见的气氛,并激起参加者发言。领导者的主动活动,也只限制于会议开始时。一旦参加者被鼓动起来,新的设想便会不断涌现。这时领导者只需根据头脑风暴法规则适当引导即可。应当指出,发言量越大,意见越多种多样,所论问题越广越深,出现有价值的设想的概率就越大。

会议提出的设想应录在磁带上,以便不放过任何一个设想,并使其系统化,以备下一阶段使用。

由分析组对会议产生的设想,按如下程序系统化:

(1) 就所有提出的设想编制名称一览表。
(2) 用通用术语说明每一设想。
(3) 明确重复的和互为补充的设想,并在此基础上形成综合设想。
(4) 提出对设想进行综合的准则。
(5) 分组编制设想一览表。

在预测过程中,还经常采用质疑头脑风暴法。这种方法,是对直接头脑风暴法提出的已系统化的设想进行质疑。对设想进行质疑,这是头脑风暴法中,对设想现实可行性进行估价的一个专门程序。在这一过程中,参加者对每一个提出的设想都要提出质疑,进行全面评论。评论的重点,是研究有碍设想实现的问题。在质疑过程中,可能产生一些可行的设想,这些可行的设想包括:对已提出的设想无法实现的论证;存在的限制因素,以及排除限制因素的建议。可行设想的结构通常是:这样是不可能的,因为……如果使其可行必须利用……

质疑式头脑风暴法第二个阶段的结果,是就每一组或其中每一个设想,编制一个评论意见一览表,以及可行设想一览表。

质疑式头脑风暴法应遵循的原则与直接头脑风暴法一样,只是禁止对已提出的设想进行确认论证,而鼓励提出可行设想。

在进行质疑头脑风暴法时,领导者应首先阐明所论问题的内容,扼要地介绍各组系统化的设想和第一组的共同设想,以及吸引参加者把注意力集中于对所论问题进行全面评价。质疑过程一直进行到没有问题可以质疑为止。质疑中的所有评论意见和可行设想,也应录在磁带上。

质疑头脑风暴法的第三个阶段是对质疑过程中提出的评价意见进行估价,以便形成一个对解决所论问题实际可行的最终设想一览表。对于评价意见的估价,与对所论设想质疑一样重要。因为在质疑阶段,重点是研究有碍设想实际实施的所有限制因素,而这些限制因素即使在设想产生阶段,也是放在重要地位予以考虑的。

由分析组负责处理和分析质疑结果。分析组要吸收一些有权对设想实施作出决定的专家,如果要在很短时间内就重大问题作出决策时,吸收这些专家参加尤为重要。

实践经验表明,头脑风暴法可以排除折中方案,对所论问题通过公正的、连续的分析,可以找到一组切实可行的方案。因而,近年来头脑风暴法在军事预测和民用预测中得到广泛应用。例如,在美国国防部制定长远科技规划中,曾邀请50名专家采取头脑风暴法开了两周会议。参加者的任务是对事先提出的工作文件提出非议,并通过讨论把文件变为协调一致的报告。通过讨论,原工作文件中只有25%~30%的意见得到保留,由此可以看出头脑风暴法的价值。

另外,英国邮政部,美国洛克希德(Lockheed)公司、可口可乐(Coca-Cola)公司和国际商用机器公司(IBM)也积极应用头脑风暴法开展预测。

头脑风暴法对其提出的一组可行方案,还不能按重要性进行排队和寻找达到目标的最佳途径,所以还应辅以专家集体估价,并对估价结果进行统计处理,求得专家组协调意见作为估价结果。

4.4.3 德尔菲法

德尔菲(Delphi)法是美国"兰德"公司20世纪40年代首先用于技术预测的。德尔菲是古希腊传说中的神谕之地,城中有座阿波罗神殿可以占卜未来,因而借用其名。

德尔菲法是专家会议预测法的一种发展。它以匿名方式通过几轮函询,征求专家们的意见。预测领导小组对每一轮的意见都进行汇总整理。作为参考资料再发给每位专家,供他们分析判断,提出新的论证。如此多次反复,专家的意见渐趋一致,结论的可靠性也就随之增大。

德尔菲法是"系统分析"方法在价值判断领域内的一种有益的延伸。它突破了传统的数量分析限制,为更合理、更有效地进行决策提供了支撑与依据。基于对未来发展中的各种可能出现和期待出现的前景及状态的概率估计,德尔菲法能够为决策提供可供选择的多种方案。其他方法则很难获得像这样以概率表示的明确答案。

近10年来,德尔菲法已成为一种广为适用的预测方法。许多决策咨询专家和决策者,常常把德尔菲法作为一种重要的规划决策工具。斯蒂纳(G. A. Steiner)在其所著的《高层次管理规划》一书中,把德尔菲法当作最可靠的技术预测方法。在军事领域中,德尔菲法应用最为普遍。工业科技发展和市场需求预测,国外也多采用德尔菲法。德尔菲法应用的其他领域还有人口预测、医疗和卫生保健预测、经营预测、教育预测、研究方案的预测、信息处理,以及各级各类社会、经济、科技发展规划,等等。

1969年,达克(N. Dalkel)应用德尔菲法对100多个实际问题作了良好评价。米查尔(J. Michale)在美国未来研究作分类考察时,发现德尔菲法的应用仅次于脚本法,居第二位(在他调查的115个对象中,45个单位用脚本法,41个单位用德尔菲法,29个单位用模拟对策法)。仅据20世纪40年代至70年代初统计,用德尔菲法预测的重大项目已不下数百种。据《未来》杂志报道,20世纪40年代至70年代中期,专家会议和德尔菲法(以德尔菲法为主)在各类预测方法中所占比重由20.8%提高到24.2%。

德尔菲法应用如此广泛,足以说明方法本身在技术和社会预测方面具有较大价值。下面从德尔菲法的特点、派生方法、专家的选择、编制调查表、预测过程以及组织预测应遵循的原则六个方面进行介绍。

1. 特点

为弥补专家会议的缺点和不足,德尔菲法有如下三个特点:

(1) 匿名性。为克服专家会议易受心理因素影响的缺点,德尔菲法采用匿名方式。应邀参加预测的专家互不了解,完全消除了心理因素的影响。专家可以参考前一轮的预测结果,修改自己的意见而无须作出公开说明,无损自己的威望。

(2) 轮间反馈沟通情况。德尔菲法不同于民意测验,一般要经过四轮。在匿名情况下,为了使参加预测的专家掌握每一轮预测的汇总结果和其他专家提出意见的论证,预测领导小组对每一轮的预测结果作出统计,并作为反馈材料发给每位专家,为提出下一轮预测意见提供参考。

(3) 预测结果的统计特性。对各轮反馈意见进行定量处理是德尔菲法的一个重要特点。为了定量评价预测结果,德尔菲法采用统计方法对结果进行处理。

2. 派生德尔菲法

自从"兰德"公司首次用德尔菲法进行预测之后,很多预测学家(其中包括"兰德"公司的专家)对德尔菲法进行了深入研究,对初始的经典德尔菲法进行了某些修正,并开发了一些派生方法。派生方法分为两大类:①保持经典德尔菲法基本特点;②改变德尔菲法基本特点的派生方法。下面介绍两类派生方法。

1) 保持经典德尔菲法基本特点

这类方法主要是对经典方法中的某些部分予以修正,克服德尔菲法的某些不足之处。

(1) 事件一览表。经典的德尔菲法第一轮只提供给专家一张预测主题表,由专家填写预测事件。这样,领导小组固然可以排除先入为主的观点,有益于充分发挥专家的个人才智和作用。但是,某些专家由于对德尔菲法不甚了解或其他原因,而不知从何下手,有时提供的预测事件也杂乱无章,无法归纳,同时也难以保证在第一轮中专家提出的预测事件符合领导小组的要求。为了克服这些缺点,领导小组可以根据现有掌握的资料或征求有关专家意见,预先拟订一个预测事件一览表,在进行第一轮函询时提供给专家,使他们从对事件一览表作出评价开始工作。当然在第一轮,专家们也可对事件一览表进行补充和提出修改意见。

(2) 向专家提供背景资料。在很多情况下,科学和技术发展的方向在很大程度上取决于技术政策和经济条件。参加预测的成员一般是某一科技领域的专家,因而不可能期望他们非常了解外界的政治经济情况。这样就有必要把政治和经济的发展趋势预测作为第一轮的信息提供给专家,使专家们有一个共同的起点。对于工业预测提供背景资料尤为重要。如果销售经营部、市场调查部和上层管理机构不提供大量市场需求和行情情况,以及公司的技术政策,则公司内部的科技人员难以作出正确的预测。

(3) 减少应答轮数。经典德尔菲法一般经过四轮,有时甚至五轮。但是一系列短期实验表明,通过两轮意见已相当协调。因而从现有经验来看,一般采用三轮较为适宜。如果要在短期作出预测,或者第一轮提出预测事件一览表,采用两轮也可得到正确的预测结果。

(4) 对预测事件给出多重数据。经典德尔菲法经常要求专家对每个事件实现的日期作出评价。专家提供的日期一般是与实现与否可能性相当的日期,即事件在这个日期之前或之后实现的可能性相等。在某些情况下,要求专家提供三个概率不同的日期,即:未必有可能实现,成功概率为 10%;实现与否可能性相等为 50%;基本上可以实现为 90%。当然也可选择其他的类似概率。计算这三类日期的中位数,得出专家应答的统计特性,即预测结果。专家意见的离散程度用 10% 和 90% 概率日期的时间间距表示。

(5) 自我评价。德尔菲法通常不考虑专家对预测事件的熟悉程度,但在实际应用中,有时需要考虑专家在相关领域中的权威性。这时需要对专家的权威程度取权重系数,并对评价结果进行加权平均计算,这有利于提高德尔菲法的预测精度。

(6) 置信概率指标。在某些德尔菲法中对每个预测事件引用了"置信因数"。"置信因数"是对小组应答的一种统计特性。这种统计只是根据作出肯定回答的专家人数计算的,即从 100% 中减去提出"从不"(从来不会发生)应答的专家比重,便得到置信概率指标。例如,对某预测事件作出"肯定"回答的中位数是 1985 年,而 30% 专家认为该事件"从不",则这一事件的置信概率为 70%。引用置信概率是对"从不"回答的一种有益的统计方法,因为任何其他方法都不能把"从不"回答与"肯定"回答结合在一起。

2) 改变德尔菲法基本特点的派生方法

这种方法是改变匿名性和反馈特性。

(1) 部分取消匿名性。匿名性有助于发挥个人长处,不受外界的支持和反对意见的影响。但是在某些情况下,全部或部分取消匿名性也能保持德尔菲法的优点,有助于加快预测过程。其具体做法是,有的先采取匿名询问;有的是专家们各自阐明自己的论据,然后通过灯光显示装置匿名表达各自的意见,最后再进行口头辩论,亦可伴随询问,由此得出的结论作为最后评价。

(2) 部分取消反馈。如果完全取消反馈,则第二轮以后专家将仅限于对自己提出的评价进行重新认识。实验研究表明,对自己的判断简单地重新认识只能使回答结果变坏,而不会使其得以改善,因而全部取消反馈将丧失德尔菲法的特点。部分取消反馈,一种是只向专家反馈四分点和十分点,而不提供中位数,这样有助于避免某些专家只是简单地向中位数靠拢,借以回避提出新的评价和论据的倾向。另一种是要求专家对事件给出三个概率日期,并分别计算其中位数。如果专家的评价日期(50%)处在小组的 10% 和 90% 概率日期的中位数之间,则第三轮不再对其反馈。第三轮仅向两种人提出反馈,一种是其评价未进入十分点之间的,另一种是该领域的权威专家。如果领导小组认为权威专家意见得到证实,则可用权威专家的评价作为预测结果,否则,则以小组应答中位数作为预测结果。

3. 专家的选择

进行德尔菲法预测需要成立预测领导小组。领导小组不仅负责拟订预测主题、编制预测事件一览表,以及对结果进行分析和处理,更重要的是负责专家的选择。

德尔菲法是一种对于意见和价值进行判断的作业。如果应邀专家对预测主题不具有广泛的知识,则很难提出正确的意见和有价值的判断。即使预测主题比较窄、针对性很强,但要物色很多对这一专题涉及的各个领域都有很深造诣的专家也很困难,因而物色专家是德尔菲法成败的关键,是预测领导小组的一项主要工作。

选择专家绝不能简单从事,不能事先不征得同意就将调查表发给拟邀请的专家。因为有的专家可能不同意参加这项预测。据统计,有些预测第一轮分发了 200～300 张调查表,结果给予应答的只有 50%,有的还不到 50%。因而事先不经征得同意就盲目分发调查表,很难征得足够数量的专家参加预测。

选择专家需要明确什么叫专家、怎样选择专家和选择什么样的专家这三个问题。组织某一项预测时,拟选的专家应是指在该领域从事 10 年以上技术工作的专业人员。

怎样选择专家是由预测任务决定的。如果要求比较深入地了解本部门的历史情况和技术政策,或牵涉本部门的机密问题,最好从本部门中选择专家。从本部门选取专家比较简单,既有档可查,又熟悉人员的现实情况。

如果预测任务仅仅关系到具体技术发展,则最好同时从部门内外挑选。从外部选择专家,大体按如下顺序进行:

(1) 编制征求专家应答问题一览表;

(2) 根据预测问题,编制所需专家类型一览表;

(3) 将问题一览表发给每位专家,询问他们能否坚持参加规定问题的预测;

(4) 确定每位专家从事预测所消耗的时间和经费。

从外部选择专家比较困难,一般要经过几轮。首先要收集本部门职工比较熟悉的专家名单,而后在有关期刊和出版物中物色一批知名专家。以这两部分专家为基础,将调查表发给他们,征求意见,同时要求他们再推荐 1~2 名有关专家。预测领导小组从推荐名单中,再选择一批由 2 人以上同时推荐的专家。

在选择专家过程中不仅要注意选择精通技术、有一定名望且有学派代表性的专家,同时还需要选择边缘学科、社会学和经济学等方面的专家。选择担负技术领导职务的专家固然重要,但要考虑他们是否有足够的时间认真填写调查表。经验表明,一个身居要职的专家匆忙填写的调查表,其参考价值还不如一个专事某项技术工作的一般专家认真填写的调查表。再有,乐于承担任务,并坚持始终,也是选择专家应注意的一个问题。

预测小组人数由预测问题规模而定,一般以 10~50 人为宜,人数太少,限制学科代表性,并缺乏权威,同时影响预测精度;而如果人数太多,难以组织,对结果处理比较复杂。然而对于一些重大问题,专家人数也可扩大到 100 人以上。在确定专家人数时,值得注意的是,即使专家同意参加预测,也会因种种原因而不见得每轮必答,有时甚至中途退出,因此预选人数要多于规定人数。

专家选定后还可根据具体预测问题,划分从事基础研究预测和应用研究预测的小组,亦可按其他形式分组。

4. 编制调查表

调查表一般根据实际预测问题的要求编制。通常分为目标、手段调查表,以及事件完成时间调查表、肯定式回答调查表、推断式回答调查表等类型。

5. 预测过程

调查表制定后就可以开始预测,预测过程中要创造条件使专家能够自由、独立地进行判断。经典德尔菲法一般分四轮进行。

(1) 第一轮:发给专家的第一轮调查表不带任何框框,只提出预测主题。预测领导小组对专家填写后寄回的调查表进行汇总整理,归并同类事件,排除次要事件,用准确术语提出一个事件一览表,并作为第二轮调查表发给每位专家。

例如,上述美国和加拿大锻造协会就粉末锻件和冷锻件潜在增长趋势的预测,第一轮时专家们共提出 150 多个应预测事件,经领导小组归纳整理为 121 个。

(2) 第二轮:专家对第二轮调查表所列的每个事件作出评价,并阐明理由。领导小组对专家意见进行统计处理。

(3) 第三轮：根据第二轮统计材料，专家再一次进行判断和预测，并充分陈述理由。有些预测在第三轮时仅要求持异端意见的专家充分陈述理由，因为他们的依据经常是其他专家忽略的一些外部因素或未曾研究过的一些问题。这些依据往往对其他成员重新作出判断产生影响。

(4) 第四轮：在第三轮统计结果的基础上，专家再次进行预测。根据领导小组要求，有的成员要重新作出论证。

通过四轮，专家的意见一般可以相当协调。例如，美国"兰德"公司就人口等6个问题、49个事件进行的50个长远预测，四轮后有31个事件取得相当一致的结论。

6. 组织预测应遵循的原则

采用德尔菲预测时，不会有适应于所有情况的准则。然而，通过对大量德尔菲预测的分析和研究，可以从中找出一些应共同遵循的原则。

(1) 对德尔菲法作出充分说明。为了使专家全面了解情况，一般调查表都应有前言，用以说明预测的目的和任务，以及专家的回答在预测中的作用。同时还要对德尔菲法作出充分的说明，因为德尔菲法并不是为众人所周知的。即使有些专家接触过德尔菲法，他们也难免对此会有些曲解。因而领导小组应阐明德尔菲法的实质、特点，以及轮间反馈对评价的作用。

(2) 问题要集中。问题要集中并有针对性，不要过于分散，以便使各个事件构成一个有机整体。问题要按等级排队，先综合，后局部；同类问题中，先简单，后复杂，这样由浅入深地排列，易于引起专家回答问题的兴趣。

(3) 避免组合事件。如果一个事件包括两个方面，一方面是专家同意的，另一方面则是不同意的，这时专家难以作出回答。例如，对于题为"以海水中提炼的氘（重氢）为原料的核电站到哪一年可以建成"的预测事件，有的专家就难以作出回答。因为这个专家虽然可以对核电站建成日期作出评价，然而他认为原料应是氚（超重氢）而不是氘。这时，这个专家如果提出预测，似乎他同意采用氘做原料，如果他拒绝回答，似乎他对能否建成核电站持怀疑态度。因而应避免提出"一种技术的实现是建立在某种方法基础上"的这类组合事件。

(4) 在制定预测时常常会出现一些含糊不清的用语，这是因为不注意使用大家熟知的技术术语和"行话"引起的。例如，有一个预测事件题目为"私人家庭到哪一年将普遍拥有遥控通道的终端设备"，这里"普遍"二字比较含糊，缺乏定量概念。如果一个专家认为50%属于普遍，并提出一个评价日期，而另一个专家认为80%属于普遍，也提出一个评价日期，由于评价起点不同，两个评价结果可能相差很大。然而实际上，如果以私人家庭安装终端设备的年平均增长率为题进行预测，这两个专家的意见可能会完全一致。因而，像"普遍"、"广泛"、"正常"等缺乏定量概念的用语应避免使用。

(5) 领导小组意见不应强加于调查表中。在对某事件的预测过程中，当意见对立的双方对对方的意见都没有给予足够考虑，或者领导小组认为已经存在着明显的判断和事实，而双方都没有注意时，领导小组就应试图把自己的观点加在调查表中，作为反馈材料供下一轮预测时参考。这样处理势必会出现诱导现象,使专家的评价向领导小组意图靠拢。因而由此得到的预测结果的可靠性是值得怀疑的。

(6) 调查表要简化。调查表应有助于而不是妨碍专家作出评价,应使专家把主要精力用于思考问题,而不是理解复杂的和混乱的调查表。调查表的应答要求,最好是选择一个日期或填空。调查表还应留有足够的地方,以便专家阐明意见。总之,调查表应方便于专家,而不是领导小组。

(7) 问题的数量要限制。问题的数量不仅取决于应答要求的类型,同时还取决于专家可能作出应答的上限。如果问题只要求作出简单的回答,数量可多些;如果问题比较复杂,并有一些对立的观点和看法需要斟酌,则数量要少些。严格的界限是没有的,一般可以认为问题数量的上限以 25 个为宜。如果问题过多,超过 50 个,则领导小组就要认真研究问题是否过于分散,而未击中要害。

(8) 支付适当报酬。20 世纪 70 年代之前开展的德尔菲法预测,绝大部分没有给予专家应有的报酬,这必然会在一定程度上影响应邀专家的积极性。因而在组织德尔菲法预测时,应酌情付适当报酬,以鼓励专家积极参与。

(9) 考虑对结果处理的工作量。如果专家组成员比较少,对结果处理的工作量不大;反之,对结果处理的工作量较大。如果预测的参加人员过多,超过 100 人,则必须利用计算机进行处理,因为领导小组中的有限成员无力承担如此繁重的处理任务。

(10) 考虑轮间时间间隔。从经验来看,不同的预测轮间时间间隔差别较大。多数预测完成一轮需要 4 周或 6 周。然而,有的预测两轮一共只需 26 天。这除了与问题的繁简、难易有关外,还与专家对预测问题的兴趣有关。

上述原则来自大量的德尔菲法的实验总结和领导小组的经验。当然不是什么时候都必须遵循这些原则,有时即使遵循这些原则也未必会得到成功的预测。但是,研究和遵循这些原则,可以使领导小组少犯错误,并有助于得到有益的预测。

4.4.4 调查预测法

调查预测法是指预测者或管理者深入管理决策活动的实际,进行相关决策或预测问题所涉及的客观事物的背景、活动模式与规律,或与经济活动相关的市场情况等的调查研究,取得必要的经济信息,并根据自己的经验和专业水平,对客观事物或市场商情发展变化前景进行分析判断的方法。如对房产、建材、消费品等市场商品供应和需求发展前景的分析判断;对工农业发展及其结构调整对商品收购货源、销售动向和库存变动前景影响的分析判断;对技术进步对企业生产及产品的开发前景影响的分析判断等。

在调查研究的基础上,当获得较完整的调查统计资料和相关信息,并且以数量信息为主体时,与问题相关的客观事物发展变化前景的预测,可采用以其他章节介绍的定量预测方法。当缺少必要的调查统计资料和信息,并且以数量描述的信息很少时,就要深入进行调查研究,搜集和整理第一手资料,进行信息分析,采用经验规则分析判断事物发展的前景状况。这种预测虽可提供简单的数据,但是,它主要是预测事物发展前景的性质和方向。因此,调查预测属于定性预测的范畴。常用的调查预测法有以下几种。

1. 经济管理人员意见调查预测法

这种方法是由企业的经理(或厂长)召开熟悉市场情况的各业务部门主管人员的座谈会,将与会人员对市场商情的预测意见,加以归纳、分析、判断,制定企业的预测方案。其基本过程是:首先,由经理(或厂长)根据政策和经营管理的需要,向各业务主管部门(如业务、计划统计、市场情报、财务会计等部门)提出预测项目和预测期限的要求;其次,各业务主管部门分头准备,根据掌握的情况,提出各自的预测意见;最后,由经理(或厂长)召开座谈会,对各种预测意见进行讨论分析,综合判断,得出反映客观实际的预测结果。

这种预测方法的优点是:上下结合进行预测,有利于发挥集体智慧,充分调动经理(或厂长)和业务管理人员开展市场预测的积极性;再加上他们处于生产与管理第一线,领导和管理企业的产、供、销活动,熟悉市场商情的动向,他们的判断接近市场商品供需发展变化实际,使预测结果比较准确、可靠;预测不需要经过复杂计算,不需要花多少费用,比较迅速和经济;如果市场商情发生剧烈变化,可以及时对预测结果进行调整。

这种方法的缺点是:对市场商情的变化了解得不够深入具体,主要依靠经验判断,受主观因素影响大,只能作出粗略的数量估计。

2. 销售人员意见调查法

这种方法是向销售人员进行调查,征询他们对产销情况、市场动态,以及他们对自己负责的销售区、商店、柜台未来销售量(额)的估计,加以汇总整理,对市场销售前景作出综合判断。这种预测除由公司、企业管理部门提供必要的调查统计资料和经济信息外,主要依靠销售人员掌握的情况、经验、水平和分析判断能力,还要经过从基层到企业管理部门的逐级审核、汇总和经理厂长批准才能定案。该方法一般适用于短近期预测。其步骤如下:

第一,由公司、企业向本单位所属的各销售区和商店提供本公司、企业的经销策略、措施和有关产供销的统计资料及市场信息,以供销售人员预测时参考。

第二,各地区、商店的销售人员根据自身所经营的商品种类、顾客类别和经营情况,估计下季度、下年的销售量和销售额。

第三,各地区、商店经销负责人,对所属销售人员的估计结果进行审核、修正、整理汇总,按规定日期上报公司、企业。

第四,公司、企业的各业务主管部门对下边报上来的估计数作进一步的审核、修正、汇总和综合平衡,得到总预测数,并参照编制经销计划草案。草案经经理、厂长批准后下达到各销售区、商店。根据经销计划进行商品调拨,编制日常销售计划。

这种预测方法的优点是:销售人员在市场前哨,最接近顾客,熟悉市场情况,预测经过多次审核、修正,比较接近实际;根据预测确定的销售任务由自己负责完成,使销售人员具有光荣感和责任感,易于发挥积极性和首创精神。其缺点是:销售人员为了超额完成销售计划,获得奖金,估计易偏于保守;由于工作岗位所限,对经济发展和市场变化全局了解不够,所以判断预测的结果会有一定局限性。

3. 商品展销、订货会调查预测法

这种方法是通过商品展销、订货会直接向用户发表调查，以了解用户对商品的花色、品种、质量、价格的意见和需求量，将意见加以汇总整理，综合判断商品销售的发展前景。它是商品展销、订货会和调查预测的结合，因此，首先应有齐备的本企业商品和充足的储备，实行敞开供应，然后通过销售掌握市场需求信息，才能搞好预测。以某一砂轮厂为例，其调查表的内容如下：

(1) 贵单位现有多少磨削设备？

(2) 贵单位最近准备增添磨削设备否？

(3) 贵单位认为我厂产品在哪些方面存在缺点？服务方面有什么问题(分质量、品种、规格、包装、交货期、技术服务等方面)？

(4) 您估计贵单位明年对我厂磨具的需要量方面会有变化吗(分"不变、增加、减少、不清楚"四类)？

(5) 有变化的话，您估计百分比有多大(分为"1%～5%、6%～10%、11%～25%、16%～20%"四档)？

(6) 您估计贵单位明年对我厂磨具规格和品种需求会有变化吗？

(7) 具体变化的情况能告诉我们吗？

(8) 贵单位目前需要我厂帮助解决哪些问题(分"品种选择、磨具使用方法、磨床配套砂轮及其他"四类)？

(9) 贵单位对我厂有哪些意见和要求？

调查表中(1)、(2)两问是为了建立用户的磨具使用档案作准备；(3)、(8)、(9)三问是为了改进产品质量和加强对用户服务；(4)、(5)两问是预测的依据，为调查的重点；(6)、(7)两问是为调查产品作参考。

将调查表进行汇总整理，根据(4)、(5)两个问题的回答情况，进行分析判断，预测下一年的销售量。

4. 消费者购买意向调查预测法

这种方法是采用随机抽样或典型调查方式，是一种从调查对象中抽选一定数目的消费者，通过发表、访问进行调查，将消费者的购买意向加以汇总分析，推断商品未来需要量的方法。以大连市的手机需求量为例，说明其步骤如下。

1) 进行消费者购买意向调查

采用划类选点，对典型户发表调查。

(1) 制定调查方案，设计调查表格。其内容包括：被调查户的人口构成；已拥有的手机数量、规格、国别、牌号，已使用和期望使用年数；今后需求的品种和数量。

(2) 按城区、工矿区、农村三大类型，选择典型户，派员发表进行调查。

(3) 将调查资料按城乡进行分类整理，计算手机需求预测所需要的数据。如计算手机普及率；计算男式手机、中性手机、女式手机比重，国产手机和进口手机比重，国产手机按主产区、进口手机分国别测算占有率，分析社会手机的使用构成；按国产手机、进口手机

分别推算其使用年数和更新期,分别分析已使用年数构成;分析手机需求构成;测算全市国产手机、进口手机拥有量和外流比重。

2) 需求结构分析预测

按城市、农村、外流量的需求结构,对手机未来需求量进行分析和预测。

(1) 城市手机需求量预测。首先进行情况分析。从城市居民手机普及率看,城市居民拥有量已基本饱和;手机购买量增幅将继续减缓;女式手机需求量将继续增长;从手机更新期和平均已使用年数构成,测算国产手机和进口手机更新高潮期和分阶段更新量占拥有量的比重,从而得出购买手机主要体现在青少年进入手机使用期的人数和旧手机更新两个方面。然后,可以通过如下公式计算预测城市手机未来的需求量:

$$d_c = r_{15-20} p_{15-20} + ws$$

其中,d_c 为城市居民手机需求量;r_{15-20} 为报告年 15~20 岁手机的添置率;p_{15-20} 为下年年初 15~20 岁人口数;w 为未来手机进入更新期比重;s 为城市手机拥有量。

上式中的手机更新量可将国产手机、进口手机分别计算。

(2) 农村手机需求量预测。首先,进行情况分析。农村居民手机普及率较低,今后需求量将持续增长;农村手机拥有量三五年内将达到基本饱和程度;农村妇女对女式手机的需求量将日益增多。然后通过如下公式计算农村手机未来需求量:

$$d_r = (r_s - r_p) k_{21-50} p + d_{15-20}$$

其中,d_r 为农村居民手机需求量;r_s 为达到饱和时手机普及率;r_p 为目前手机普及率;k_{21-50} 为 21~50 岁人口数占总人口比重;p 为总人口数;d_{15-20} 为 15~20 岁人口手机需求量。

(3) 手机外流量预测。手机外流量占社会销售量比重有降低趋势,今后约占 30%;以最近三年的社会销售量为基础来进行测算。

上述 3、4 两种调查预测方法,都是发表调查法。其优点是:由于商品的购买者就是商品的使用者、消费者,他们知道自己将来要购买什么、购买多少,他们的意见是最直接、最有用的情报。因此,只要购买者愿意合作,能如实回答调查表中的问题,就可以获得比较准确的预测结果。这些方法通常适用于生产资料的需求预测和耐用消费品的需求预测。

为了提高调查预测法的精确程度,应注意以下几个问题:

①调查表不要包罗万象,应只包括和预测有关的基本内容;②要抽选有一定数目的具有代表性的调查单位;③设法取得被调查者的充分合作;④要参考统计资料和市场信息,对调查预测结果进行修正,以提高准确程度;⑤尽量利用城市和农村住户抽样调查资料,以节省人力、物力,提高调查预测的科学性和准确性。

4.5 投入产出法

投入产出分析是研究经济系统各个部分(如各部门、行业、产品等)之间表现为投入与产出的相互依存关系,并用于经济分析、政策模拟、经济预测、计划制定和经济控制等方面的一种经济数量分析方法。它是建立在科学的经济理论、经济分析方法与数学相结合的基础上的一门交叉学科。这种数量分析方法,最初是由研究一国的国民经济各个行业部门间的联系发展起来的,因此也被人们称为部门联系平衡法、产业关联法等。但是,实际上它的应用范围目前已很广泛。它既可应用于分析和计量一个地区的经济活动、一个部门(或行业)的经济活动,甚至一个公司或企业的生产经营活动;也可以用于研究国际经济关系。

4.5.1 基本问题

工业企业,作为从事产品生产和经营的经济实体,可以视为一个经济系统。企业从事产品生产,需要消耗劳动力、燃料、动力和各种原材料,还需要外界提供原料和产品的运输服务,这些都是企业的投入(输入)。企业生产出来的产品,将提供给其他企业使用或作为社会消费,这就是企业的产出(输出)。企业的生产过程,既是投入的消耗过程,又是产品的输出过程,或者简称为投入产出过程。推而广之,一个部门、一个地区、一个国家的生产活动,也是投入产出过程。

现代生产的一个特征是高度专业化。一些企业的产品往往是其他企业的原材料或配套件。生产一些结构复杂的产品(如船舶、汽车、飞机、大型化工设备等),往往需要消耗各行各业的许多产品。这种高度关联、相互依存的客观现象,就是应用投入产出分析方法的实际背景。

投入产出分析,是从经济系统的整体出发,分析各个部门的相互依存关系,研究部门之间产品流入和输出的数量联系,进而掌握经济系统活动规律的现代管理方法。投入产出分析主要用于编制发展计划、经济结构分析和综合平衡、预测经济系统的未来状况。

投入产出分析的一个主要应用领域,是国民经济的计划平衡和预测。现在,世界上已有100多个国家和地区采用投入产出分析方法来编制国民经济计划,其中包括美国、苏联、日本、加拿大、英国等经济发达国家,也包括印度、墨西哥、尼加拉瓜等发展中国家。我国在1974年试编了1973年61类产品的实物型投入产出表,对国民经济活动进行了有益的分析研究。

投入产出分析的另一个应用领域,是大中型企业、联合企业的计划平衡。1965年,我国有关单位曾到鞍山钢铁公司利用投入产出分析研究金属的平衡问题,以后大连钢铁厂和一些化工企业也开展了这方面的应用研究。近年来,企业投入产出模型已在我国冶金、机械、化工、纺织、轻工等行业得到较多的应用,并取得了良好效果。有关专家认为,企业投入产出模型在我国已进入实用阶段。

需要指出的是,国家或部门的投入产出分析结论,对于企业的中长期预测具有重要的指导意义。

4.5.2 基本投入产出模型

由于投入产出模型起源于投入产出表,表格可以系统和全面地描述经济系统的投入要素和产出要素的经济活动关系,并且直观易懂。所以,介绍投入产出模型应从投入产出表开始。并以一个基本的经济系统为对象,故称之为基本投入产出模型。

1. 基本投入产出表

设一基本经济系统可以生产或提供 n 种产品或服务,除了需要消耗自己的产品外,还需要购入消耗 m 种外部系统提供的产品。那么,产出和投入之间的关系可表述在如表 4-5 所示的投入产出表中。

表 4-5 基本投入产出表

		经济系统内部消耗					系统产出	
		1	2	…	j	…	n	最终产出	总产出
系统中间投入	1	X_{11}	X_{12}	…	X_{1j}	…	X_{1n}	Y_1	X_1
	2	X_{21}	X_{22}	…	X_{2j}	…	X_{2n}	Y_2	X_2
	⋮	⋮	⋮	…	⋮	…	⋮	⋮	⋮
	i	X_{i1}	X_{i2}	…	X_{ij}	…	X_{in}	Y_i	X_i
	⋮	⋮	⋮	…	⋮	…	⋮	⋮	⋮
	n	X_{n1}	X_{n2}	…	X_{nj}	…	X_{nn}	Y_n	X_n
外部投入	1	L_{11}	L_{12}	…	L_{1j}	…	L_{1n}		
	2	L_{21}	L_{22}	…	L_{2j}	…	L_{2n}		
	⋮	⋮	⋮	…	⋮	…	⋮		
	k	L_{k1}	L_{k2}	…	L_{kj}	…	L_{kn}		
	⋮	⋮	⋮	…	⋮	…	⋮		
	m	L_{m1}	L_{m2}	…	L_{mj}	…	L_{mn}		

该表表体分为三个部分。第一部分(左上),反映了经济系统自产产品的生产与消耗情况。其中,X_{ij} 为本系统生产第 j 种产出消耗第 i 种自产产品数量。

表的第二部分(右上)反映了系统产出,其包括总产出与最终产出的关系。其中,Y_i 为系统产出的第 i 种最终产出的数量,X_i 为系统第 i 种产出的总产出量。

表的第三部分(左下)反映了各种产出对外部投入的消耗情况。其中,L_{kj} 为本系统生产第 j 种产出对第 k 种外部投入的消耗量。

2. 基本平衡方程式

从横向考察投入产出表(表 4-5),每种产出的总数量应等于中间产品和最终产品之和。这个平衡关系可写成

$$\sum_{j=1}^{n} X_{ij} + Y_i = X_i, \quad i = 1, 2, \cdots, n \tag{4-13}$$

式(4-13)称为经济系统自平衡方程式。

从横向考察表的第三部分,系统的每种产出所消耗的各种外部投入的数量,应与每种外部投入的总消耗量相等。这个平衡关系可以写成

$$\sum_{j=1}^{n} L_{kj} = L_k, \quad k = 1, 2, \cdots, n \tag{4-14}$$

式(4-14)称为外部投入的分配平衡方程式。

3. 直接消耗系数和完全消耗系数

设经济系统每种产出的性质不随产出量变化,即为同质的,并且每种产出每单位所消耗的投入要素是固定的,即投入与产出成比例。这时可获得经济系统两类有意义的消耗系数,即直接消耗系数和完全消耗系数。

由式(4-13)易见,自产出的直接消耗系数的计算公式如下:

$$a_{ij} = \frac{X_{ij}}{X_j}, \quad i,j = 1,2,\cdots,n$$

其中,a_{ij} 为自产出的直接消耗系数,它表示生产一单位第 j 种产出对第 i 种自产出的消耗量。写成矩阵形式为

$$\boldsymbol{A} = \begin{bmatrix} a_{11} & a_{12} & \cdots & a_{1n} \\ a_{21} & a_{22} & \cdots & a_{2n} \\ \vdots & \vdots & & \vdots \\ a_{n1} & a_{n2} & \cdots & a_{nn} \end{bmatrix}$$

对应外投入的直接消耗系数的计算公式如下:

$$d_{kj} = \frac{L_{kj}}{X_j}, \quad k = 1,2,\cdots,m; j = 1,2,\cdots,n$$

其中,d_{kj} 为外投入的直接消耗系数,它表示生产一单位第 j 种产出对第 k 种外部投入的消耗量。写成矩阵形式为

$$\boldsymbol{D} = \begin{bmatrix} d_{11} & d_{12} & \cdots & d_{1n} \\ d_{21} & d_{22} & \cdots & d_{2n} \\ \vdots & \vdots & & \vdots \\ d_{m1} & d_{m2} & \cdots & d_{mn} \end{bmatrix}$$

直接消耗系数一般是根据投入产出表中的统计数据计算得到的,必要时也可在经济活动现场测算得到。

投入产出关系表明,产出需要投入自身的产出,所以,需要先生产出这部分自身产出,而这部分自身产出还需要投入自身的产出,这样循环往复就变成了龟兔赛跑的极限问题。那么,把这种循环投入的消耗都计算累加起来就是完全消耗系数。计算它的公式就是由极限计算推出的,具体如下:

$$\boldsymbol{B} = (\boldsymbol{I} - \boldsymbol{A})^{-1} - \boldsymbol{I} \tag{4-15}$$

其中,$\boldsymbol{B}$ 为自产出的完全消耗系数矩阵;$\boldsymbol{I}$ 为 n 阶单位矩阵。

4. 投入产出数学模型

由经济系统自平衡方程式和消耗系数矩阵,可以得出如下以矩阵形式描述的线性方程。它就是最基本的投入产出数学模型。

$$AX + Y = X$$

或

$$(I - A)X = Y$$

其中,X 为产出列向量;Y 为最终产出列向量;$I - A$ 为系数矩阵。

同样,由外部投入的直接消耗系数矩阵和外部投入的分配平衡方程式(4-14),有

$$L = DX$$

其中,L 为外部投入列向量。

这样,基本的投入产出数学模型为如下方程组:

$$\begin{cases} Y = (I - A)X \\ L = DX \end{cases} \tag{4-16}$$

4.5.3 企业投入产出模型及预测

1. 企业实物投入产出表

投入产出表可分为实物型和价值型两类。相应地,企业实物型投入产出表及数学模型应用较多。企业实物型投入产出表,是依据企业的实际生产活动统计资料建立的。企业投入产出表是基本投入产出表的一种实用扩展。企业投入也分为两类:一类是外购物料,即从企业外部购入的原材料、燃料动力、配套件、外协件等的外部投入;另一类是企业自己生产的,用于生产性消耗的中间产品。企业向社会或其他企业提供的产品,称为最终产品。最终产品和中间产品统称为自产产品。

企业生产的另一个特点是生产流程有方向性。这就是说,原材料从投入开始,经过多道工序的连续加工,最后成为企业的成品。产品的加工沿着一定的方向和路线进行。通常各种自产产品或外购物料都按照生产工艺流程的顺序编号。典型的企业实物型投入产出表如表 4-6 所示。

表 4-6 实物型企业投入产出表

		企业内部消耗						最终产品			总产品
		1	2	⋯	j	⋯	n	合计	外销	储备	合计	
企业自产产品	1	X_{11}	X_{12}	⋯	X_{1j}	⋯	X_{1n}				Y_1	X_1
	2	X_{21}	X_{22}	⋯	X_{2j}	⋯	X_{2n}				Y_2	X_2
	⋮	⋮	⋮	⋯	⋮	⋯	⋮				⋮	⋮
	i	X_{i1}	X_{i2}	⋯	X_{ij}	⋯	X_{in}				Y_i	X_i
	⋮	⋮	⋮	⋯	⋮	⋯	⋮				⋮	⋮
	n	X_{n1}	X_{n2}	⋯	X_{nj}	⋯	X_{nn}				Y_n	X_n

续表

		企业内部消耗						最终产品			总产品
		1	2	⋯	j	⋯	n	合计	外销	储备	合计
外购物料	1	L_{11}	L_{12}	⋯	L_{1j}	⋯	L_{1n}				
	2	L_{21}	L_{22}	⋯	L_{2j}	⋯	L_{2n}				
	⋮	⋮	⋮	⋯	⋮	⋯	⋮				
	k	L_{k1}	L_{k2}	⋯	L_{kj}	⋯	L_{kn}				
	⋮	⋮	⋮	⋯	⋮	⋯	⋮				
	m	L_{m1}	L_{m2}	⋯	L_{mj}	⋯	L_{mn}				

与基本投入产出表类同,该表表体分为三个部分。第一部分(左上),反映了企业自产产品的生产与消耗情况。表的第二部分(右上)反映了自产产品与最终产品的关系。最终产品包括外销(商品)和储备的自产产品。表的第三部分(左下)反映了各种自产产品对外购物料的消耗情况。表中变量均为实物量,表示消耗流向也称流量表。

2. 企业投入产出模型

企业是一个常见的基本经济系统,原则上基本投入产出模型可以直接应用,但考虑到企业生产经营活动常常存在非生产性的损耗(如厂内运输过程和保管中的损耗等)、生产的不完全线性性质,以及实物关系特征,一般在平衡方程中引进一个平衡因子向量,以均衡这些因素引起的差异。这个平衡关系具体可写成

$$\sum_{j=1}^{n} X_{ij} + Y_i + T_i = X_i, \quad i = 1, 2, \cdots, n$$

其中,T_i 为企业第 i 种自产产品的平衡因子。同样有

$$\sum_{j=1}^{n} L_{kj} + W_k = L_k, \quad k = 1, 2, \cdots, m$$

其中,W_k 为企业第 k 种外购物料的平衡因子。

3. 分析与预测

当企业确定了各自产产品的总产量后,根据模型(4-16)就可计算出各自产产品的最终产品数量,而且也能求出保证自产产品总产量所必需的外购物料的数量。

在企业经营管理决策中生产计划一般依据以销定产的原则。即企业先通过前述方法预估市场对企业所产产品的各期需求量,这就是各期对应的企业应该或可以提供的最终产品量。这样,需要把模型(4-16)的前一个方程变换为

$$X = (I - A)^{-1} Y$$

其中,$(I-A)^{-1}$ 为系数逆矩阵。这样,就可以依据对最终产品量的预估 Y 应用投入产出这个因果关系模型去推算企业各自的自产产品的总产量和。同时,可以分析当市场需求变动时,如何对企业的产出产生影响,以及如何确定各自产产品数量和所需的外购物料的数量。

例 4-5 假设某企业只生产一种商品(产品Ⅲ),生产中要消耗本企业生产的两种中间产品(产品Ⅰ、产品Ⅱ),同时还需要消耗两种主要原料(原料Ⅰ、原料Ⅱ)和水、电、煤等。按生产的工艺流程,企业的生产与消耗关系见图 4-4。根据本月各产品的生产与消耗的统计资料,编制出这个企业的实物型投入产出表(表 4-7)。试计算直接消耗系数和完全消耗系数。若预计下个月产品Ⅲ的销售量为 1400 吨,试预测各自产品和外购物料的消耗分配量。

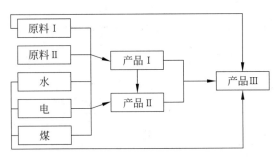

图 4-4 某企业的消耗流向

表 4-7 某企业的投入产出表

项目			企业内部消耗				平衡因子	最终产品			总产量
			产品Ⅰ	产品Ⅱ	产品Ⅲ	合计		外销	储备	合计	
			1	2	3						
自产产品	产品Ⅰ	吨	1		480	140	620	10		20	20	650
	产品Ⅱ	吨	2			750	750	10		10	10	770
	产品Ⅲ	吨	3					5	1 200	10	1 210	1 215
外购物料	原料Ⅰ	吨	1	150	180	520	850					
	原料Ⅱ	吨	2	800	200		1 000					
	水	吨	3	2 200	420	8 000	10 620					
	电	度	4	12 000	15 000	28 000	55 000					
	煤	吨	5	140	100	440	680					

4.5.4 部门间投入产出模型及预测

投入产出表的最初发起是用于区域或国家国民经济计划平衡分析,所以,其在宏观经济管理决策中具有重要的应用价值。其中,一个典型的应用就是部门或行业间经济平衡或关联分析,这就需要建立部门间投入产出模型。

为方便起见,把物质生产部门或物质生产过程中的劳动服务部门统称为部门。部门间投入产出模型是建立在部门间投入产出表基础上的。部门间投入产出表有报告表和计划表之分。报告表表示是由统计过去的数据而得到的,目的是了解各部门相互关联的实际状况。计划表的用途是对未来一段时期的生产活动进行计划和平衡。

由于各部门经济产品五花八门、品种众多，一般很难编制实物型投入产出表，所以部门间投入产出表以价值型为主。价值型表以货币单位计量，因为货币量等于产品数量乘以单价，所以它也能反映各部门间的物质联系。价值型表的优点是单位统一，便于分析和计算。

1. 部门间投入产出表

任何一个部门的产品，按其流向可分为三个部分：一是留作本部门生产性消耗的产品，称为自耗产品；二是提供给其他部门作为生产性消耗的产品，称为中间产品；三是直接提供给人们生活消费或出口、用作储备的产品，称为最终产品。价值型部门间投入产出表的基本格式见表 4-8。

表 4-8 部门间投入产出表（价值型）

		物质生产部门						最终产值					总产值
		1	2	…	j	…	n	合计	消费	储蓄	积累	出口	合计	
物质生产部门	1	X_{11}	X_{12}	…	X_{1j}	…	X_{1n}		C_1	S_1	R_1	E_1	Y_1	X_1
	2	X_{21}	X_{22}	…	X_{2j}	…	X_{2n}		C_2	S_2	R_2	E_2	Y_2	X_2
	⋮	⋮	⋮	…	⋮	…	⋮		⋮	⋮	⋮	⋮	⋮	⋮
	i	X_{i1}	X_{i2}	…	X_{ij}	…	X_{in}		C_i	S_i	R_i	E_i	Y_i	X_i
	⋮	⋮	⋮	…	⋮	…	⋮		⋮	⋮	⋮	⋮	⋮	⋮
	n	X_{n1}	X_{n2}	…	X_{nj}	…	X_{nn}		C_n	S_n	R_n	E_n	Y_n	X_n
	合计													
新创造价值	劳动报酬	V_1	V_2	…	V_j	…	V_n							
	社会纯收入	M_1	M_2	…	M_j	…	M_n							
	合计	Z_1	Z_2	…	Z_j	…	Z_n							
	总产值	X_1	X_2	…	X_j	…	X_n							

与基本投入产出表一样，该表表体分为三个部分。第一部分（左上）是一个正方形的棋盘式表格。每一行表示一个部门的产品分配给各部门（包括本部门）作为生产性消耗的中间产品价值量；每一列表是一个部门生产中消耗各部门（包括本部门）产品的价值数量。这部分的用途是用以反映各部门生产与消耗的联系。表中 X_{ij} 为第 i 个部门的产品流入到第 j 个部门的价值数量。

表中的第二部分（右上）反映了各部门的最终产品价值量。最终产品包括消费（居民消费和社会团体消费）、积累（基本建设投资等）、储备和出口的产品。这部分可用于分析国民经济中积累和消费的比例及构成。表中 Y_i 为第 i 个部门的最终产品值，X_i 为第 i 个部门的总产值，C_i 为第 i 个部门的最终消费值，S_i 为第 i 个部门的储蓄值，R_i 为第 i 个部门的积累值，E_i 为第 i 个部门的出口值。

表中的第三部分（左下）反映了各部门创造价值的情况。新创造价值包括劳动报酬和社会纯收入(利润和税金)。这部分可用于分析各部门的收入和国民收入初次分配的情况。表中 V_j 为第 j 个部门的劳动收入, M_j 为第 j 个部门的社会纯收入, Z_j 为第 j 个部门的新增价值, X_j 为第 j 个部门的总产值。

2. 部门间投入产出模型

部门间投入产出模型是基本投入产出模型的扩展。从表 4-8 中的水平方向来看,某个部门的产品分配到各部门的数量与最终产品之和,应等于这个部门的总产量。这个平衡关系可用下式表达:

$$\sum_{j=1}^{n} X_{ij} + C_i + S_i + R_i + E_i = X_i, \quad i=1,2,\cdots,n$$

同时有

$$Y_i = C_i + S_i + R_i + E_i, \quad i=1,2,\cdots,n$$

该方程称为部门产品分配平衡方程式。

从表 4-8 中的垂直方向来看,各部门产品的价值应与生产中消耗的价值、新创造的价值平衡。这个平衡关系可用下式表达:

$$X_j = \sum_{i=1}^{n} X_{ij} + V_j + M_j, \quad j=1,2,\cdots,n$$

同时有

$$Z_j = V_j + M_j, \quad j=1,2,\cdots,n$$

该方程称为产值平衡方程式。

部门间投入产出模型是基于价值型投入产出表建立起来的,因此,各部门之间的直接消耗系数和完全消耗系数的经济含义已经不同,所以,要重新计算或测定,但不影响基本模型的解析关系,这里不再叙述。

3. 分析与预测

部门间投入产出模型在编制区域经济计划及宏观经济管理决策中已广泛应用。

例 4-6 假定国民经济只分为五个主要的物质生产部门,它们是农业、轻工业、重工业、货物运输和建筑业。根据有关统计数据建立的投入产出表如表 4-9 所示。

投入产出表描述了各部门产品的分配情况。以农业部门为例,农业的年产值为 200 亿元,其中 20 亿元供农业本身需要,40 亿元供给轻工部门,10 亿元供给重工业部门,5 亿元供给货物运输部门,5 亿元供给建筑业部门做生产消耗之用。生产性消耗的农产品总计 80 亿元,还有 120 亿元作为最终产品。最终产品用于社会消费的有 100 亿元,20 亿元用于积累。生产性消耗和最终产品之和等于年总产量。其他部门的产品分配也可作类似的分析。

表 4-9 的垂直方向反映了各部门的消耗构成。仍以农业部门为例,它为了生产 200 亿元的年总产值,需要消耗 20 亿元的农产品、10 亿元的轻工业产品、40 亿元的重工业产品、20 亿元的运输业产品(劳务)、10 亿元的建筑业产品,总计消耗 100 亿元的物质。此外,农业部门支付劳动报酬 50 亿元,获得 50 亿元的纯收入。物质消耗(100 亿元)加上

表 4-9 国民经济部门间投入产出表 （单位：亿元）

项目			物质生产部门					最终产品			总产品
			农业	轻工业	重工业	货运	建筑业	积累	消费	总计	
			1	2	3	4	5				
物质生产部门	农业	1	20	40	10	5	5	20	100	120	200
	轻工业	2	10	100	30	10	10	20	220	240	400
	重工业	3	40	100	600	50	50	140	20	160	1 000
	货运	4	20	10	30	5	15	20		20	100
	建筑业	5	10	10	40	10	10	15	5	20	100
	合计		100	260	710	80	90	215	345	560	1 800
新创造价值	劳动报酬		50	50	170	8	6				
	社会纯收入		50	90	120	12	4				
	合计		100	140	290	20	10				
总产品			200	400	1 000	100	100				

新创造价值（100 亿元），等于农业年产总值（200 亿元）。其他部门也可以作类似的分析。

根据公式可以求得各部门之间的直接消耗系数，见表 4-10。

表 4-10 部门间直接消耗系数表

项目			物质生产部门				
			农业	轻工业	重工业	货运	建筑业
			1	2	3	4	5
物质生产部门	农业	1	$a_{11}=0.100$	$a_{12}=0.100$	$a_{13}=0.010$	$a_{14}=0.050$	$a_{15}=0.050$
	轻工业	2	$a_{21}=0.050$	$a_{22}=0.250$	$a_{23}=0.030$	$a_{24}=0.100$	$a_{25}=0.100$
	重工业	3	$a_{31}=0.200$	$a_{32}=0.250$	$a_{33}=0.600$	$a_{34}=0.500$	$a_{35}=0.500$
	货运	4	$a_{41}=0.100$	$a_{42}=0.025$	$a_{43}=0.030$	$a_{44}=0.050$	$a_{45}=0.150$
	建筑业	5	$a_{51}=0.050$	$a_{52}=0.025$	$a_{53}=0.040$	$a_{54}=0.100$	$a_{55}=0.100$

表中，$a_{11}=\dfrac{X_{11}}{X_1}=\dfrac{20}{200}=0.100$，说明生产 1 亿元产品，需要消耗农业产品（如用做种子等）0.1 亿元。

由表 4-10 可得到直接消耗系数矩阵 A，而系数矩阵：

$$(I-A)=\begin{bmatrix} 1-0.1 & -0.1 & -0.01 & -0.05 & -0.05 \\ -0.05 & 1-0.25 & -0.03 & -0.1 & -0.1 \\ -0.2 & -0.25 & 1-0.6 & -0.5 & -0.5 \\ -0.1 & -0.025 & -0.03 & 1-0.05 & -0.15 \\ -0.05 & -0.025 & -0.04 & -0.1 & 1-0.1 \end{bmatrix}$$

根据矩阵求逆的公式,可算得系数逆矩阵$(I-A)^{-1}$(计算过程略):

$$(I-A)^{-1} = \begin{bmatrix} 1.1590 & 0.1861 & 0.0672 & 0.1311 & 0.1443 \\ 0.1630 & 1.4285 & 0.1624 & 0.2764 & 0.3040 \\ 1.0804 & 1.2815 & 2.9928 & 1.9983 & 2.1981 \\ 0.1821 & 0.1166 & 0.1304 & 1.1783 & 0.2912 \\ 0.1372 & 0.1199 & 0.1558 & 0.2342 & 1.2576 \end{bmatrix}$$

由式(4-15),算得完全消耗系数矩阵:

$$B = \begin{bmatrix} 0.1590 & 0.1861 & 0.0672 & 0.1311 & 0.1443 \\ 0.1630 & 0.4285 & 0.1624 & 0.2764 & 0.3040 \\ 1.0804 & 1.2815 & 1.9928 & 1.9983 & 2.1981 \\ 0.1821 & 0.1166 & 0.1304 & 0.1738 & 0.2912 \\ 0.1372 & 0.1199 & 0.1558 & 0.2342 & 0.2576 \end{bmatrix}$$

为了便于分析,列出完全消耗系数表,见表 4-11。

表 4-11 部门间完全消耗系数表

项目			物质生产部门				
			农业	轻工业	重工业	货运	建筑业
			1	2	3	4	5
物质生产部门	农业	1	$b_{11}=0.1590$	$b_{12}=0.1861$	$b_{13}=0.0672$	$b_{14}=0.1311$	$b_{15}=0.1443$
	轻工业	2	$b_{21}=0.1630$	$b_{22}=0.4285$	$b_{23}=0.1624$	$b_{24}=0.2764$	$b_{25}=0.3040$
	重工业	3	$b_{31}=1.0804$	$b_{32}=1.2815$	$b_{33}=1.9928$	$b_{34}=1.9983$	$b_{35}=2.1981$
	货运	4	$b_{41}=0.1821$	$b_{42}=0.1166$	$b_{43}=0.1304$	$b_{44}=0.1738$	$b_{45}=0.2912$
	建筑业	5	$b_{51}=0.1372$	$b_{52}=0.1199$	$b_{53}=0.1558$	$b_{54}=0.2342$	$b_{55}=0.2578$

表 4-11 中的第 1 列,表明农业部门生产 1 亿元最终产品,需要消耗(投入)农业、轻工业、重工业、货物运输、建筑业的产品依次为 0.159 亿元、0.163 亿元、1.0804 亿元、0.1821 亿元和 0.1372 亿元。其余各列的意义相同。

已知直接消耗系数矩阵 A 和完全消耗系数矩阵 B,则可根据模型式(4-16)进行经济系统的计划平衡或预测。

若预先确定计划期各部门的最终产品数量和构成,则可由式(4-16)算出计划期各部门的总产量,进而制定计划期投入产出综合平衡表。

若根据社会需求调查及各部门的生产能力,事先估计未来时期的最终产品量 Y^*,则可由式(4-16)预测各部门的总产量 X^* 及其部门间的产品消耗构成。

例如,估计明年农业、轻工业、重工业、货运、建筑业的最终产品量依次为 130 亿元、264 亿元、180 亿元、22 亿元、23 亿元,即

$$Y^* = \begin{bmatrix} Y_1^* \\ Y_2^* \\ Y_3^* \\ Y_4^* \\ Y_5^* \end{bmatrix} = \begin{bmatrix} 130 \\ 264 \\ 180 \\ 22 \\ 23 \end{bmatrix}$$

为简便起见,假设在明年各部门的消耗关系不变,则仍可运用目前的消耗系数。由模型式(4-16)预测各部门的总产品数量。计算过程如下:

$$X^* = (I-A)^{-1} Y^*$$

即

$$\begin{bmatrix} X_1^* \\ X_2^* \\ X_3^* \\ X_4^* \\ X_5^* \end{bmatrix} = \begin{bmatrix} 1.159\,0 & 0.186\,1 & 0.067\,2 & 0.131\,1 & 0.144\,3 \\ 0.163\,0 & 1.428\,5 & 0.162\,4 & 0.276\,4 & 0.304\,0 \\ 1.080\,4 & 1.281\,5 & 2.992\,8 & 1.998\,3 & 2.198\,1 \\ 0.182\,1 & 0.116\,6 & 0.130\,4 & 1.173\,8 & 0.291\,2 \\ 0.137\,2 & 0.119\,9 & 0.155\,8 & 0.234\,2 & 1.257\,6 \end{bmatrix} \begin{bmatrix} 130 \\ 264 \\ 180 \\ 22 \\ 23 \end{bmatrix} = \begin{bmatrix} 218.099\,5 \\ 440.618\,8 \\ 1\,111.990\,9 \\ 110.448\,6 \\ 111.610\,8 \end{bmatrix}$$

预测结果表明,在上述最终产品需求情况下,农业、轻工业、重工业、货运和建筑业各部门的总产量依次为 218.099 5 亿元、440.618 8 亿元、1 111.990 9 亿元、110.448 6 亿元和 111.610 8 亿元。

4.5.5 投入产出线性规划模型

投入产出表及其模型,是进行经济分析预测、编制国民经济计划和规划的重要方法,但是投入产出方法本身并不具有择优功能,因此人们将线性规划、多目标规划等优化方法与投入产出方法相结合,建立投入产出优化模型,进行投入产出的优化分析,以制定既满足投入和产出平衡关系,又能保证经济系统取得最佳经济效果的最优规划方案。国际上投入产出分析的一个重要发展趋势是它与最优化理论的结合。

投入产出模型与线性规划模型结合而建立的投入产出线性规划模型,既可以看做在投入产出模型基础上增添了择优功能的计划模型,也可以视为将投入产出模型纳入约束条件体系中的大型线性规划模型。

根据经济分析过程中侧重点的不同,或经济运行中约束条件的差别,可以建立不同形式的投入产出线性规划模型。

1. 考虑重要资源约束的投入产出线性规划模型

$$\max \pi = A_n X$$

$$\text{s. t.} \begin{cases} (I-A)X \leqslant Y \\ GX \leqslant \bar{G} \\ X \geqslant 0 \end{cases}$$

其中,$A_n X$ 为国内生产总值;$\bar{G}$ 为重要资源拥有量向量;G 为资源消耗系数矩阵。

该模型要求在保证全部或者部分产品的使用方向,并存在重要资源约束的前提下,实现国内生产总值最大化。其中,$(I-A)X \leqslant Y$ 是为了保证国民经济各部门的产品有市场需求;$\bar{G}$ 既可以是能源、钢铁或其他重要资源的拥有量,也可以是关键技术人员数量等约束条件。

2. 多种约束条件下的投入产出线性规划模型

$$\max \pi = \bar{I}Y$$

$$\text{s. t.} \begin{cases} (I-A)X = Y \\ X^{(1)} \leqslant W_1 \\ Y^{(2)} \leqslant W_2 \\ X^{(3)} \geqslant W_3 \\ Y^{(4)} \geqslant W_4 \\ X \geqslant 0, \quad Y \geqslant 0 \end{cases}$$

其中,$\bar{I}$ 为全为 1 的向量;W_1 为部分部门的产能限制;W_2 为部分部门的需求限制;W_3 为部分关键部门的产量保证;W_4 为部分关键产品需求保证。该模型可以在保证国民经济的某些薄弱部门(环节)和某些关系国计民生的重要产品前提下,实现国内生产总值最大化。

值得一提的是,可计算一般均衡模型(CGE)和高速增长模型(大道定理)是投入产出模型与线性规划模型相结合的另外两种形式。

投入产出线性规划模型侧重表现国民经济计划和预测中的发展规模及经济结构。模型的各组成部分,分别反映了计划的目标任务以及实现这一任务的制约条件及手段措施。但是,由于国民经济系统是一个复杂的动态系统,单纯追求某一个目标最大(或最小)而不顾及其他目标,将可能导致社会经济的畸形发展。事实上,一个国家或地区社会经济发展追求的应是自然、人、社会、经济的协调发展。也就是说,既要保持较高的经济增长速度,又要保持社会经济发展的协调平衡,使产业结构趋向合理,不断提高经济增长的质量和效益,扩大就业,降低能耗,减少环境污染,等等,即多目标协调发展。多目标投入产出优化模型是针对社会经济问题建立的经济规划模型,主要用于经济分析和预测,为制定经济发展规划服务。它是以一组社会经济发展目标为目标函数,以社会经济运行的环境为约束条件,以投入产出方程为核心约束的多目标优化模型。

习题

1. 什么是预测?什么是仿真?二者在管理决策中的作用和意义是什么?两者有什么区别与共同点?

2. 预测与仿真的基本原则是什么?怎样评价和看待它们分析的精度?

3. 时间序列的组成因素有哪些?

4. 某城市 2008 年 1—11 月猪肉销售额如下表所示,试分别以 3 个月和 5 个月移动平均法预测 12 月的销售额,并比较两者的优劣。

月份	1	2	3	4	5	6	7	8	9	10	11	12
销售额/万元	210	148	185	320	176	190	305	160	180	260	150	

5. 某城镇1998—2008年消费品零售额如下表所示，单位为百万元。试用三次指数平滑预测法预测2009年费品零售额。

年份	1998	1999	2000	2001	2002	2003	2004	2005	2006	2007	2008
零售总额	20.6	22.5	24.6	26.8	28.5	30.6	33.3	35.9	39.0	40.9	43.6

6. 已知如下两个因素的时间序列数据。

x	2	3	3	4	5	5	6	7	8	10
y	6	7	8	8	9	10	14	15	16	21

（1）建立一元回归模型。

（2）计算相关系数。

7. 定性预测应注意什么问题？什么是德尔菲法？它有哪些优缺点？

8. 举出你熟悉的一个投入产出问题，试建立投入产出模型，并给出消耗系数矩阵。

第 5 章 决策分析

5.1 无概率决策问题

无概率决策问题也称为不确定型决策问题,这类决策问题的特点是:决策人面临多种决策方案,对每个决策方案对应的几个不同决策状态无法估计其出现概率的大小,仅凭个人的主观倾向和偏好进行方案选择。

5.1.1 基本问题

为了便于理解无概率决策问题的特点,下面通过一个简单的例子来说明。

例 5-1 某厂打算生产一种新产品。该厂考虑了三种方案:①新建一条生产线(A_1);②改造原有的生产线(A_2);③从市场上采购部分零件进行组装(A_3)。产品投放市场后,可能有需求量较高(N_1)、需求量一般(N_2)和需求量较低(N_3)三种状态。由于缺乏信息,该厂无法对状态的概率作出估计,但可以估计出各方案的年收益,收益值如表 5-1 所示。

表 5-1 各方案的年收益值 (单位:万元)

收益\状态\方案	需求量较高(N_1)	需求量一般(N_2)	需求量较低(N_3)
A_1	800	400	−100
A_2	600	450	−50
A_3	400	250	80

在上面的决策问题中,厂家能够预测到可能出现的三种自然状态,但由于缺乏资料,无法估计状态发生的概率,所以这是一个典型的无概率决策问题。这类问题的决策主要取决于决策者的经验和素质。

5.1.2 决策的基本准则

对于无概率决策问题,可以借助一些准则来作出决策。典型的无概率决策准则主要包括乐观准则、悲观准则、折中准则、等可能准则和后悔值准则,本节接下来将对这五种准则作具体介绍。有时这些准则会产生相同的决策,但通常会产生不同的决策。决策者必须选择最适合自己需要的决策准则或决策准则组合。为描述方便,先作如下的假定:假设无概率决策问题的备选方案集为 $A = \{A_1, A_2, \cdots, A_m\}$,自然状态集为 $N = \{N_1, N_2, \cdots, N_n\}$,方案 A_i 在状态 N_j 下的收益值为 b_{ij}。

1. 乐观准则

乐观准则的特点是:决策者在情况不明时,对自然状态持最乐观的态度,从最好的自然状态出发,先从各方案中挑选最大收益值,然后再从这些最大收益值中挑选出最优决策方案。用公式表示就是

$$f(A_i) = \max(b_{i1}, b_{i2}, \cdots, b_{in}), \quad i = 1, 2, \cdots, m,$$

$$\text{且 } f(A_l) = \max_{i=1,2,\cdots,m} f(A_i), A_i \in A \tag{5-1}$$

则 A_l 便是乐观准则下的最优决策方案。

很容易看出,乐观准则是一种比较冒险的决策方法,因此在实际中很少被采用。

例 5-2 使用乐观准则对例 5-1 中的最优方案进行决策。

解:(1) 取各行的最大收益值,得

$$f(A_1) = \max\{800, 400, -100\} = 800$$
$$f(A_2) = \max\{600, 450, -50\} = 600$$
$$f(A_3) = \max\{400, 250, 80\} = 400$$

(2) 取各最大收益值中的最大值:

$$\max\{f(A_1), f(A_2), f(A_3)\} = \max\{800, 600, 400\} = 800$$

(3) 决策。由于 $f(A_1) = 800$,故方案 A_1 为最优决策方案。

2. 悲观准则

悲观准则也称小中取大准则。这是一种在不确定型决策问题中,充分考虑可能出现的最小收益后,在最小收益中再选取最大者的保守决策方法。用公式表示就是

$$f(A_i) = \min(b_{i1}, b_{i2}, \cdots, b_{in}), \quad i = 1, 2, \cdots, m,$$

$$\text{且 } f(A_l) = \max_{i=1,2,\cdots,m} f(A_i), A_i \in A \tag{5-2}$$

则 A_l 便为悲观准则下的最优决策方案。

很容易看出,采用悲观准则的决策方法是一种不冒风险而稳妥的决策方法。当然,使用这种方法也有可能因保守而失去更大的获利机会。

例 5-3 使用悲观准则对例 5-1 中的最优方案进行决策。

解:(1) 取各行中的最小收益值,得

$$f(A_1) = \min\{800, 400, -100\} = -100$$
$$f(A_2) = \min\{600, 450, -50\} = -50$$
$$f(A_3) = \min\{400, 250, 80\} = 80$$

(2) 取各最小收益值中的最大值:

$$\max\{f(A_1), f(A_2), f(A_3)\} = 80$$

(3) 决策。由于 $f(A_3)=80$,故方案 A_3 为最优决策方案。

3. 折中准则

折中准则是指决策者对未来自然状态的估计既不那么乐观,也不那么悲观,在乐观和悲观两个极端之间用一个系数折中一下,求出各方案的折中收益值,然后再从中挑选出具有最大折中收益值的方案作为最优决策方案。

令 α 为乐观系数,$0 \leqslant \alpha \leqslant 1$,计算

$$f(A_i) = \alpha (\max_j b_{ij}) + (1-\alpha)(\min_j b_{ij}), \quad i=1,2,\cdots,m \tag{5-3}$$

若

$$f(A_l) = \max\{f(A_1), f(A_2), \cdots, f(A_m)\} \tag{5-4}$$

则 A_l 为对应的折中决策法的最优决策方案。

例 5-4 使用折中准则对例 5-1 中的最优方案进行决策。

解:(1) 确定乐观系数 $\alpha=0.3$。

(2) 计算各方案的最大收益值和最小收益值以及 $f(A_i), i=1,2,3$。

$$\max(b_{11}, b_{12}, b_{13}) = \max(800, 400, -100) = 800$$
$$\min(b_{11}, b_{12}, b_{13}) = \min(800, 400, -100) = -100$$
$$\begin{aligned} f(A_1) &= \alpha \max(b_{11}, b_{12}, b_{13}) + (1-\alpha)\min(b_{11}, b_{12}, b_{13}) \\ &= 0.3 \times 800 + 0.7 \times (-100) \\ &= 170 \end{aligned}$$
$$\max(b_{21}, b_{22}, b_{23}) = \max(600, 450, -50) = 600$$
$$\min(b_{21}, b_{22}, b_{23}) = \min(600, 450, -50) = -50$$
$$\begin{aligned} f(A_2) &= \alpha \max(b_{21}, b_{22}, b_{23}) + (1-\alpha)\min(b_{21}, b_{22}, b_{23}) \\ &= 0.3 \times 600 + 0.7 \times (-50) \\ &= 145 \end{aligned}$$
$$\max(b_{31}, b_{32}, b_{33}) = \max(400, 250, 80) = 400$$
$$\min(b_{31}, b_{32}, b_{33}) = \min(400, 250, 80) = 80$$
$$\begin{aligned} f(A_3) &= \alpha \max(b_{31}, b_{32}, b_{33}) + (1-\alpha)\min(b_{31}, b_{32}, b_{33}) \\ &= 0.3 \times 400 + 0.7 \times 80 \\ &= 176 \end{aligned}$$

(3) 求 $\{f(A_i), i=1,2,3\}$ 中的最大值:

$$\max\{f(A_1), f(A_2), f(A_3)\} = \max\{170, 145, 176\} = 176$$

(4) 决策。由于 $f(A_3)=176$,故方案 A_3 为最优决策方案。

4. 等可能准则

等可能准则又称为 Laplace 准则,其基本思想是:既然没有更多信息可区分哪一种可能结果出现的概率会高于其他结果,因此每种可能结果的概率应该相同,均为 $1/n$,进而计算

得出各个方案的平均收益值,最后选择平均收益值最大的方案作为最优决策方案。

等可能准则的基本公式如下:

令

$$f(A_i) = \frac{1}{n}\sum_{j=1} b_{ij}, \quad A_i \in A \tag{5-5}$$

若

$$f(A_l) = \max\{f(A_1), f(A_2), \cdots, f(A_m)\} \tag{5-6}$$

则 A_l 为等可能准则下的最优决策方案。

例 5-5 使用等可能准则对例 5-1 中的最优方案进行决策。

解:(1) 求各方案的平均收益值:

$$f(A_1) = \frac{b_{11} + b_{12} + b_{13}}{3} = \frac{800 + 400 - 100}{3} = 367$$

$$f(A_2) = \frac{b_{21} + b_{22} + b_{23}}{3} = \frac{600 + 450 - 50}{3} = 333$$

$$f(A_3) = \frac{b_{31} + b_{32} + b_{33}}{3} = \frac{400 + 250 + 80}{3} = 243$$

(2) 取各行的最大值:

$$\max\{f(A_1), f(A_2), f(A_3)\} = \max\{367, 333, 243\} = 367$$

(3) 决策。由于 $f(A_1) = 367$,所以方案 A_1 为最优决策方案。

5. 后悔值准则

由于决策总是面向未来,而未来总有一些不以人的意志为转移的不确定性因素会影响决策,所以事先作出的决策在未来会受这些不确定性因素影响,造成事后的结果可能不尽如人意而往往令人感到后悔。为了尽量减少后悔程度,也就产生了后悔值准则。后悔值准则可以描述如下:对收益矩阵,首先计算每一列的最大收益与该列的每一收益值的差额,称作该列状态下的后悔值或机会损失值,然后将所有的后悔值构成后悔值矩阵,对后悔值矩阵采用悲观准则决策,从而得到决策方案。

后悔值准则的基本公式如下:

$$b_j = \max(b_{1j}, b_{2j}, \cdots, b_{mj}), \quad j = 1, 2, \cdots, n \tag{5-7}$$

设矩阵 $\boldsymbol{H} = (h_{ij})_{m \times n}$ 为后悔值矩阵,则

$$h_{ij} = b_j - b_{ij} \quad (i = 1, 2, \cdots, m, j = 1, 2, \cdots, n)$$

令

$$f(A_i) = \max(h_{i1}, h_{i2}, \cdots, h_{im}), \quad i = 1, 2, \cdots, m \tag{5-8}$$

若

$$\min\{f(A_1), f(A_2), \cdots, f(A_m)\} = f(A_l), \quad A_l \in A \tag{5-9}$$

则 A_l 为后悔值准则下的最优决策方案。

例 5-6 使用后悔值准则对例 5-1 中的最优方案进行决策。

解:(1) 求各状态的最大收益:

$$b_1 = \max\{800, 600, 400\} = 800$$

$$b_2 = \max\{400, 450, 250\} = 450$$
$$b_3 = \max\{-100, -50, 80\} = 80$$

(2) 求后悔值矩阵：

$$\boldsymbol{H} = \begin{bmatrix} 0 & 50 & 180 \\ 200 & 0 & 130 \\ 400 & 200 & 0 \end{bmatrix}$$

(3) 每种方案的最大损失分别为

$$f(A_1) = \max\{0, 50, 180\} = 180$$
$$f(A_2) = \max\{200, 0, 130\} = 200$$
$$f(A_3) = \max\{400, 200, 0\} = 400$$

(4) 取各最大损失值的最小值：

$$\min\{f(A_1), f(A_2), f(A_3)\} = 180$$

(5) 决策。由于 $f(A_1) = 180$，故 A_1 为最优决策方案。

5.1.3 决策结果分析

以上介绍了求解无概率决策问题的五种准则。由以上几个例子可以看出，对同一个无概率决策问题，采用不同的决策方法，其最优决策往往会存在差异。而不同决策准则的优劣也难以权衡，所以实际应用时究竟采用哪种准则，全凭决策者的主观偏好而定。若决策者对未来持乐观态度，可以采用乐观准则；若对未来持悲观态度，可采用悲观准则；否则，既不乐观也不悲观，就可以根据乐观程度采用折中准则；决策者若认为各种状态的出现概率均等，可以采用等可能准则；若对机会损失较为敏感，则可以采用后悔值准则。

由于无概率决策问题始终依据决策者对自然状态的看法以及对待风险的态度，而不可能完全客观，所以近十几年来，国际管理学界倾向于以评估状态概率（起码能够评估得出自然状态的主观概率）作为依据，将无概率决策转化为概率型决策，这样便可以采用依据统计规律的期望值准则来进行决策。下面，将对有概率决策问题及决策方法作详细介绍。

5.2 有概率决策问题

有概率决策问题也称风险型决策问题，这类决策问题是指在未来情况和条件不完全确定，但其出现的概率已知（或可以估计出来）的条件下作出具有一定风险的决策。

5.2.1 基本问题

为了说明有概率决策问题，先来看一个简单的例子。

例 5-7 某施工队要确定下个月是否按期开工，经调查得知，天气情况有三种可能：好、一般和坏，出现的概率分别为 0.2、0.5、0.3，损益情况如表 5-2 所示。

在上面的决策问题中，施工队能够预测到可能出现的三种自然状态和自然状态出现的概率，所以这是一个典型的有概率决策问题。

表 5-2 决策信息表　　　　　　　　　　　　　　　（单位：万元）

损益值＼自然状态＼备选方案 ＼概率	天气好 0.2	天气一般 0.5	天气坏 0.3	损益期望值
A_1（按期开工）	10	8	−5	
A_2（不开工）	−1	−1	−1	

在决策分析时，通常把面临的几种自然情况称为自然状态或客观条件，有时也简称为状态或条件，一般用 $N_1, N_2, \cdots, N_n$ 来表示，它们出现的概率，用 $P_1, P_2, \cdots, P_n$ 表示。备选方案一般用 $A_1, A_2, \cdots, A_m$ 来表示。一般地，在状态 N_j 下，选择方案 A_i 的损益值用 b_{ij} 表示，由它们构成的矩阵 $\boldsymbol{B} = (b_{ij})_{m \times n}$ 称为损益矩阵。下面介绍有概率决策问题的决策准则。

5.2.2 最大可能性准则

一个事件的概率越大，它发生的可能性就越大。按照概率最大的状态进行决策的方法，称为最大可能性准则决策方法。以例 5-7 为例，天气一般出现的概率 $P_2 = 0.5$ 最大，因此按上述准则，应在这种状态下进行决策，这时问题已转化为确定型决策问题，从而可知选择方案 A_1（按时开工）是最优方案。

对于一般的风险型决策问题，采用最大可能性准则进行决策的步骤如下：

(1) 令 $P_{j_0} = \max\limits_{1 \leqslant j \leqslant n} \{P_j\}$，

(2) 若追求的目标是效益最大，则令

$$b_{i_0 j_0} = \max\limits_{1 \leqslant i \leqslant m} (b_{ij_0})$$

若追求的目标是损失最小，则令

$$b_{i_0 j_0} = \min\limits_{1 \leqslant i \leqslant m} (b_{ij_0})$$

(3) 选取方案 A_{i_0} 为最优方案。

应该指出的是，如果各种自然状态出现的概率比较接近，则不宜采用此决策方法。

例 5-8 某食品厂拟利用剩余劳动力和设备生产雪糕，市场日销量及其对应的概率和收益如表 5-3 所示。试用最大可能性准则对日生产量进行决策。

表 5-3 决策信息表　　　　　　　　　　　　　　　（单位：元）

损益值＼自然状态＼方案 ＼概率	市场日销量（箱）				损益期望值
	100　0.2	120　0.4	140　0.3	160　0.1	
A_1（100 箱）	5 000	5 000	5 000	5 000	
A_2（120 箱）	4 400	6 000	6 000	6 000	
A_3（140 箱）	3 800	5 400	7 000	7 000	
A_4（160 箱）	3 200	4 800	6 400	8 000	

解：直接按照最大可能准则，选择最优方案。由于

$$\max_{1\leqslant j\leqslant 4}\{P_j\} = P_2 = 0.4, \quad \max_{1\leqslant i\leqslant 4}\{b_{i2}\} = b_{22} = 6\,000$$

故采用每天生产 120 箱雪糕的方案（A_2）为最优方案，可获利 6 000 元。

5.2.3 期望值准则

期望值准则就是先计算各个备选方案的期望值，然后按照决策目标选择最优行动方案。若决策目标是追求效益最大，则选取收益期望值最大的行动方案为最优方案。若决策目标是追求损失最小，则选取损失期望值最小的行动方案为最优方案。

损益期望值 E_i 的计算公式为

$$E_i = \sum_{j=1}^{n} P_j b_{ij}, \quad i = 1, 2, \cdots, m \tag{5-10}$$

其中，P_j 为第 j 种自然状态 N_j 出现的概率；b_{ij} 为第 i 个方案 A_i 在第 j 种自然状态 N_j 下的损益值；E_i 为选择第 i 个备选方案 A_i 的损益期望值。

例 5-9 使用期望值准则对例 5-8 中的最优方案进行决策。

解：（1）求各备选方案的期望收益值：

$E_1 = 5\,000 \times 0.2 + 5\,000 \times 0.4 + 5\,000 \times 0.3 + 5\,000 \times 0.1 = 5\,000$（元）

$E_2 = 4\,400 \times 0.2 + 6\,000 \times 0.4 + 6\,000 \times 0.3 + 6\,000 \times 0.1 = 5\,680$（元）

$E_3 = 3\,800 \times 0.2 + 5\,400 \times 0.4 + 7\,000 \times 0.3 + 7\,000 \times 0.1 = 5\,720$（元）

$E_4 = 3\,200 \times 0.2 + 4\,800 \times 0.4 + 6\,400 \times 0.3 + 8\,000 \times 0.1 = 5\,280$（元）

（2）因为 $\max\{E_1, E_2, E_3, E_4\} = E_3 = 5\,720$（元），所以选择方案 A_3（每天生产 140 箱）为最优方案，可获期望收益 5 720 元。

值得注意的是，在有些实际问题中，为了获得收益，还必须增加一定的投资，而且对不同的备选方案 A_i，其所需的投资 Q_i 也不相同。这时，需从投资和收益两个方面综合考虑，这时损益期望值的计算公式应修改为

$$E_i = \sum_{j=1}^{n} P_j b_{ij} - Q_i, \quad i = 1, 2, \cdots, m \tag{5-11}$$

其中，Q_i 为第 i 个方案 A_i 所需的投资额。

5.2.4 最小期望机会损失准则

期望值准则也可以从另一角度，即期望机会损失的角度来进行分析，即最小期望机会损失准则。该准则遵从以不同方案的期望损失作为择优的标准，选择期望损失最小的方案为最优方案。具体步骤如下：

（1）按照无概率决策中的后悔值准则计算不同状态下各方案的机会损失，得到机会损失值矩阵 $\boldsymbol{H} = (h_{ij})_{m \times n}$。

（2）根据机会损失值矩阵和不同状态的概率，求出各方案的期望机会损失值 L_i：

$$L_i = \sum_{j=1}^{n} P_j h_{ij}, \quad i = 1, 2, \cdots, m \tag{5-12}$$

(3) 从这些期望损失值中选取最小者,它对应的方案应是决策者所选方案。即令
$$L_{i_0} = \min_{1 \leqslant i \leqslant m} \{L_i\} \tag{5-13}$$
则方案 A_{i_0} 为最优方案。

例 5-10 使用最小期望机会损失准则对例 5-8 中的最优方案进行决策。

解:(1) 计算机会损失值矩阵 H:

$$H = \begin{bmatrix} 0 & 1\,000 & 2\,000 & 3\,000 \\ 600 & 0 & 1\,000 & 2\,000 \\ 1\,200 & 600 & 0 & 1\,000 \\ 1\,800 & 1\,200 & 600 & 0 \end{bmatrix}$$

(2) 分别计算各方案的期望机会损失值:

$L_1 = 0 \times 0.2 + 1\,000 \times 0.4 + 2\,000 \times 0.3 + 3\,000 \times 0.1 = 1\,300(元)$

$L_2 = 600 \times 0.2 + 0 \times 0.4 + 1\,000 \times 0.3 + 2\,000 \times 0.1 = 620(元)$

$L_3 = 1\,200 \times 0.2 + 600 \times 0.4 + 0 \times 0.3 + 1\,000 \times 0.1 = 580(元)$

$L_4 = 1\,800 \times 0.2 + 1\,200 \times 0.4 + 600 \times 0.3 + 0 \times 0.1 = 1\,020(元)$

(3) 因为 $\min\{L_1, L_2, L_3, L_4\} = L_3 = 580(元)$,所以选择方案 A_3(每天生产 140 箱)为最优方案。

5.2.5 决策树方法

把各种备选方案、可能出现的状态和概率以及产生的后果绘制在一张图上,称为决策树。在该图上分别计算出各个备选方案在不同状态下的损益值,通过综合比较作出决策的方法,称为决策树技术。用这种方法解决实际问题的步骤如下:

(1) 画一个方框作为出发点,称为决策点。从决策点画出若干条直线或折线,每条线代表一个行动方案,这样的直(折)线,称为方案枝。

(2) 在各方案枝的末端画一个圆圈,称为状态点。从状态点引出若干条直线或折线,每条线表示一种状态,在线的旁边标出每一种状态的概率,称为概率枝。

(3) 把各方案在各种状态下的损益值标记在概率枝的末端。

(4) 把计算得到的每个方案的损益期望值标在状态点上,然后,通过比较,选出收益期望值最大(或损失期望值最小)的方案作为最优方案。

例 5-7 中的问题可以用图 5-1 中的决策树来表示。

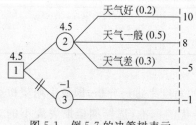

图 5-1 例 5-7 的决策树表示

5.2.6 序贯决策树

决策问题可依据决策者需要作决策的次数,分为单阶决策问题(one stage decision problem)和序贯决策问题(sequential decision problem)。例 5-7 中的问题便是简单的单阶决策问题,在这类决策问题中,决策者仅作一次决策,即对应的决策树中只有一个决策

点(图 5-1 中的结点 1)。但是实际的决策问题往往是一个决策接着一个决策,环环相扣,构成一组序列决策问题,处理这种问题的一种有效方法称作序贯决策树方法。在完成整个问题的决策前所需的决策总次数,除了与每次作决策可选择的行动方案有关外,还与每次选择一种行动方案后出现的不确定事件结果有关。序贯决策树示意图如图 5-2 所示。

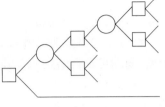

图 5-2 序贯决策树示意图

例 5-11 某厂研制出一种新产品(预计销售生命为 7 年),并拟订了三种备选生产方案。第一种方案是大规模生产,第二种方案是小规模生产,所需一次性投资额以及以后每年赢利见表 5-4。估计该产品前两年销路好的概率是 0.6;若前两年销路好,则后五年销路好的概率为 0.9,否则后五年销路好的概率为 0.2。第三种方案是前两年先小规模生产,然后再决定后五年是否追加 30 万元以便大规模生产。试用决策树方法对该生产问题进行决策。

表 5-4 方案年赢利与一次性投资表 （单位：万元）

状态 方案	销路好	销路差	一次性投资
大规模生产	30	−5	50
小规模生产	10	4	20

解：(1) 画出决策树如图 5-3 所示。

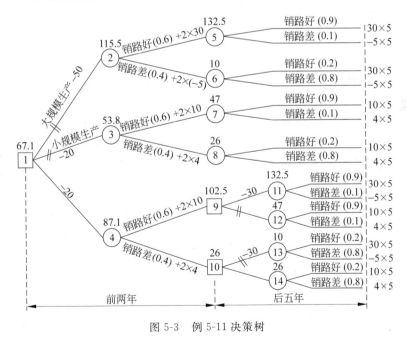

图 5-3 例 5-11 决策树

(2) 计算损益期望值。结点 5 的损益期望值为 $E(5)=150\times 0.9+(-25)\times 0.1=132.5$(万元)。同理可计算出结点 6~8、结点 11~14 的期望收益如图所示。根据期望值准则,剪掉结点 12 和结点 13 的分支。

结点 9 的损益期望值为 $E(9)=132.5-30=102.5$(万元);对于结点 10,由于没有追加投资,其损益期望值 $E(10)=E(14)=26$(万元)。

结点 4 的损益期望值为 $E(4)=(102.5+2\times 10)\times 0.6+(26+2\times 4)\times 0.4=87.1$(万元)。同理可求得结点 2、结点 3 的损益期望值分别为 115.5 万元和 53.8 万元。

考虑前期的投资,方案一的损益期望值为 $115.5-50=65.5$(万元);方案二的损益期望值为 $53.8-20=33.8$(万元);方案三的损益期望值为 $87.1-20=67.1$(万元)。

(3) 由上述计算结果可知:应选方案三,即前两年先小规模生产,五年后再根据销路情况决定是否追加投资。

5.3 具有预知信息的决策分析

如前所述,由于无概率决策没有统一的客观标准,从而给实际应用带来了很大的不便,因此人们希望能够确定自然状态的概率分布,将无概率决策问题转化为概率型决策问题,以便使用期望值准则这个成熟而有效的定量分析方法加以解决。这就需要在决策之前,根据历史资料或者经验(即预知信息)对自然状态发生的概率进行估计,从而形成具有预知信息的决策分析问题。

5.3.1 基本问题

为了便于理解具有预知信息的决策分析问题的特点,下面通过一个简单的例子来说明。

例 5-12 A 公司拥有某地石油开采权,可自行钻探开采,为此需要花费 30 万元;也可租让该地石油开采权给 B 公司,从而稳得租金 10 万元。据历史资料统计,在相似地理区域钻探的井中,有 7 口油井和 16 口干井,每口油井的收益大约为 130 万元。试问 A 公司应该如何决策?

在这个问题中,除了给出决策方案、自然状态和不同方案在相应自然状态下的收益之外,还给出了历史统计资料,即预知信息,因此这是一个典型的具有预知信息的决策问题。在解决此类问题之前,首先需要了解先验概率和信息的价值。

5.3.2 先验概率

在随机事件发生之前,根据经验,对其发生概率作出的评估,称为随机事件的先验概率。先验概率主要包括两类,即统计概率和主观概率。

1. 统计概率

如果决策者对自然状态发生的情况积累了一定的历史资料,而且能够据此统计得出这些状态在历史上发生的频率,并将其近似作为自然状态发生的概率,这样的概率称作统计概率。

考虑例 5-12 中的决策问题,设以 a_1 表示 A 公司"自钻",a_2 表示"出租",s_1 表示"有油",s_2 表示"无油"。根据历史资料统计,在相似地理区"有油"这一状态发生的概率为 $w(s_1)=7/(7+16)\approx 0.3$,将其近似作为 A 公司拥有石油开采权的某地"有油"状态发生的概率,即令 $P(s_1)\approx 0.3$;同理,"无油"状态发生时的概率为 $P(s_2)\approx 0.7$,这便是统计概率的一个简单实例。

更进一步,将此问题使用决策表进行表示,如表 5-5 所示。

表 5-5 两种方案赢利情况 (单位:万元)

方案 \ 状态	s_1(有油)	s_2(无油)	期望收益
a_1(自钻)	100	−30	9
a_2(出租)	20	10	13(max)
概率 $P(s_j)$	0.3	0.7	$a^*=a_2$

使用期望值准则可以得到方案 a_1 的损益期望值为 9 万元,而方案 a_2 的损益期望值为 13 万元,显然可以作出决策,将该地石油开采权"出租"给 B 公司,可期望获利 13 万元。

2. 主观概率

在实际决策中,对自然状态的发生情况往往缺乏历史资料,这时可以请教有实践经验和专业知识的专家来估计这些状态发生的概率,或者由决策者自己凭经验和直觉来加以估计,这样得到的状态概率称为主观概率。

主观概率绝非随心所欲的臆测,而是根据人们的经验作出的科学评估,也具有一定程度的客观性,尤其通过众多专家的共同研究、评估,更是如此。确定主观概率常用的方法是专家咨询法,即征询许多专家的意见并加以分析与综合而定。然而对于如何征询、如何分析与综合,又有许多不同的具体方法。在这里,只介绍一种较为简单的方法,即两两比较法。

先考虑,仅有 s_1 和 s_2 两个状态的情形。

(1) 首先判断 s_1、s_2 哪个更有可能发生?若认为二者发生的可能性大致相当,则判断结束,有 $P(s_1)=P(s_2)=1/2$;否则,如认为 s_1 比 s_2 更可能发生,则有 $P(s_1)>1/2$,$P(s_2)<1/2$。

(2) 继续判断"$P(s_1)>3/4$"与"$P(s_2)>1/4$"哪个更可能发生?若认为二者发生的可能性差不多,则判断结束,有 $P(s_1)=3/4$,$P(s_2)=1/4$;否则,如认为后者比前者更可能发生,则有 $1/2<P(s_1)<3/4$,$1/4<P(s_2)<1/2$。

(3) 继续判断"$P(s_1)>5/8$"与"$P(s_2)>3/8$"哪个更可能发生?若认为二者发生的可能性差不多,则判断结束,有 $P(s_1)=5/8$,$P(s_2)=3/8$;否则继续……

由以上步骤可以看出,两两比较法实际上是一种逐次等分概率区间 $[0,1]$ 的逐步判断法,如图 5-4 所示。

图 5-4

若有 n 个状态，则首先两两比较、评定，构成概率矩阵如下：

$$\begin{array}{c} & \begin{array}{cccc} s_1 & s_2 & \cdots & s_n \end{array} \\ \begin{array}{c} s_1 \\ s_2 \\ \vdots \\ s_n \end{array} & \left[\begin{array}{cccc} 0 & p_{12} & \cdots & p_{1n} \\ p_{21} & 0 & \cdots & p_{2n} \\ \vdots & \vdots & & \vdots \\ p_{n1} & p_{n2} & \cdots & 0 \end{array} \right] \end{array}$$

其中，p_{ij} 与 p_{ji} 为评估两状态 s_i 与 s_j 时所得的概率，有

$$p_{ij} + p_{ji} = 1, \quad p_{ii} = 0$$

然后计算每一状态 s_i 的概率优势度：

$$p_i = \sum_{j=1}^{n} p_{ij} \quad (i = 1, 2, \cdots, n)$$

最后计算各状态 s_j 的概率：

$$P(s_j) = p_j \bigg/ \sum_{i=1}^{n} p_i = 2p_j / [n(n-1)] \quad (j = 1, 2, \cdots, n) \tag{5-14}$$

5.3.3 灵敏度分析

通常在决策模型中自然状态的概率和损益值往往由估计或预测得到，不可能十分准确。此外实际情况也在不断地变化，因此需要分析为决策所用的数据可在多大范围内变动，原最优决策方案继续有效。进行这种分析称为灵敏度分析，在这里主要考虑自然状态先验概率的灵敏度分析。

考虑如下问题：例 5-12 中，$P(s_1)$ 在什么范围内变动，才不会改变最优方案 $a^* = a_2$？设 $P(s_1) = p$，则 $P(s_2) = 1 - p$，则可以得到各方案的收益期望值为

$$E(a_1) = 100p - 30(1-p) = 130p - 30$$
$$E(a_2) = 20p + 10(1-p) = 10p + 10$$

若要保持最优方案仍为 a_2，则应有 $E(a_1) \leqslant E(a_2)$，即

$$130p - 30 \leqslant 10p + 10$$

可以求得状态的概率影响范围是

$$0 \leqslant p \leqslant 1/3$$

这说明当收益值全都保持不变时，状态概率 $P(s_1)$ 的取值在 $[0, 1/3]$ 范围内任意变化，都不会改变此问题的最优决策方案 $a^* = a_2$。

由于当 $P(s_1) \leqslant 1/3$ 时，$a^* = a_2$；当 $P(s_1) > 1/3$ 时，$a^* = a_1$，因此，称此概率为状态 s_1 关于两个方案 a_1 和 a_2 的转折概率。

状态的转折概率的作用主要有以下两个方面：

（1）它是衡量一个状态的先验概率是否灵敏的重要标志。当一个状态的先验概率临近转折概率时，则它是灵敏的，其取值稍有变化便可能引起最优方案的改变；此时最优方案相对状态概率则是不稳定的，值得进一步分析并且慎重使用。反之，当一个状态的先验概率在其相对影响范围内部临近转折概率时，则它是不灵敏的，此时最优方案相对该状态概率则是比较稳定的。

(2) 它有助于简化决策分析问题。仍然考虑例 5-12 中的决策问题，假如对该地有油与否没有相似地理区域以往钻探的统计资料，因而需要作出主观评估。如假设决策者估计该地有油的概率超过四成，即 $P(s_1) \geqslant 0.4 > 1/3$，则可以作出决策 $a^* = a_1$，而无须再评定 $P(s_1)$ 的确切数值，从而简化了决策分析问题。

5.3.4 信息的价值

在概率型决策中，除了状态概率之外，人们为了减少风险、降低问题的不确定性，以提高决策的成功率，往往还希望获取关于状态的更多信息，这种信息一般称为补充信息。而获取补充信息要付出一定代价，为了权衡是否值得付出一定代价去获取补充信息，必须对信息的价值进行评估，从而了解哪些信息值得搜集。一般地，补充信息可以分为完全信息和不完全信息两类。下面简要介绍完全信息的价值。

完全信息是指能够完全准确地预报未来发生状态的信息。由此类信息所获得的价值，称为完全信息价值。但在搜集全信息之前并不知道会出现哪种自然状态，因此预先只能计算完全信息的期望价值 EVPI(expected value of perfect information)。

当后果指标为收益时，完全信息的期望价值等于完全信息条件下的收益期望值减去没有完全信息时的最大收益期望值(E^*)，即

$$\text{EVPI} = \sum_{j=1}^{n} \max_{1 \leqslant i \leqslant m}(b_{ij})P_j - E^* \tag{5-15}$$

当后果指标为损失时，完全信息的期望价值为完全信息条件下的损失期望值减去没有完全信息时的最小损失期望值。

考虑例 5-12 中的决策问题，根据以上公式，可以计算得到 EVPI $= 100 \times 0.3 + 10 \times 0.7 - 13 = 24$(万元)。

获取完全信息付出的代价，称作完全信息费 CPI(cost of perfect information)，当且仅当 EVPI $\geqslant$ CPI 时，才值得花费 CPI 的代价去获取完全信息，这一准则称为 EVPI 准则。

完全信息固然可靠，但往往不易获得或得不偿失。如例 5-12 中，由于只有钻探才能肯定有油与否，而钻探费用为 30 万元，大于完全信息的价值 24 万元，所以不值得钻探以获取完全信息。

5.3.5 贝叶斯决策分析

由于完全信息往往不易获得，在实际中更常用的获取补充信息的方法是试验。地质勘探(例 5-12)、产品抽样检查(对质量管理问题)等，都是试验的方法。这样获取的信息不能准确预报未来发生的状态，但倘若能够提高收益或者降低损失期望值，则它也是有价值的，这样的信息称作不完全信息，其价值称作不完全信息价值 EVII(expected value of imperfect information)。其计算方法与完全信息价值类似，以收益指标为例，不完全信息的价值等于不完全信息条件下的收益期望值减去没有补充信息时的最大收益期望值。在这种情况下，由于需要根据贝叶斯公式来计算状态的后验概率，因而通常称该方法为贝叶斯决策分析方法。下面介绍后验概率的计算公式。

设 $P(s_j)(j=1,2,\cdots,n)$ 为状态 s_j 的先验概率，$\theta_i(i=1,2,\cdots,m)$ 为追加信息后结果

的一个可能值,则在 θ_i 发生的条件下,s_j 发生的后验概率为

$$P(s_j \mid \theta_i) = \frac{P(s_j\theta_i)}{P(\theta_i)} = \frac{P(s_j)P(\theta_i \mid s_j)}{\sum_{j=1}^{n}P(s_j)P(\theta_i \mid s_j)}, \quad j=1,2,\cdots n; i=1,2,\cdots,m$$

(5-16)

例 5-13 继续讨论例 5-12,假定有一个地质勘探队可以对该地区进行一次地震试验,从而探明其地下结构是封闭结构还是开放结构(注:有油地区多为封闭结构,无油地区多为开放结构)。另据统计,该地质勘探队将有油地区勘探为封闭结构的概率为 0.8,把无油地区勘探为开放结构的概率为 0.6,地震试验费为 5 万元。试用贝叶斯分析判断 A 公司是否应该进行这项试验?

解:设以 a_3 表示进行该项试验,以 θ_1、θ_2 分别表示试验结果为封闭、开放结构,分别计算各后验概率,如表 5-6 所示。

表 5-6 后验概率计算情况

s_j	(1)	(2)		(3)=(1)×(2)		(4)=(3)/$P(\theta_i)$	
	$P(s_j)$	$P(\theta_1\mid s_j)$	$P(\theta_2\mid s_j)$	$P(\theta_1 s_j)$	$P(\theta_2 s_j)$	$P(s_j\mid\theta_1)$	$P(s_j\mid\theta_2)$
s_1	0.3	0.8	0.2	0.24	0.06	0.24/0.52=0.46	0.06/0.48=0.125
s_2	0.7	0.4	0.6	0.28	0.42	0.28/0.52=0.54	0.42/0.48=0.875
				$P(\theta_1)=0.52$	$P(\theta_2)=0.48$		

根据后验概率,画出该问题的决策树,见图 5-5。

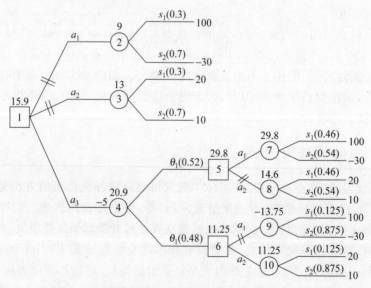

图 5-5 例 5-13 的决策树表示

通过决策树分析,可以看出,进行地质勘探的收益期望值为 20.9 万元,即不完全信息条件下的收益期望值,而没有不完全信息时的最大收益期望值为 13 万元,因此可以得到

不完全信息的价值为 20.9－13＝7.9(万元)，由于地震试验的费用为 5 万元，所以可以判定，值得花费 5 万元进行地震试验以获得地质结构的信息。

5.4 群决策问题

5.4.1 基本问题与概念

本书前面章节所介绍的决策问题一般只涉及一个决策者或者决策者可以作为一个人处理，其偏好可以用数值效用来度量，决策问题相对比较简单，可以用由统计决策理论发展起来的决策分析方法加以解决。

但实际的决策问题并非那么简单，随着社会的发展和科技的进步，以及知识和信息量的急剧增长，需要决策的问题越来越多，也越来越复杂，决策者往往难以单凭自己的经验和智慧来应付所有的决策问题，于是产生了各种咨询机构和智囊团，以便把具有不同知识结构和经验的专家集中在一起，借助众人的智慧来弥补决策者个人才智、经验和精力的不足，这样做综合了多方面的信息和意见，从而保证了决策的科学化。

此外，从更广的意义上来看，任何重大的决策都会影响一群人，因此作为公正、民主的社会，每一项重要决策都应该尽量满足受其影响的群众的愿望和要求，他们的代表组成各种各样的代表大会和委员会，任何重要决策都应集中代表大会或委员会中各位成员的意见，并得到大会的批准。除此以外，各级行政管理部门的各种重大问题也应由领导班子集体讨论、制定决策、协调行动。

综上所述，由于决策过程及其内容的复杂性，要想决策更为科学，必须由若干决策者组成的决策群体进行决策，建立一个由不同知识结构组成的、运用科学理论和方法、可以相互启迪、具有丰富知识的决策群体，这样的一个决策群体，在决策理论中称作群(group)，群所作的决策称为群决策(group decision making)。

群决策的定义可以表述为：由一定组织形式的群决策成员，面对共同的环境，为解决存在的问题并要达到预定的目标，依赖一定的决策方法和方案集，按照预先制定的协调模式进行的决策活动。

5.4.2 社会选择与投票表决规则

群决策领域涉及面最广、最为重要的部分是社会选择问题。用通俗的语言来说，社会选择就是要根据社会中各成员的价值观和对不同方案的选择产生社会的决策。即要把社会中各成员对各种状况的偏好模式集结成为单一的社会偏好模式。人类社会中的选举问题、相关政策的制定乃至国家政治体制的确定都属于社会选择问题。在人类社会发展过程中采用的社会选择方法主要有传统、独裁、投票表决和市场机制。下面主要介绍投票表决方法。

利用投票表决进行选择的历史悠久，形式繁多。本节将对一些常用的投票表决方法作简单的介绍，主要包括在选票上不反映投票人对候选人(偏好方案)偏好的非排序式选举制和在选票上反映投票人偏好的排序式选举制。

1. 一人当选情形

在一次投票中,由多个投票者选出一名候选人的方法有以下几种。

1）计点式选举

计点式选举是指每个投票人以无记名投票方式投给自己中意的候选人的选举方式,西方国家的政治选举中通常采用这种方法。该方法适用于两个候选人竞争的场合,最常用的计票方法是简单多数票方法,即获票较多的候选人当选。

2）绝对多数制

当候选人多于两个时,有两种选择方法。一是按照得票多少,票数最多者当选,称作相对多数制;二是得票超过半数者能当选,称作绝对多数制。

3）二次投票法

这种方法规定,在第一次投票后无任何候选人获得半数选票,则应对在第一次投票中得票最多的两个候选人进行二次投票,选出一位得票超过半数的候选人。

4）反复投票法

该方法对每次投票中候选人的人数不作硬性规定,而希望得票太少的候选人自动退出竞选,或者投票人因自己支持的候选人得票太少,当选无望而支持其他候选人,使得选票向少数候选人集中,反复进行,直到产生某个得票超过半数的候选人为止。

5）取舍表决法

取舍表决法规定第一次投票后无过半数票获得者,则将得票数最少的候选人淘汰掉,对其他候选人进行下一轮投票,反复进行,直到产生过半数候选人为止。申奥城市的产生用的就是这种方法。

2. 多人当选情形

按简单多数票法则同时选出两个或多个人的投票表决与只选一人的情况有所不同。有多种方法可用于在某一选区中一次选出多个当选者的投票表决。

1）非转移式投票表决

这种方法规定每个人只有一票,采用无记名式投票,按简单多数法确定当选者,如要从几个候选人中选出三个当选者,则选择得票数排在前三位的三名候选人当选。

2）复式投票表决

这种方法规定选举中要产生多少当选者,每个投票人就可以投多少张票,但每个候选人只能投一票。这种方法的缺陷在于如果选举涉及激烈的党派斗争或路线斗争,则有可能使所有职位都集中于实力较强的某个党派,即使其实力只强一点。因此,这种方法只有在存在共同利益的团体和组织内部方可使用。

3）受限的投票表决

这种方法是为了避免复式投票中某个党派独占全部席位提出的。它规定每个投票人可以投的票数必须小于当选人数。

4）累加式投票表决

这种方法规定每个投票人拥有的选票数等于待选席位数,且这些选票可以任意支配,既可以全部投给某一候选人,也可以随意分配给若干候选人。这种方法能给少数派以切实的保护。

5) 名单制

这种方法不是针对候选人投票,而是由各党派或组织提出它的候选人名单,再由投票人对这些名单投票,即投票支持某个政党或组织。最后根据各党派的名单的得票数来分配席位,并按各名单应得席位与名单上候选人的次序确定具体人选。集体的席位分配方法有最大均值法和最大余额法。

6) 可转移式投票

可转移式投票通常用于 3~6 个席位的选举。该法规定,在每一轮投票中,每个选民只有一票,第一轮投票后统计各候选人得票数,以及定额 $Q=n/(m+1)$,其中,n 为投票总数,m 为要产生的席位数。凡得票数大于 Q 的候选人均可当选,得票数最少者则被淘汰;如有剩余席位,则由未当选的候选人在下一轮投票中竞争,如此继续,直到选出全部席位的当选者为止。

7) 认可选举法

认可选举法规定只要投票人愿意,他可以投票给尽可能多的候选人,但对每个候选人最多只能投一票,由得票最多的候选人当选。虽然这种方法还只是一种建议,尚未在实际的选举中使用,但已经证明这种方法比简单多数制和二次投票法更优越。

3. 排序式选举

前面介绍的非排序式选举方法,并不能可靠地解决两个以上候选人竞争单一职位的问题,它有可能导致并不受大部分成员欢迎的候选人当选。因此在投票时,不仅要让投票人表达他最希望看到多个候选人中的哪一个被选上,还应该让投票人表明他对各候选人的偏好次序,这就是排序式选举,亦称偏好选举。下面通过例子介绍几种基于社会选择函数的排序式选举方法。

1) Condorcet 函数

Condorcet 函数提出的社会原则可表述为:在从多个候选人中选择一个时,如果存在某个候选人 x,能在与其他候选人逐一比较时按过半数决策规则击败其他所有人,则 x 称为 Condorcet 候选人,由他当选;如果不存在,则应按照 Condorcet 函数 $f_c(x)$ 值的大小来排列候选人的优劣次序。$f_c(x)$ 是 x 与其他所有候选人逐一比较时,得票最少的那一次的所得票数。

定义 Condorcet 函数为

$$f_c(x) = \min_{y \in A \setminus \{x\}} N(x \succ_i y) \tag{5-17}$$

其中,$x \succ_i y$ 为第 i 个投票人认为 x 优于 y;$N(x \succ_i y)$ 为群中认为 x 优于 y 的成员数;A 为候选人的集合。

为描述方便,引入如下记号:对 $x, y \in A$,若 $N(x \succ_i y) > N(y \succ_i x)$,则 $x \succ_G y$;若 $N(x \succ_i y) = N(y \succ_i x)$,则 $x \succ_G y$。

例 5-14 有 60 个投票人,对 3 个候选人进行投票,投票人对各候选人的投票偏好如表 5-7 所示。

表 5-7

个体人数	偏好顺序	个体人数	偏好顺序
23	$a>b>c$	8	$c>b>a$
17	$b>c>a$	10	$c>a>b$
2	$b>a>c$		

解：由表 5-7 可知，所有候选人成对比较的结果是 $a>_G b, b>_G c$，且 $c>_G a$，出现过半数票的循环。需要采用 Condorcet 函数，即

$$N(a>_i b) = 33, \quad N(a>_i c) = 25 \to f_c(a) = 25$$
$$N(b>_i a) = 27, \quad N(b>_i c) = 42 \to f_c(b) = 27$$
$$N(c>_i a) = 35, \quad N(c>_i b) = 18 \to f_c(c) = 18$$

由于 $f_c(b) > f_c(a) > f_c(c)$，所以最终的群决策结果为 $b>_G a>_G c$。

2) Borda 函数

Borda 函数提出的方法是：由投票人根据偏好对各候选人排序，设 A 中有 m 个候选人，则将 $m-1, m-2, \cdots, 1, 0$ 分别赋予排在第一位、第二位……最后位的候选人，然后统计各候选人得分大小，最高分者为获胜者。

定义 Borda 函数为

$$f_B(x) = \sum_{y \in A \setminus \{x\}} N(x >_i y) \tag{5-18}$$

$f_B(x)$ 是 x 与其他候选人逐一比较 $m-1$ 次所得票数的总和，各候选人按照 $f_B(x)$ 值的大小排序。

例 5-15 用 Borda 函数求解例 5-14。

解：计算 Borda 得分，将 2、1、0 分别赋予排在第一位、第二位和第三位的候选人，则有

a 的 Borda 得分为 $2 \times 23 + 1 \times (2+10) = 58$

b 的 Borda 得分为 $2 \times (17+2) + 1 \times (23+8) = 69$

c 的 Borda 得分为 $2 \times (10+8) + 1 \times 17 = 53$

由于 $f_B(b) > f_B(a) > f_B(c)$，因此 $b >_G a >_G c$。

5.4.3 专家咨询与多目标群决策方法

在现实生活中，有许多群决策问题，尤其是大型工程技术问题和社会经济问题，开始时并无现成方案可供选择，方案的产生也绝非某个人所能完成，而是需要依靠各有关方面的专家，发挥众人的才智，在决策问题的求解过程中逐步形成各种方案，并在方案的评价过程中不断改进方案，最终作出选择和确定实施办法。而且，在这类问题的求解过程中，专家组成的群通常只是上级行政部门及其主管人员的参谋班子、咨询机构或智囊团，他们的主要作用是为主管部门或主管人员作评价和判断提供咨询意见，最终决策要由主管部门的负责人来作，这类问题称作专家咨询问题。下面只对其中的多目标群决策问题作简要介绍。

多目标群决策问题多被用于方案的评价和选择中。对方案评价的实质是决策人对方案偏好的表达。由于群中成员对方案的评价有多项标准(或准则),而各方案又各有优劣,有时总体性能不分上下,这就要用适当的方法根据有关准则进行全面评价,这些准则可以是定量的描述,也可以是定性的说明。一般地,可定量描述的准则可以用赋值、打分或以基数效用函数来评价,而定性的准则只能通过方案的两两比较才能给出次序关系。因此,多目标群决策方法可以分为基数性方法和序数性方法。

在对具体方法进行讨论之前,先对多目标群决策方法作一形式化描述。

设群中共有 n 个成员,要对 m 个方案进行评价,评价的准则有 p 种,每个群成员采用的准则可以相同,也可以不同,群成员 $i(i=1,\cdots,n)$ 对各备选方案的评价可以记为

$$\boldsymbol{A}^i = [a_{jl}]^i = \begin{bmatrix} a_{11} & \cdots & a_{1p} \\ a_{21} & \cdots & a_{2p} \\ \vdots & & \vdots \\ a_{m1} & \cdots & a_{mp} \end{bmatrix}^i, \quad i=1,\cdots,n$$

$A_{j.}^i = [a_{j1},\cdots,a_{jp}]^i$ 表示群成员 i 根据准则 $l=1,\cdots,p$ 对候选方案 j 的评价;$A_{.l}^i = [a_{1l},\cdots,a_{ml}]^i$ 表示群成员 i 根据准则 l 对候选方案 $j=1,\cdots,m$ 的评价。

问题的求解是要由群成员根据 p 种不同的准则对各候选方案所作出的评价 $\boldsymbol{A}^i$,$i=1,\cdots,n$ 得到群的评价 G。无论是基数方法还是序数方法,在对备选方案进行评价时都有两种途径,一种是一致准则法,另一种是个体各自评价法。当群成员能够就采用何种评价准则及各准则的权重达成一致意见时,可以采用一致准则法,否则采用个体各自评价法,即先由群成员各自对方案的总体优劣作出评价,再集结群中成员的评价形成群的决策。下面简要介绍基数性多目标群决策方法。

1. 一致准则法

在使用一致准则法时,首先要从 $\boldsymbol{A}^i(i=1,\cdots,n)$ 中得出根据各准则 $l=1,\cdots,p$ 的排序矩阵:

$$\boldsymbol{B}_l' = \begin{bmatrix} a_{1l}^1 & a_{1l}^2 & \cdots & a_{1l}^n \\ a_{2l}^1 & a_{2l}^2 & \cdots & a_{1l}^n \\ \vdots & \vdots & & \vdots \\ a_{ml}^1 & a_{ml}^2 & \cdots & a_{ml}^n \end{bmatrix}, \quad l=1,\cdots,p$$

其中,元素 a_{jl}^i 为第 i 个群成员根据准则 l 对备选方案 j 的评价,与 $\boldsymbol{A}^i$ 中的 a_{jl} 值相同。根据 $\boldsymbol{B}_l'$,可以计算出群中各成员对各备选方案在准则 l 时的 Borda 得分。然后计算备选方案 j 的总得分 b_{jl}:

$$b_{jl} = \sum_{i=1}^n a_{jl}^i, \quad j=1,\cdots,m \tag{5-19}$$

由 $b_{jl}(j=1,\cdots,m)$ 的大小,可以确定各备选方案优劣次序 $k(k=1,\cdots,m)$,并定义一致性矩阵 $\boldsymbol{\Pi}^l = \{\pi_{jk}^l\}$,$\boldsymbol{\Pi}^l$ 是一个 $m \times m$ 的非负矩阵,其中的元素为 π_{jk}^l,根据 b_{jl} 备选方案 j 被排在 k 位时 $\pi_{jk}^l = 1$,否则 $\pi_{jk}^l = 0$,所以 $\boldsymbol{\Pi}^l$ 中每行(或每列)有且仅有一个元素为 1,余者为 0。

为了反映准则重要性的差别,可以对各准则加权,设权向量 $\boldsymbol{W}=(w_1,\cdots,w_p)$,且 $\sum_{l=1}^{p}w_l=1,w_l\geqslant 0(l=1,\cdots,p)$。

有了 $\boldsymbol{\Pi}^l$ 和 $\boldsymbol{W}$,就可以计算群的加权一致性矩阵 $\boldsymbol{G}=\{g_{jk}\}$,其中

$$g_{jk}=\sum_{l=1}^{p}\pi_{jk}^l w_l,\quad j,k=1,\cdots,m \tag{5-20}$$

为了从 $\boldsymbol{G}$ 中求得备选方案 j 的排序,可以求解如下指派问题:

$$\max \sum_{j=1}^{m}\sum_{k=1}^{m}g_{jk}x_{jk}$$

$$\text{s.t.}\begin{cases}\sum_{j=1}^{m}x_{jk}=1,\quad k=1,\cdots,m\\ \sum_{k=1}^{m}x_{jk}=1,\quad j=1,\cdots,m\\ x_{jk}\in\{0,1\}\end{cases} \tag{5-21}$$

若 $x_{jk}=1$,则表示备选方案 j 应排在第 k 位。

例 5-16 某企业为拓展市场,提出了 5 种方案分别为 a_1、a_2、a_3、a_4 和 a_5。6 位不同部门的经理根据准则 C_1、C_2 和 C_3 对这 5 种方案进行了排序,所得排序矩阵如下表所示:

$$\boldsymbol{A}^1=\begin{array}{c}\\a_1\\a_2\\a_3\\a_4\\a_5\end{array}\begin{bmatrix}C_1 & C_2 & C_3\\ 5 & 3 & 3\\ 2 & 1 & 2\\ 3 & 4 & 4\\ 4 & 5 & 5\\ 1 & 2 & 1\end{bmatrix}\quad \boldsymbol{A}^2=\begin{array}{c}\\a_1\\a_2\\a_3\\a_4\\a_5\end{array}\begin{bmatrix}C_1 & C_2 & C_3\\ 3 & 4 & 4\\ 2 & 2 & 1\\ 5 & 3 & 5\\ 4 & 5 & 2\\ 1 & 1 & 3\end{bmatrix}\quad \boldsymbol{A}^3=\begin{array}{c}\\a_1\\a_2\\a_3\\a_4\\a_5\end{array}\begin{bmatrix}C_1 & C_2 & C_3\\ 3 & 4 & 4\\ 1 & 1 & 2\\ 5 & 3 & 5\\ 4 & 5 & 1\\ 2 & 2 & 3\end{bmatrix}$$

$$\boldsymbol{A}^4=\begin{array}{c}\\a_1\\a_2\\a_3\\a_4\\a_5\end{array}\begin{bmatrix}C_1 & C_2 & C_3\\ 4 & 1 & 3\\ 2 & 3 & 1\\ 5 & 4 & 5\\ 3 & 2 & 4\\ 1 & 5 & 2\end{bmatrix}\quad \boldsymbol{A}^5=\begin{array}{c}\\a_1\\a_2\\a_3\\a_4\\a_5\end{array}\begin{bmatrix}C_1 & C_2 & C_3\\ 4 & 4 & 4\\ 1 & 2 & 1\\ 5 & 5 & 5\\ 3 & 3 & 2\\ 2 & 1 & 3\end{bmatrix}\quad \boldsymbol{A}^6=\begin{array}{c}\\a_1\\a_2\\a_3\\a_4\\a_5\end{array}\begin{bmatrix}C_1 & C_2 & C_3\\ 1 & 5 & 5\\ 3 & 1 & 2\\ 5 & 4 & 4\\ 4 & 3 & 3\\ 2 & 2 & 1\end{bmatrix}$$

试求群对各方案的排序。

解:以上述矩阵为基础,每个准则 C_l 对应有一个矩阵 $\boldsymbol{B}_l$,由此可得 Borda 得分矩阵和总得分。对准则 C_1,有

$$\boldsymbol{B}_1'=\begin{array}{c}\\a_1\\a_2\\a_3\\a_4\\a_5\end{array}\begin{bmatrix}1 & 2 & 3 & 4 & 5 & 6\\ 5 & 3 & 3 & 4 & 4 & 1\\ 2 & 2 & 1 & 2 & 1 & 3\\ 3 & 5 & 5 & 5 & 5 & 5\\ 4 & 4 & 4 & 3 & 3 & 4\\ 1 & 1 & 2 & 1 & 2 & 2\end{bmatrix}$$

由 $\boldsymbol{B}_1'$ 可得 Borda 得分矩阵 $\boldsymbol{B} = \begin{matrix} a_1 \\ a_2 \\ a_3 \\ a_4 \\ a_5 \end{matrix} \begin{bmatrix} 0 & 2 & 2 & 1 & 1 & 4 \\ 3 & 3 & 4 & 3 & 4 & 2 \\ 2 & 0 & 0 & 0 & 0 & 0 \\ 1 & 1 & 1 & 2 & 2 & 1 \\ 4 & 4 & 3 & 4 & 3 & 3 \end{bmatrix}$，总得分为 $\begin{matrix} a_1 \\ a_2 \\ a_3 \\ a_4 \\ a_5 \end{matrix} \begin{bmatrix} 10 \\ 19 \\ 2 \\ 8 \\ 21 \end{bmatrix}$。

根据得分最高的方案最优排在首位的原则，由准则 C_1，各方案的群的排序是 $\{a_5 > a_2 > a_1 > a_4 > a_3\}$。

$$\boldsymbol{\Pi}^1 = \begin{bmatrix} 0 & 0 & 1 & 0 & 0 \\ 0 & 1 & 0 & 0 & 0 \\ 0 & 0 & 0 & 0 & 1 \\ 0 & 0 & 0 & 1 & 0 \\ 1 & 0 & 0 & 0 & 0 \end{bmatrix}$$

同样，根据准则 C_2，各方案的排序是 $\{a_2 > a_5 > a_1 > a_3 > a_4\}$，由于 a_3、a_4 的 Borda 总分均为 7，所以方案无差异，遇到这种情况，可令

$$\boldsymbol{\Pi}^2 = \begin{bmatrix} 0 & 0 & 1 & 0 & 0 \\ 1 & 0 & 0 & 0 & 0 \\ 0 & 0 & 0 & 0.5 & 0.5 \\ 0 & 0 & 0 & 0.5 & 0.5 \\ 0 & 1 & 0 & 0 & 0 \end{bmatrix}$$

根据准则 C_3，群对各方案的排序是 $\{a_2 > a_5 > a_4 > a_1 > a_3\}$，所以

$$\boldsymbol{\Pi}^3 = \begin{bmatrix} 0 & 0 & 0 & 1 & 0 \\ 1 & 0 & 0 & 0 & 0 \\ 0 & 0 & 0 & 0 & 1 \\ 0 & 0 & 1 & 0 & 0 \\ 0 & 1 & 0 & 0 & 0 \end{bmatrix}$$

加权一致性矩阵为

$$\boldsymbol{G} = \begin{matrix} \text{优先序} \\ a_1 \\ a_2 \\ a_3 \\ a_4 \\ a_5 \end{matrix} \begin{bmatrix} 1 & 2 & 3 & 4 & 5 \\ 0 & 0 & w_1+w_2 & w_3 & 0 \\ w_2+w_3 & w_1 & 0 & 0 & 0 \\ 0 & 0 & 0 & 0.5w_2 & w_1+w_3+0.5w_2 \\ 0 & 0 & w_3 & w_1+0.5w_2 & 0.5w_2 \\ w_1 & w_1+w_3 & 0 & 0 & 0 \end{bmatrix}$$

设 6 位经理协商后同意取 $\boldsymbol{W} = (0.28, 0.32, 0.4)$，则

$$\boldsymbol{G} = \begin{bmatrix} 0 & 0 & 0.6 & 0.4 & 0 \\ 0.72 & 0.28 & 0 & 0 & 0 \\ 0 & 0 & 0 & 0.16 & 0.84 \\ 0 & 0 & 0.4 & 0.44 & 0.16 \\ 0.28 & 0.72 & 0 & 0 & 0 \end{bmatrix}$$

第 5 章 决策分析

将加权一致性矩阵中的数据带入指派问题(5-20),可以解得群对各方案的排序为
$$\{a_2 \succ_G a_5 \succ_G a_1 \succ_G a_4 \succ_G a_3\}$$

2. 个体各自评价法

在采用个体法时,首先由群成员 i 根据准则 $l(l=1,\cdots,p)$ 对各备选方案排序,得到 $\mathbf{A}^i$,并求出 i 的权向量 $\mathbf{W}^i$,由 $\mathbf{A}^i$ 和 $\mathbf{W}^i$ 计算 i 的加权一致性矩阵 $\mathbf{F}_i = \{f_{jk}^i\}$。

$$f_{jk}^i = \sum_{l=1}^{p} \pi_{jk}^l w_l^i \tag{5-22}$$

求解指派问题:

$$\max \sum_{j=1}^{m} \sum_{k=1}^{m} f_{jk}^i x_{jk}^i$$

$$\text{s. t.} \begin{cases} \sum_{j=1}^{m} x_{jk}^i = 1, & k = 1, \cdots, m \\ \sum_{k=1}^{m} x_{jk}^i = 1, & j = 1, \cdots, m \\ x_{jk}^i \in \{0, 1\} \end{cases} \tag{5-23}$$

若 $x_{jk}^i = 1$,则表示成员 i 将备选方案 j 排在第 k 位。

用以上方法求出成员 $i=1,\cdots,n$ 对各备选方案的排序后,再用 Borda 等方法集结各个成员的意见,形成群的排序。

例 5-17 根据例 5-16 中的排序矩阵,使用个体各自评价法求解群对各方案的排序。

解:由已知:
$$\mathbf{A}^1 = \begin{array}{c} \\ a_1 \\ a_2 \\ a_3 \\ a_4 \\ a_5 \end{array} \begin{array}{ccc} C_1 & C_2 & C_3 \\ \begin{bmatrix} 5 & 3 & 3 \\ 2 & 1 & 2 \\ 3 & 4 & 4 \\ 4 & 5 & 5 \\ 1 & 2 & 1 \end{bmatrix} \end{array}$$

设 $\mathbf{W}^1 = (0.2, 0.3, 0.5)$,则加权一致性矩阵为

$$\mathbf{F}^1 = \begin{array}{c} \\ a_1 \\ a_2 \\ a_3 \\ a_4 \\ a_5 \end{array} \begin{array}{c} \text{优先序} \quad 1 \quad\quad 2 \quad\quad 3 \quad\quad 4 \quad\quad 5 \\ \begin{bmatrix} 0 & 0 & 0.8 & 0 & 0.2 \\ 0.3 & 0.7 & 0 & 0 & 0 \\ 0 & 0 & 0.2 & 0.5 & 0 \\ 0 & 0 & 0 & 0.2 & 0.8 \\ 0.7 & 0.3 & 0 & 0 & 0 \end{bmatrix} \end{array}$$

由此求得经理 1 对方案的排序是 $\{a_5 \succ_1 a_2 \succ_1 a_1 \succ_1 a_3 \succ_1 a_4\}$;同样,若经理 2 的权向量为 $\mathbf{W}^2 = (0.4, 0.3, 0.3)$,则其对各方案的排序为 $\{a_5 \succ_2 a_2 \succ_2 a_1 \succ_2 a_4 \succ_2 a_3\}$;若经理 3 的权向量为 $\mathbf{W}^3 = (0.2, 0.4, 0.4)$,其排序为 $\{a_2 \succ_3 a_5 \succ_3 a_3 \succ_3 a_1 \succ_3 a_4\}$;若经理 4 的权向量为 $\mathbf{W}^4 = (0.3, 0.3, 0.4)$,其排序为 $\{a_2 \succ_4 a_5 \succ_4 a_1 \succ_4 a_4 \succ_4 a_3\}$;若经理 5 的权向量为

$W^5 = (1/3, 1/3, 1/3)$,其排序为 $\{a_2 \succ_5 a_5 \succ_5 a_4 \succ_5 a_1 \succ_5 a_3\}$;若经理 6 的权向量为 $W^6 = (0.3, 0.2, 0.5)$,其排序为 $\{a_5 \succ_6 a_2 \succ_6 a_4 \succ_6 a_1 \succ_6 a_3\}$。

为了获得群对各备选方案的排序,可以用 Borda 法,由优先序矩阵:

$$\begin{array}{c} & \begin{array}{cccccc} 1 & 2 & 3 & 4 & 5 & 6 \end{array} \\ \begin{array}{c} a_1 \\ a_2 \\ a_3 \\ a_4 \\ a_5 \end{array} & \begin{bmatrix} 3 & 3 & 4 & 3 & 4 & 5 \\ 2 & 2 & 1 & 1 & 1 & 2 \\ 4 & 5 & 3 & 5 & 5 & 4 \\ 5 & 4 & 5 & 4 & 3 & 3 \\ 1 & 1 & 2 & 2 & 2 & 1 \end{bmatrix} \end{array}$$

相应的 Borda 得分为
$$\begin{bmatrix} 2 & 2 & 1 & 2 & 1 & 0 \\ 3 & 3 & 4 & 4 & 4 & 3 \\ 1 & 0 & 2 & 0 & 0 & 1 \\ 0 & 1 & 0 & 1 & 2 & 2 \\ 4 & 4 & 3 & 3 & 3 & 4 \end{bmatrix} \xrightarrow{\text{求各行之和}} \begin{array}{c} a_1 \\ a_2 \\ a_3 \\ a_4 \\ a_5 \end{array} \begin{bmatrix} 8 \\ 21 \\ 4 \\ 6 \\ 21 \end{bmatrix}。$$

因此,群对备选方案的综合排序为

$$\{a_2 \succ_G a_5 \succ_G a_1 \succ_G a_4 \succ_G a_3\}$$

5.5 对策问题

对策论(game theory)又称为博弈论,它是运筹学的一个重要分支,主要研究具有竞争或者对抗性质的现象和规律,在经济学、政治科学、军事科学、进化生物学以及当代的计算机科学等领域中有广泛的应用。

本节主要介绍对策问题的一些基本概念和几种常见的对策模型。

5.5.1 基本概念

1. 对策模型的基本要素

在人类社会中,竞争或对抗是一种常见的行为现象,如日常生活中的下棋、打牌等。具有竞争或对抗性质的行为称为对策行为。在这类行为中,参加斗争或竞争的各方具有各自不同的目标或利益。为了达到各自的目标和利益,各方必须考虑对手的各种可能的行动方案,并力图选取对自己最为有利或最为合理的方案。对策论就是研究对策行为中斗争各方是否存在着最合理的行动方案,以及如何找到这个合理的行动方案的数学理论和方法。

战国时期"齐王与田忌赛马"的故事,是一个十分精彩的对策例子。下面通过这个例子来具体说明对策模型的基本要素。

例 5-18 齐王与田忌赛马。

战国时期,齐王与大将田忌商议赛马,双方约定:①双方出上、中、下三种等级的马各一匹;②每次比赛双方各出一匹马,共举行三场比赛;③每匹马只参加一次比赛;④输者每输一场要付给胜者黄金一千两。由于田忌的马比齐王同等级的马都要略逊一等,而在头一轮的比赛中,双方都是用同等级的马进行对抗,所以齐王很快赢了全部三场,得到了三千两黄金。鉴于第一次赛马的惨败,所以当齐王再次邀请田忌赛马时,田忌感到很为难。田忌的军师孙膑是位颇有才能的军事家,他得知后,便为田忌出了一个计策:用自己的下等马和齐王的上等马比赛,而用自己的上等马和齐王的中等马比赛,用自己的中等马和齐王的下等马比赛。在第二轮比赛中,田忌依计而行,结果一负两胜,净赢千金。

对对策行为进行建模,首先需要明确对策模型所具有的三个基本要素,即局中人、策略和得失。

(1) 局中人。局中人是指参与竞争或对抗的各方,他们参与对策并有切身利益关系与决策权。如例 5-18 中的齐王与田忌各为竞争的一方,可分别称其为局中人甲与局中人乙。

(2) 策略。局中人选择对付其他局中人的行动方案称为策略。一个策略必须是局中人在一场竞争活动中,自始至终所应采取的全部行动的一套完整方案。某局中人的所有可能策略全体称为策略集。在例 5-18 中,田忌共有(上,中,下)、(上,下,中)、(中,上,下)、(中,下,上)、(下,上,中)、(下,中,上)六个策略,这六个策略的全体即为田忌的策略集。类似地,齐王也有六个策略。

在一局对策中,每个局中人从其策略集中各取出一个策略参与对策,这些策略合起来称为一个局势。如例 5-18 中,田忌取策略(下,上,中),齐王取策略(上,中,下),这就构成一个局势:((下,上,中),(上,中,下))。

(3) 得失。各局中人各自使用一个策略就形成一个局势,一个局势决定了各局中人的对策结果。一局对策的结果称为得失。如例 5-18 中,田忌赢得一千金,齐王损失一千金。每个局中人的得失是全体局中人所取定的一组策略(即局势)的函数,称为支付函数或赢得函数。

2. 对策的分类

从不同的角度,可以将对策分为不同的类型。按局中人的数目多少来分,可以分为二人对策和多人对策;按策略的数目是否有限来分,可以分为有限对策和无限对策;按支付函数的特点来分,可以分为零和对策与非零和对策;按局中人参与对策时相互之间的关系来分,可以分为主从对策与平等对策;在多人对策中,还可以分为结盟对策与不结盟对策;按数学模型的性质来分,可分为矩阵对策、微分对策和树图对策等。

5.5.2 矩阵对策问题建模与求解

作为一种相对简单的对策类型,由于二人有限零和对策总可以用矩阵来刻画,所以这种对策也称为矩阵对策。

1. 基本模型

矩阵对策的基本模型用数学语言可描述如下:设 G 为一对策模型,以甲方、乙方表示两个局中人,以 $S_1=\{\alpha_1,\alpha_2,\cdots,\alpha_m\}$,$S_2=\{\beta_1,\beta_2,\cdots,\beta_n\}$ 分别表示甲方、乙方的策略集,则 S_1 和 S_2 可构成 $m\times n$ 个局势 (α_i,β_j),$(i=1,2,\cdots,m;j=1,2,\cdots,n)$。以 a_{ij} 表示甲方关于局势 (α_i,β_j) 的赢得,则甲方的赢得矩阵为

$$A=\begin{bmatrix} a_{11} & a_{12} & \cdots & a_{1n} \\ a_{21} & a_{22} & \cdots & a_{2n} \\ \vdots & \vdots & & \vdots \\ a_{m1} & a_{m2} & \cdots & a_{mn} \end{bmatrix}$$

局中人乙的赢得矩阵为 $B=-A$,则称 G 为一矩阵对策模型,记为 $G=\{S_1,S_2;A\}$。

在例 5-18 中,设以 $S_1=\{\alpha_1,\alpha_2,\cdots,\alpha_6\}$ 表示田忌的策略集,其中

$\alpha_1=(上,中,下),\quad \alpha_2=(上,下,中)$
$\alpha_3=(中,上,下),\quad \alpha_4=(中,下,上)$
$\alpha_5=(下,上,中),\quad \alpha_6=(下,中,上)$

以 $S_2=\{\beta_1,\beta_2,\cdots,\beta_6\}$ 表示齐王的策略集,其中

$\beta_1=(上,中,下),\quad \beta_2=(上,下,中)$
$\beta_3=(中,上,下),\quad \beta_4=(中,下,上)$
$\beta_5=(下,上,中),\quad \beta_6=(下,中,上)$

则由题意可知,田忌的赢得表为表 5-8。

表 5-8

齐王 田忌	β_1	β_2	β_3	β_4	β_5	β_6
α_1	−3	−1	−1	1	−1	−1
α_2	−1	−3	1	−1	−1	−1
α_3	−1	−1	−3	−1	−1	1
α_4	−1	−1	−1	−3	1	−1
α_5	1	−1	−1	−1	−3	−1
α_6	−1	1	−1	−1	−1	−3

因此,田忌的赢得矩阵为

$$A=\begin{bmatrix} -3 & -1 & -1 & 1 & -1 & -1 \\ -1 & -3 & 1 & -1 & -1 & -1 \\ -1 & -1 & -3 & -1 & -1 & 1 \\ -1 & -1 & -1 & -3 & 1 & -1 \\ 1 & -1 & -1 & -1 & -3 & -1 \\ -1 & 1 & -1 & -1 & -1 & -3 \end{bmatrix}$$

故例 5-18 中的基本模型可表示为 $G=\{S_1,S_2;A\}$,其中田忌是甲方,齐王是乙方。

2. 最优纯策略

下面讨论矩阵对策模型的求解。首先来分析一个例子。

例 5-19 设已知矩阵对策 $G=\{S_1,S_2;A\}$，其中 $S_1=\{\alpha_1,\alpha_2,\alpha_3\}$，$S_2=\{\beta_1,\beta_2,\beta_3\}$，局中人甲的赢得矩阵为 A，其对应的赢得表为表 5-9。

表 5-9

甲＼乙	β_1	β_2	β_3	min
α_1	-3	1	-6	-6
α_2	4	2	6	②
α_3	10	-3	-12	-12
max	10	②	6	

若局中人甲要获取最大赢得 10，则需采取策略 α_3；但局中人乙会采取策略 β_3 对付 α_3。若局中人甲知道局中人乙会采取策略 β_3，则会采取策略 α_2 对付 β_3。若局中人甲采取策略 α_2，则乙会采取策略 β_2；若局中人甲知道局中人乙会采取策略 β_2，则甲仍然会采取策略 α_2。此时，α_2 和 β_2 就是甲方、乙方的最优策略或最稳妥策略。

如果对策双方均采取理智决策，则都应从各种最不利的情况出发，从中选取一个最好的结果。这就是说，每个局中人都应按照"从最坏的可能中力争最好结果"这一原则进行决策。对局中人甲来说，采用策略 α_1、α_2、α_3 中的最不利的结果，即表 5-9 中每一行各个元素的最小值，分别是 -6、2、-12（表 5-9 的最后一列）。按照"坏中取好"的原则，即 $\max\limits_i \min\limits_j a_{ij}=2$，则易知局中人甲最稳妥的策略是 α_2。同样可得：对局中人乙来说，采用策略 β_1、β_2、β_3 中的最不利的结果，即表 5-9 中每一列各个元素的最大值，分别是 10、2、6（表 5-9 的最后一行）。按照"坏中取好"的原则，即 $\min\limits_j \max\limits_i a_{ij}=2$，则易知局中人甲最稳妥的策略是 β_2。

由于
$$\max_i \min_j a_{ij} = \min_j \max_i a_{ij} = a_{22} = 2$$

因此，$a_{22}=2$ 就是双方都感到满意的对策结果。

对于一般的矩阵对策模型，可引入以下定义：

设矩阵对策模型 $G=\{S_1,S_2;A\}$，其中 $S_1=\{\alpha_1,\alpha_2,\cdots,\alpha_m\}$，$S_2=\{\beta_1,\beta_2,\cdots,\beta_n\}$，若
$$\max_i \min_j a_{ij} = \min_j \max_i a_{ij} = a_{i^*j^*} = V_G$$

则称值 V_G 为对策 G 的最优值，局势 $(\alpha_{i^*},\beta_{j^*})$ 称为对策 G 在纯策略意义下的解或鞍点，α_{i^*} 和 β_{j^*} 分别称为局中人甲、乙的最优纯策略。

现考虑例 5-18，根据田忌的赢得矩阵，易知
$$\max_i \min_j a_{ij} = -3, \quad \min_j \max_i a_{ij} = 1$$

由于
$$\max_i \min_j a_{ij} \ne \min_j \max_i a_{ij}$$

因此例 5-18 在纯策略意义下无解。那么，矩阵对策 G 在纯策略意义下有解，即鞍点存在的条件是什么呢？下面的定理回答了这个问题。

【定理】 矩阵对策 $G=\{S_1,S_2;A\}$ 在纯策略意义下有解（鞍点）的充要条件是：存在一个局势 $(\alpha_{i^*},\beta_{j^*})$，使得对任意的 i,j，都有
$$a_{ij^*} \leqslant a_{i^*j^*} \leqslant a_{i^*j}$$
成立。

3. 混合策略

如前所述，有些矩阵对策（如例 5-18）在纯策略意义下无解。那么，在这种情况下，双方应如何决策呢？这就需要对解的概念加以扩充。下面通过一个简单的例子来说明有关概念。

例 5-20 设矩阵对策 $G=\{S_1,S_2;A\}$，$S_1=\{\alpha_1,\alpha_2\}$，$S_2=\{\beta_1,\beta_2\}$，局中人甲的赢得矩阵为 $A=\begin{bmatrix}7 & 9\\14 & 8\end{bmatrix}$，讨论矩阵对策的解。

由于 $\max\limits_i\min\limits_j a_{ij}=8$，$\min\limits_j\max\limits_i a_{ij}=9$，因而对策 G 没有鞍点，即在纯策略意义下，没有解。这时局中人应如何选取策略进行决策呢？由于不存在最优纯策略，各局中人的决策总有一定的风险，且不能被对方猜中。因此每个局中人决策时，不是决定用哪个纯策略，而是决定以多大概率选取每个纯策略。这就是"混合策略"的概念。在例 5-20 中，假定局中人甲以概率 x 选取纯策略 α_1，以概率 $1-x$ 选取 α_2；局中人乙以概率 y 选取纯策略 β_1，以概率 $1-y$ 选取 β_2。于是局中人甲的期望赢得为
$$E(x,y)=7xy+9x(1-y)+14(1-x)y+8(1-x)(1-y)$$
$$=(35/4)-8[x-(3/4)][y-(1/8)]$$

由上式可知，当 $x=3/4$ 时，$E=35/4$，即当局中人甲以概率 3/4 选取纯策略 α_1 时，他的期望赢得至少是 35/4。而对于局中人乙来说，最稳妥的办法是取 $y=1/8$，从而使局中人甲的赢得最多为 35/4。综上，当 $X^*=(3/4,1/4)^T$，$Y^*=(1/8,7/8)^T$ 时，双方都会取得满意的结果。更一般地有下述定义。

设矩阵对策模型 $G=\{S_1,S_2;A\}$，其中 $S_1=\{\alpha_1,\alpha_2,\cdots,\alpha_m\}$，$S_2=\{\beta_1,\beta_2,\cdots,\beta_n\}$，$A=(a_{ij})_{m\times n}$。设局中人甲以概率 x_i 选取纯策略 α_i，x_i 满足 $0\leqslant x_i\leqslant 1$，$\sum\limits_{i=1}^m x_i=1$；局中人乙以概率 y_j 选取纯策略 β_j，y_j 满足 $0\leqslant y_j\leqslant 1$，$\sum\limits_{j=1}^n y_j=1$。令 $X=(x_1,x_2,\cdots,x_m)^T$，$Y=(y_1,y_2,\cdots,y_n)^T$ 分别表示 m 维和 n 维概率向量。我们称 X（或 Y）为局中人甲（或乙）的混合策略；称 (X,Y) 为一个混合局势；称 $E(X,Y)=X^TAY$ 为局中人甲的期望赢得。

类似于纯策略，自然要问：是否存在向量 X^*,Y^*，使得
$$E(X^*,Y^*)=\max_X\min_Y E(X,Y)=\min_Y\max_X E(X,Y)$$
成立。若存在这样的 X^*,Y^*，则称 (X^*,Y^*) 为混合策略意义下的解（鞍点），X^* 和 Y^* 分别称为局中人甲、乙的最优混合策略，称 $E(X^*,Y^*)$ 为对策 G 混合策略意义下的最优值。

数学家 Von Neumann 等证明了如下定理。

【定理】 任何矩阵对策 $G=\{S_1,S_2;A\}$ 在混合策略意义下一定有解。

下面讨论矩阵对策问题在混合策略意义下的求解方法。不加证明地引入如下定理：

管理决策方法

【定理】 不等式组

$$\begin{cases} \sum_{i=1}^{m} a_{ij}x_i \geqslant v, & j=1,2,\cdots,n \\ x_i \geqslant 0, & i=1,2,\cdots,m \\ \sum_{i=1}^{m} x_i = 1 \end{cases} \text{和} \begin{cases} \sum_{j=1}^{n} a_{ij}y_j \leqslant v, & i=1,2,\cdots,m \\ y_j \geqslant 0, & j=1,2,\cdots,n \\ \sum_{j=1}^{n} y_j = 1 \end{cases} \quad (5\text{-}24)$$

的解 $\boldsymbol{X}^* = (x_1^*, x_2^*, \cdots, x_m^*)^T$ 和 $\boldsymbol{Y}^* = (y_1^*, y_2^*, \cdots, y_n^*)^T$ 分别是局中人甲、乙的最优混合策略。

若 $v>0$，作变换 $x_i' = x_i/v (i=1,2,\cdots,m)$，$y_j' = y_j/v (j=1,2,\cdots,n)$，则由式(5-24)得到

$$\begin{cases} \sum_{i=1}^{m} a_{ij}x_i' \geqslant 1, & j=1,2,\cdots,n \\ x_i' \geqslant 0, & i=1,2,\cdots,m \\ \sum_{i=1}^{m} x_i' = 1/v \end{cases} \text{和} \begin{cases} \sum_{j=1}^{n} a_{ij}y_j' \leqslant 1, & i=1,2,\cdots,m \\ y_j' \geqslant 0, & j=1,2,\cdots,n \\ \sum_{j=1}^{n} y_j' = 1/v \end{cases} \quad (5\text{-}25)$$

对局中人甲来说，总希望对策值 v 越大越好；而对于局中人乙来说，总希望对策值 v 越小越好。因此，求局中人甲、乙的最优混合策略可化为求解如下的两个线性规划问题：

$$\min z = 1/v = \sum_{i=1}^{m} x_i' \qquad \max w = 1/v = \sum_{j=1}^{n} y_j'$$

$$\text{s.t.} \begin{cases} \sum_{i=1}^{m} a_{ij}x_i' \geqslant 1, & j=1,2,\cdots,n \\ x_i' \geqslant 0, & i=1,2,\cdots,m \end{cases} \text{和} \quad \text{s.t.} \begin{cases} \sum_{j=1}^{n} a_{ij}y_j' \leqslant 1, & i=1,2,\cdots,m \\ y_j' \geqslant 0, & j=1,2,\cdots,n \end{cases}$$

$$(5\text{-}26)$$

而 $x_i = x_i'v, i=1,2,\cdots,m; y_j = y_j'v, j=1,2,\cdots,n$。由于任何矩阵对策在混合策略意义下一定有解，所以上述两个线性规划问题一定有解。如果它们无解，说明 $v>0$ 的假设错了，这时应该令 $v<0$，并适当修改线性规划问题(5-26)，再求解即可。

例 5-21 设矩阵对策 $\boldsymbol{G} = \{S_1, S_2; \boldsymbol{A}\}$，其中

$$\boldsymbol{A} = \begin{bmatrix} 2 & 0 & 2 \\ 0 & 3 & 1 \\ 1 & 2 & 1 \end{bmatrix}$$

求对策 $\boldsymbol{G}$ 的解与值。

解：利用单纯形法求解如下两个线性规划问题：

$$\min z = 1/v = \sum_{i=1}^{3} x_i' \qquad \max w = 1/v = \sum_{j=1}^{3} y_j'$$

$$\text{s.t.} \begin{cases} 2x_1' + x_3' \geqslant 1 \\ 3x_2' + 2x_3' \geqslant 1 \\ 2x_1' + x_2' + x_3' \geqslant 1 \\ x_i' \geqslant 0, \quad i=1,2,3 \end{cases} \text{和} \quad \text{s.t.} \begin{cases} 2y_1' + 2y_3' \leqslant 1 \\ 3y_2' + y_3' \leqslant 1 \\ y_1' + 2y_2' + y_3' \leqslant 1 \\ y_j' \geqslant 0, \quad j=1,2,3 \end{cases}$$

可得最优解 $X'^* = (1/4, 0, 1/2)^T, Y'^* = (1/2, 1/4, 0)^T, v = 4/3$ 为对策 G 的值。所以对策 G 的解为 $X^* = vX'^* = (1/3, 0, 2/3)^T, Y^* = vY'^* = (2/3, 1/3, 0)^T$。

5.5.3 二人无限零和对策问题建模

矩阵对策（二人有限零和对策）最简单的一种推广就是将局中人的策略集从有限集变为无限集。例如，一艘潜艇要从 A 港航行到 B 港，航行过程中至少要露出水面换气一次。敌方飞机在航线上监视潜艇活动。这时，潜艇需要考虑在航线 AB 间的什么地方露出水面换气才不被敌机侦察到。因航线 AB 间的点是无限多的，所以潜艇、飞机可采取的策略都是无限多的。

1. 最优纯策略

二人无限零和对策的基本模型记为 $G = \{S_1, S_2, H\}$，其中局中人甲的策略集 S_1 和局中人乙的策略集 S_2 中至少有一个是无限集合，H 为局中人甲的赢得函数。若存在 $\alpha^* \in S_1, \beta^* \in S_2$，满足

$$H(\alpha^*, \beta^*) = \max_{\alpha \in S_1} \min_{\beta \in S_2} H(\alpha, \beta) = \min_{\beta \in S_2} \max_{\alpha \in S_1} H(\alpha, \beta) \quad (5-27)$$

记 $V_G = H(\alpha^*, \beta^*)$，则称 V_G 为对策 G 的值，称使式(5-27)成立的 (α^*, β^*) 为 G 在纯策略意义下的解，把 α^*、β^* 分别称为甲方、乙方的最优纯策略。

与矩阵对策类似，二人无限零和对策 $G = \{S_1, S_2, H\}$ 在纯策略意义下有解也需要满足一定条件。

【定理】 (α^*, β^*) 为 $G = \{S_1, S_2, H\}$ 在纯策略意义下的解的充要条件是：对任意的 $\alpha \in S_1$ 和任意的 $\beta \in S_2$，都有

$$H(\alpha, \beta^*) \leqslant H(\alpha^*, \beta^*) \leqslant H(\alpha^*, \beta) \quad (5-28)$$

例 5-22 设甲方、乙方相互独立地从区间 $[0,1]$ 中分别选择一个实数 x 和 y，甲方的赢得函数为 $H(x,y) = 2x^2 - y^2$。甲方希望 H 越大越好，而乙方则希望 H 越小越好。试求解该对策问题。

解：先画出函数 $H(x,y)$ 的等值线，如图 5-6 所示。通过分析该图不难看出，对策双方的平衡局势（最优纯局势）为 $(x^*, y^*) = (1, 1)$，即 $x^* = 1, y^* = 1$ 分别为甲方、乙方的最优纯策略，而对策值 $V_G = H(x^*, y^*) = 1$。可以验证，对于 $(x^*, y^*) = (1, 1)$，式(5-28)是成立的。

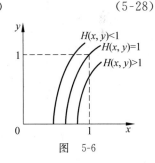

图 5-6

2. 混合策略

二人无限零和对策 $G = \{S_1, S_2, H\}$ 在纯策略意义下有解的情形比较少见，所以同矩阵对策一样，也需考虑混合策略问题。为简化研讨，一般可考虑 $S_1 = S_2 = [0, 1]$，且 $H(x, y)$ 为连续函数的情形。这类对策又称为（单位正方形上的）连续对策。

对连续对策而言,甲方、乙方的混合策略 X 和 Y 分别为区间$[0,1]$上的分布函数。若用 x、y 表示纯策略,用 $F_X(x), F_Y(y)$ 表示混合策略 X 和 Y 的分布函数,则甲方的赢得函数为

$$H(X,Y) = \int_0^1 \int_0^1 H(x,y) dF_X(x) dF_Y(y) \tag{5-29}$$

记

$$v_1 = \max_{X \in D} \min_{Y \in D} H(X,Y) \tag{5-29a}$$

$$v_2 = \min_{Y \in D} \max_{X \in D} H(X,Y) \tag{5-29b}$$

分别表示甲方、乙方的对策值,其中 D 为 $[0,1]$ 区间上的分布函数集合。

可以证明,对任何连续对策,一定有 $v_1 = v_2$,即连续对策在混合策略意义下一定有解。

5.5.4 二人有限非零和对策问题建模

1. 基本模型

在二人有限对策中,若甲乙双方的赢得总和不全为零,则称为二人有限非零和对策。设

$$S_1 = \{\alpha_1, \alpha_2, \cdots, \alpha_m\}, \quad S_2 = \{\beta_1, \beta_2, \cdots, \beta_n\}$$

分别表示甲方、乙方的策略集;以

$$A = (a_{ij})_{m \times n}, \quad B = (b_{ij})_{m \times n}$$

分别表示甲方、乙方的赢得矩阵,其中 a_{ij} 和 b_{ij} 分别为甲方、乙方关于局势 (α_i, β_j) 的赢得。

记

$$(A, B) = (a_{ij}, b_{ij})_{m \times n}$$

为双元矩阵,则二人有限非零和对策的基本模型记为 $G = \{S_1, S_2, (A, B)\}$,又称为双矩阵对策。

显然,当 $A + B = 0$ 时,双矩阵对策就转化为矩阵对策。

在矩阵对策中,由于甲方的赢得就是乙方的损失,反之亦然,双方利益处处冲突,不可调和,处于完全对抗的非合作状态。但在双矩阵对策中,由于甲方赢得并不一定意味着乙方损失,双方利益并非处处冲突,因而有可能合作共赢。

2. 基本思路

双矩阵对策的求解一般要比矩阵对策复杂得多,本书不作详细介绍。下面仅以两个著名典例来说明求解双矩阵对策问题的基本思路。

例 5-23 囚徒困境。

甲、乙两人因涉嫌同一桩罪行而被警察逮捕,并隔离审讯。警方的政策是"坦白从宽,抗拒从严":若两人都坦白则各判刑 8 年;若一人坦白而另一人抵赖,则坦白者被释放,而

抵赖者被判刑 10 年;若两人都抵赖,则因大多罪责缺乏证据而各判刑 1 年。则甲、乙两人应如何决策?

解:本例的局中人甲、乙两人都有两个策略,即坦白和抵赖,其赢得矩阵分别表示如下:

$$A = \begin{matrix} \text{坦白} \\ \text{抵赖} \end{matrix} \begin{bmatrix} -8 & 0 \\ -10 & -1 \end{bmatrix} \quad B = \begin{matrix} \text{坦白} \\ \text{抵赖} \end{matrix} \begin{bmatrix} -8 & 10 \\ 0 & -1 \end{bmatrix}$$

显然,$A + B \neq 0$,因此,本例就是一个双矩阵对策问题,其模型见表 5-10。表中的双元矩阵元素 (a_{ij}, b_{ij}) 即甲、乙两方的赢得,故称这类表格为双元矩阵决策表。

按照亚当·斯密的理论,每一个人都是一个"理性的经济人",都会从利己的目的出发进行选择。因此,甲、乙两人都会这样剖析本案:

表 5-10

甲＼乙	坦 白	抵 赖
坦白	(-8, -8)	(0, -10)
抵赖	(-10, 0)	(-1, -1)

假如对方坦白,自己若抵赖,则被判刑 10 年,而自己坦白会被判刑 8 年,所以坦白比抵赖好;

假如对方抵赖,自己若坦白,则会被释放,自己若抵赖,则会被判刑 1 年,所以也是坦白为好。

综上,不管对方坦白与否,自己都当选择坦白。两个人都会如此考量,最终两人都选择了坦白,结果都被判刑 8 年。

不难发现,如果甲和乙都选择抵赖而各判刑 1 年,显然比都坦白而各判刑 8 年要好得多。但是为何结果却大相径庭?这便使"纳什均衡理论"应运而生。

3. 纳什均衡

在"囚徒困境"典例中,甲、乙两人都选择"坦白"策略所构成的这一局势,反映出参与对策的各方均能自觉接受的一种利益均衡状态,由于这一"均衡"本质属性是由美国人约翰·纳什所揭示的,故将其命名为纳什均衡(Nash equilibrium),又称为非合作均衡。它是对策论的一个重要术语,来源于纳什所著题为"非合作对策"的长篇博士学位论文,该论文最早于 1950 年 11 月刊登在美国全国科学院每月公报上,立即引起学术界的轰动,当时纳什年方 20 出头。惟其如此,正如本章开篇所述,纳什奠定了对策论的现代理论基础,并因此而荣膺 1994 年诺贝尔经济学奖。

在一局二人有限非零和对策中,无论对方的策略如何选择,本方都会选择某个确定的策略,则该策略被称为支配性策略。而由双方各自的支配性策略所构成的这个局势,就被定义为纳什均衡。在实际应用中,纳什均衡局势常被称作纳什均衡解。

更一般地,纳什均衡系由所有局中人的单方最优策略所组成。也就是说,在其他各方策略都不变的情况下,没有任何一方会有积极性选择其他策略,因为这不会使本方获得更大利益,却可能适得其反,从而没有任何一方会有积极性打破这种均衡。譬如"囚犯困境"典例,尽管甲、乙两人可以在被警察抓到之前订立一个攻守同盟,但是这不起作用,因为它不构成均衡局势,没人会有积极性遵守这个协定。

纳什均衡理论蕴涵着一个深刻的哲理,就是个体理性与集体理性的矛盾。即对每个局中人而言均为个体理性的选择,但对于整个集体来说却是不理性的决策;反之,整个集体理性的选择,由于并非每个个体的理性决策,因此若无强制有效约束措施,个体绝不会自觉遵守。

由"囚徒困境"演绎出的"纳什均衡"在经济学上有很多应用,也有效地解释了一些经济现象,诸如同一行业中不同企业之间的价格竞争、公共商品的供给,以及贸易自由与贸易壁垒问题,等等。例如,在我国出口贸易中,各企业明知统一价格对各自企业俱为有利,但为争夺订单而竞相压价,实可谓中方"鹬蚌相争",其结果是外商"渔翁得利"。

例 5-24 智猪博弈。

猪圈里有一头大猪、一头小猪。猪圈的一端有猪食槽,另一端安装着控制猪食供应的开关,按启开关就会有 10 个单位的猪食进槽,但凡按启开关都须付出 2 个单位的成本。若大猪先到槽边,大猪、小猪获得食物的收益比是 9∶1;同时到槽边,收益比是 7∶3;小猪先到槽边,收益比是 6∶4。试求纳什均衡解。

表 5-11

大猪＼小猪	按 启	等 待
按 启	(5,1)	(4,4)
等 待	(9,−1)	(0,0)

解:先建立双元矩阵决策表,见表 5-11。表中第一格表示两头猪同时按启开关,因而同时走到猪食槽前,大猪获食 7 个单位,小猪获食 3 个单位,扣除 2 个单位的成本,其赢得分别为 5 个单位和 1 个单位,其他情形依此类推。

现求本例的纳什均衡解。首先注意到,不论大猪选择"按启"还是"等待",小猪的最优决策均是选择"等待"。既然小猪的最优决策为"等待",那么大猪的最优决策只能是选择"按启"。所以,本例的纳什均衡解就是:大猪按启,小猪等待,各得 4 个单位食物,多劳者不多得。

这个典例的纳什均衡解适用于许多同类实际对策。譬如在股票市场上炒股票,有大户,也有小户,大户类似"大猪",小户类似"小猪"。恰如"智猪博弈","炒股"的纳什均衡解为:对小户而言,最优决策是选择"跟大户";而大户则必须自己搜集信息,进行分析与抉择。这已是不争的历史事实,并成为股市新手的借鉴经验。

4. 标号法

这是一种寻求双矩阵对策问题纳什均衡解的简单方法,其步骤如下:

(1) 考察甲方的赢得,对应乙方每一个给定的策略,都找出甲方的最大赢得值并标上记号。

(2) 用类似的方法考察,找出乙方的每个最大赢得值并标号。

(3) 逐一观察每个元素 (a_{ij}, b_{ij}),而双标号元素 (a_{ij}^*, b_{ij}^*) 对应的局势就是一个纳什均衡解。

例 5-25 已知双矩阵对策问题,见表 5-12。试求纳什均衡解。

表 5-12

甲＼乙	L	C	R
U	(0,4)	(4,0)	(5,3)
M	(4,0)	(0,4)	(5,3)
D	(3,5)	(3,5)	(6,6)

解：(1) 考察甲方的赢得：对应乙方的三个不同策略 L、C、R,找出甲方相应的最大赢得值,并且分别标以同一种记号,如画圈,或标"＊"号、画线等。本书采用画圈标号,见表 5-13(a)。

(2) 考察乙方的赢得：对应甲方的三个不同策略 U、M、D,找出乙方相应的最大赢得值,并且分别画圈,见表 5-13(b)。

表 5-13(a)

甲＼乙	L	C	R
U	(0,4)	(④,0)	(5,3)
M	(④,0)	(0,4)	(5,3)
D	(3,5)	(3,5)	(⑥,6)

表 5-13(b)

甲＼乙	L	C	R
U	(0,④)	(④,0)	(5,3)
M	(④,0)	(0,④)	(5,3)
D	(3,5)	(3,5)	(⑥,⑥)

(3) 观察遍历表 5-13(b),双标号元素(⑥,⑥)对应的局势 (D,R) 就是本例的纳什均衡解。

注意：同矩阵对策类似,双矩阵对策也适用汰劣准则。

5.5.5 多人对策问题建模

1. 多人非合作对策

实际生活中,经常会面临多人对策的问题,尤其多人非合作对策问题更为常见。所谓多人非合作对策,是指多个局中人之间互不合作,对策略的选择不允许事先有任何交换信息的行为,不允许订立任何约定。矩阵对策就是一种非合作对策。

多人非合作对策的一般模型记为 $G=(S_1,S_2,\cdots,S_n;u_1,u_2,\cdots,u_n)$,解释如下：

(1) 局中人集合为 $I=\{1,2,\cdots,n\}$,这里 $n\geqslant 3$,下同；

(2) 每个局中人的策略集 $S_1,S_2,\cdots,S_n$ 均为有限集；

(3) 局势 $s=(s_1,s_2,\cdots,s_n)\in S_1\times S_2\times\cdots\times S_n$；

(4) 每个局中人 i 的赢得函数为 $u_i=u_i(s_i,s_{-i})$,其中 $s_{-i}=(s_1,\cdots,s_{i-1},s_{i+1},\cdots,s_n)$ 表示由除了局中人 i 之外的所有局中人的策略组成的向量。

于是,可将二人非合作对策中的纳什均衡概念推广到 n 人非合作对策。

设有对策 $G=(S_1,S_2,\cdots,S_n;u_1,u_2,\cdots,u_n)$,若存在策略 $s_1^*\in S_1$,$s_2^*\in S_2$,$\cdots$, $s_n^*\in S_n$,对局中人 i 的任一策略 $s_i\in S_i(i=1,2,\cdots,n)$ 都有

$$u_i(s_i^*,s_{-i}^*)\geqslant u_i(s_i,s_{-i}^*),\quad i=1,2,\cdots,n \quad (5-30)$$

则称 $s^*=(s_1^*,s_2^*,\cdots,s_n^*)$ 为对策 G 的纳什均衡解,$s_1^*,s_2^*,\cdots,s_n^*$ 为局中人 $1,2,\cdots,n$ 的纳什均衡策略。

根据理性人假设,当其他人选定策略 s_{-i}^* 后,局中人 i 选定的策略 s_i^* 应是其策略集 S_i 中的最优策略,正如式(5-30)所示。

与矩阵对策类似,n 人非合作对策在纯策略意义下的纳什均衡解不一定存在。但是,可以证明,n 人非合作对策在混合策略意义下的纳什均衡解一定存在。

2. 多人合作对策

与非合作对策不同,合作对策的基本特征是参加对策的局中人可以进行充分的合作,即可以事先商定好,把各自的策略协调起来,并在对策后对所获赢得进行重新分配。合作的形式是所有局中人可以形成若干联盟,每个局中人仅参加一个联盟,联盟所得要在联盟的所有成员中进行重新分配。

一般来说,合作可以提高联盟的赢得,因而也可以提高每个联盟成员的所得。但联盟能否形成以及形成哪种联盟,或者说一个局中人是否参加联盟以及参加哪个联盟,不仅取决于对策的规则,更取决于联盟所获赢得如何对各成员进行合理的重新分配。如果分配方案不合理,就可能破坏联盟的形成。因此,在合作对策中,每个局中人如何选择自己的策略已经不是需要研究的主要问题了,而需要研究的重要问题是:如何形成联盟,以及联盟的赢得如何合理分配(即如何维持联盟)?

研究问题重点的转变,使得合作对策的模型、解的概念,都与非合作对策问题有很大的不同。具体来说,构成合作对策的两个基本要素为局中人集合 I 和特征函数 $v(S)$,其中 $I=\{1,2,\cdots,n\}$;S 为 I 的任一子集,即任何一个可能形成的联盟;$v(S)$ 表示联盟 S 在对策中的赢得,又称之为联盟 S 的价值,它表示联盟 S 中的成员无须求助于 S 之外的局中人就能得到的可转让赢得的总量。因此,可将合作对策模型表示为 $G=\{I,v\}$。

例 5-26 有 3 个局中人,每人各提出一个 3 人分配 3 万元的分配方案。试按以下几种情况分别探讨合作对策模型:

(1) 若 3 人方案一致,则通过,并成为实际分配方案;

(2) 只要局中人 1 和 2 两人方案一致,就可以成为实际分配方案;

(3) 只要任何两人一致,就可以成为实际分配方案。

解:(1) 合作对策模型为

$$I = \{1,2,3\}; \quad v(\{1,2,3\}) = 3, \quad v(\{1,2\}) = v(\{1,3\}) = v(\{2,3\}) = 0$$

及

$$v(\{1\}) = v(\{2\}) = v(\{3\}) = 0$$

(2) 合作对策模型为

$$I = \{1,2,3\}; \quad v(\{1,2,3\}) = 3 = v(\{1,2\}), \quad v(\{1,3\}) = v(\{2,3\}) = 0$$

及

$$v(\{1\}) = v(\{2\}) = v(\{3\}) = 0$$

(3) 合作对策模型为

$$I = \{1,2,3\}; \quad v(\{1,2,3\}) = 3 = v(\{1,2\}) = v(\{1,3\}) = v(\{2,3\})$$

及

$$v(\{1\}) = v(\{2\}) = v(\{3\}) = 0$$

例 5-27 由 n 个人组成的寻宝探险队在一个山洞里面找到一批宝物,每件价值为 1 个货币单位,每件要两人合作才能运回。对应的可转让赢得的合作对策模型为 $G=\{I,v\}$,其中

$$v(s) = \begin{cases} (|s|-1)/2 & \text{若 } |s| \text{ 是奇数} \\ |s|/2 & \text{若 } |s| \text{ 是偶数} \end{cases}$$

其中,$|s|$ 为联盟 s 中的成员个数。

设以 n 维向量 $\boldsymbol{X}=(x_1,x_2,\cdots,x_n)^{\mathrm{T}}$ 表示联盟赢得的一个分配方案,其中 x_i 表示联盟成员 $i \in I$ 的分配所得,若 $\boldsymbol{X}$ 满足下列条件:

$$x_i \geqslant v(\{i\}), \quad i=1,2,\cdots,n \tag{5-31a}$$

$$\sum_{i=1}^{n} x_i = v(I)$$

$$x_i \geqslant v(\{i\}), \quad i=1,2,\cdots,n \tag{5-31b}$$

则称 $\boldsymbol{X}$ 是合作对策 $G=\{I,v\}$ 的一个可行解。

合作对策研究的核心问题是:如何定义"最优"分配?是否存在"最优"分配?如何求解"最优"分配?鉴于对合作对策的系统阐述需要较多的数学知识和篇幅,而这已超出了本书的基本要求,故予从略。

习题

1. 某商品购入价为每件 3 元,销售价为每件 5 元,若不及时售出,则要报废,每件损失 4 元。现对该商品每天的需求量进行了 500 天的观察统计,得到了如表 5-14 所示的结果。试求最佳的进货方案。

表 5-14 需求信息情况

需求量/件	5	6	7	8	9	10
天数	50	100	200	75	50	25
概率	0.1	0.2	0.4	0.15	0.1	0.05

2. 某厂对产品在今后五年中的市场需求情况进行了调查和预测,拟订了改造、扩建、新建三种方案,其收益值如表 5-15 所示。试用期望值准则确定采用哪种方案最好?

表 5-15 决策信息情况 (单位:万元)

损益值 \ 自然状态 \ 方案 \ 概率	需求较高 **0.4**	需求一般 **0.5**	需求较低 **0.1**	投资额
A_1(改造)	50	35	15	20
A_2(扩建)	110	60	10	60
A_3(新建)	160	80	−20	160

3. 用决策树法确定第 2 题的最优方案。

4. 某公司欲订购一件产品 A 若干件,根据以往的经验,产品的销量可能是 50 件、100 件、150 件、200 件,每件进价 20 元,售价为 30 元。若产品在一周内不能售出,则只能按处理价每件 15 元出售。试分别用等可能决策法、乐观决策法、悲观决策法、折中决策法(取 $\alpha=0.4$)确定最优的订购产品 A 的方案。

5. 某工厂由于生产工艺落后,产品成本偏高。现工厂的高级管理人员准备进行工艺改造,用新的生产工艺来代替。新生产工艺的取得有两条途径:一是自行研制,成功的概率为 0.6;二是购买专利,预计谈判成功的概率是 0.8。但是不论研制还是谈判成功,企业的生产规模都有两种方案:一是保持原有产量;二是增加产量。如果研制或者谈判均告失败,则按原工艺继续生产,并保持产量不变。按照市场调查和预测的结果,预计今后几年这种产品价格上涨的概率是 0.4,价格中等的概率是 0.5,价格下降的概率是 0.1。通过计算得到各种方案在各种价格下的收益值,如表 5-16 所示。试用决策树方法确定企业应该选择何种决策方案对企业最为有利?

表 5-16 (单位:万元)

收益值　　方案 自然状态	原工艺生产	购买专利成功 0.8		自行研制成功 0.6	
		产量不变	增加产量	产量不变	增加产量
价格下跌 0.1	−100	−200	−300	−200	−300
价格中等 0.5	0	50	50	0	−250
价格上涨 0.4	100	150	250	200	600

6. 群由 30 人组成,现在要从 a、b、c、d 四个候选人中选出一人担任某职务。已知群成员的偏好如表 5-17 所示,用你所知道的各种方法分别确定有谁入选。

表 5-17

个体人数	偏好顺序	个体人数	偏好顺序
8	$a>b>c>d$	5	$c>d>a>b$
4	$b>c>d>a$	5	$d>a>c>b$
6	$b>d>a>c$	2	$d>c>b>a$

7. 用 Borda 函数和 Condorcet 函数给出第 6 题的群排序。

8. 设对策 $G=\{S_1,S_2;A\}$,其中 $S_1=\{\alpha_1,\alpha_2,\alpha_3\}$,$S_2=\{\beta_1,\beta_2,\beta_3\}$,$A=\begin{bmatrix} 4 & 1 & 3 \\ -5 & 0 & 4 \\ 5 & -2 & 0 \end{bmatrix}$ 为局中人 I 的赢得矩阵,求双方的最优纯策略,对策 G 的值和鞍点。

9. 甲、乙两厂竞争 A、B 两种产品的市场,目前甲厂这两种产品的销量都只是乙厂销量的 1/3。两家工厂都已完成这两种产品更新换代的研制,但要投产上市则还需一段时间。若同时投产两种新产品上市,每厂都需 1 年;若只投产一种抢先上市,则甲厂需 10 个月,乙厂需9个月,而另一种产品对每厂都再需9个月才能上市。对任一种新产品,若两厂产品同时上市,估计甲厂该产品的市场占有率将增加8个百分点(即由25%增至33%);若甲厂产品抢先2、6、8个月上市,则其市场占有率将分别增加20个百分点、30个百分点、40个百分点;若甲厂产品落后1、3、7、10个月上市,则其市场占有率将分别下降4个百分点、10个百分点、12个百分点、14个百分点。假设每厂都以其两种产品市场占有率增加的百分点之和的一半作为赢得指标,试建立此对策的模型并求解。

10. 设对策 $G=\{S_1, S_2; A\}$,其中 $S_1=\{\alpha_1, \alpha_2\}$,$S_2=\{\beta_1, \beta_2\}$,$A=\begin{bmatrix} 2 & 5 \\ 3 & 1 \end{bmatrix}$ 为局中人 I 的赢得矩阵,求双方的最优混合策略和对策 G 的值。

11. 试用线性规划法求解下列矩阵对策:

(1) $A=\begin{bmatrix} 1 & -1 & 2 \\ -2 & 2 & -4 \end{bmatrix}$ (2) $A=\begin{bmatrix} 0 & -2 & 1 \\ 1 & -1 & -2 \\ 0 & 3 & 0 \end{bmatrix}$

12. 求例 5-18 中齐王与田忌赛马的对策问题中双方的最优混合策略。

13. 甲、乙两人玩一种猜球游戏,甲从一个罐内任取一球让乙猜其颜色,若猜对则乙得分为该罐该颜色球的个数,若猜错则乙失分为该罐其他颜色球的个数之半。甲可从3个罐中任取一罐:Ⅰ罐内有2个蓝球和2个白球;Ⅱ罐内有3个红球,1个蓝球和3个白球;Ⅲ罐内有2个红球和4个蓝球。试求甲、乙两人的最优策略,并问这种游戏对双方是否公平合理?

14. 已知双矩阵对策问题,见表 5-18。试求纳什均衡解。

表 5-18

甲 \ 乙	β_1	β_2	β_3
α_1	(4,6)	(6,5)	(3,4)
α_2	(4,4)	(5,6)	(3,5)
α_3	(5,4)	(4,5)	(4,6)

15. 市场上一种商品仅由甲、乙两个工厂生产,甲厂的产量 x_1 有两种方案 $x_{11}=6$,$x_{12}=4$ 可供选择;乙厂的产量 x_2 也有两种方案 $x_{21}=4$,$x_{22}=3$ 可供选择。该产品的市场价格函数为 $p(x_1+x_2)=12-x_1-x_2$,甲厂的成本函数为 $c_1(x_1)=x_1/2$,乙厂的成本函数为 $c_2(x_1)=5x_2/12$。试按利润指标建立对策模型,并求出纳什均衡解。

第 6 章 综合案例分析

6.1 数学规划综合案例

由于资源的稀缺性,企业经常面临着资源分配、物资调度、人员安排、厂址选择等实际问题。这些问题一直以来困扰着许多决策者。为解决这些问题,近年来越来越多的运筹学方法(特别是数学规划方法)和计算机辅助决策技术被应用于企业的实际决策制定中。作为运筹学的一个重要分支,数学规划主要研究如何合理分配有限资源以获得最佳效果,包括线性规划、非线性规划、整数规划、目标规划和动态规划等分支。数学规划方法作为一种重要并且实用的科学管理工具,在现代管理实践中得到了广泛的应用。

6.1.1 案例背景

北方恒兴玛钢有限公司是一家从事阀门、钢管、水表等各种水暖配件生产的专业公司。本着"以质量求发展,以信誉谋生存"的理念,在社会各界的支持下,公司当前发展态势良好,市场对公司产品的需求量很大,而且预测结果表明,需求还有进一步扩大的趋势。但随着市场对产品需求量的增加,如何有效利用现有资源来安排生产以获得最大利润是公司面临的主要问题。同时,由于原材料的需求也大大增加,过去靠经验的库存管理制度已无法保证正常的生产,原材料的库存问题也已成为公司亟待解决的问题之一。此外,随着公司业务的扩展,许多距离公司比较远的城市的客户纷纷要求公司在国内一些主要城市设立分公司,公司必须结合实际,对分公司的选址问题作进一步规划。

为解决这些问题,公司召开了董事会。通过讨论,董事会认为公司当前应该集中精力解决生产计划、库存和分公司选址这三个问题,其中生产计划问题由公司生产部负责解决,库存问题由公司采购部负责解决,分公司选址问题由公司规划部负责解决。

问题1:公司的三种主要产品阀门、钢管、水表都要经过铸造、机加工和装配三个车间。其中阀门和钢管的铸件可以外包协作,也可以自行生产,但水表必须在本厂铸造才能保证质量。根据工艺要求及成本核算,单位产品所需要的加工时间、利润以及可供使用的总工时如表 6-1 所示。要使公司在现有的资源限制条件下获得最大收益,生产部应该如何制定生产计划?

表 6-1

单件加工时间与成本核算	阀门	钢管	水表	工时限制/年
铸造工时/(小时/件)	5	10	7	4 000
机加工工时/(小时/件)	6	4	8	6 000
装配工时/(小时/件)	3	2	2	3 500
自产铸件成本/(元/件)	3	5	4	—
外协铸件成本/(元/件)	5	6	—	—
机加工成本/(元/件)	2	1	3	—
装配成本/(元/件)	3	2	2	—
产品售价/(元/件)	23	18	16	—

问题 2：公司在生产中需要物资 A 作为原材料，物资 A 的年需求量为 5 200 件，批发价为 2 元/件，同城订货每次的订货费为 10 元，订货后当天即可发货。已知银行的年利率为 10%，存储费为 0.20 元/件，如果允许缺货，且单位缺货损失为 2 元，采购部应当如何组织进货，才能使运营费用最小？

问题 3：公司打算通过在武汉或长春设立分公司（也可在两个城市都设分公司）以增加市场份额，同时考虑在新设分公司的城市建立一个配送中心（也可以不建配送中心）。经过计算，每种方案下公司收益的净现值和所需费用如表 6-2 所示。设分公司和建配送中心的总投资不得超过 1 000 万元。要使公司的总的净现值最大，规划部应当如何设计选址方案？

表 6-2

选址地点	净现值/万元	所需资金/万元
在长春设立分公司	800	600
在武汉设立分公司	500	300
在长春建配送中心	600	500
在武汉建配送中心	400	200

6.1.2 案例分析

1. 问题 1

问题 1 所描述的问题属于生产计划问题。一般的生产计划问题都可以归结为线性规划问题。在问题 1 中，产品阀门和钢管的铸件既可以外包协作，也可以自行生产。如果决策变量只考虑阀门、钢管、水表三种产品的产量，由于阀门和钢管的铸件来源不同造成单位利润不同，会导致目标函数成为非线性函数，从而使问题复杂化。但是如果把它们区分开来，另设两个变量，则可以较容易地建立问题 1 的线性规划模型。

设 x_1、x_2、x_3 分别为三道工序都由本公司加工的阀门、钢管、水表三种产品的件数；x_4、x_5 分别为由外协铸造再由本公司机加工和装配的阀门、管件两种产品的件数。

先来考虑问题的目标函数。为了建立目标函数，首先计算各决策变量的单位利润。设 $c_i(i=1,2,\cdots,5)$ 表示决策变量 $x_i(i=1,2,\cdots,5)$ 的单位利润，则 $c_i(i=1,2,\cdots,5)$ 可计算如下。

x_1（三道工序都由本公司加工的阀门）：$c_1 = 23 - (3+2+3) = 15$（元/件）

x_2（三道工序都由本公司加工的钢管）：$c_2 = 18 - (5+1+2) = 10$（元/件）

x_3（三道工序都由本公司加工的水表）：$c_3 = 16 - (4+3+2) = 7$（元/件）

x_4（由外协铸造再由本公司机加工和装配的阀门）：$c_4 = 23 - (5+2+3) = 13$（元/件）

x_5（由外协铸造再由本公司机加工和装配的钢管）：$c_5 = 18 - (6+1+2) = 9$（元/件）

因此，可以得到公司可获得的利润，即目标函数为

$$Z = 15x_1 + 10x_2 + 7x_3 + 13x_4 + 9x_5$$

接下来考虑问题的约束条件。根据问题描述，约束条件主要包括以下几个。

(1) 铸造工时限制：$5x_1 + 10x_2 + 7x_3 \leqslant 4\,000$

(2) 机加工工时限制：$6x_1 + 4x_2 + 8x_3 + 6x_4 + 4x_5 \leqslant 6\,000$

(3) 装配工时限制：$3x_1 + 2x_2 + 2x_3 + 3x_4 + 2x_5 \leqslant 3\,500$

(4) 非负约束：$x_i \geqslant 0 (i=1,2,3,4,5)$

从而，可以建立起问题 1 的线性规划模型为

$$\max Z = 15x_1 + 10x_2 + 7x_3 + 13x_4 + 9x_5$$

$$\text{s. t.} \begin{cases} 5x_1 + 10x_2 + 7x_3 \leqslant 4\,000 \\ 6x_1 + 4x_2 + 8x_3 + 6x_4 + 4x_5 \leqslant 6\,000 \\ 3x_1 + 2x_2 + 2x_3 + 3x_4 + 2x_5 \leqslant 3\,500 \\ x_i \geqslant 0 \quad (i=1,2,3,4,5) \end{cases}$$

线性规划问题可以使用 Excel 软件中的【规划求解】宏来求解。在新建立的工作表中，按照图 6-1 定义单元格，并输入相应的数据和公式。

	A	B	C	D	E	F	G	H	I	J
1	问题1:									
2			x1	x2	x3	x4	x5			
3		单位利润	15	10	7	13	9			
4										
5			每件产品所需生产时数					实际使用		可用工时
6		铸造	5	10	7	0	0	0	≤	4000
7		机加工	6	4	8	6	4	0	≤	6000
8		装配	3	2	2	3	2	0	≤	3500
9										
10			x1	x2	x3	x4	x5			总利润
11		产量	0	0	0	0	0			0

(a) 数据录入

区域名称	单元格	单元格	公式
产量	C11:G11	H6	=SUMPRODUCT($C$11:$G$11, C6:G6)
单位利润	C3:G3	H7	=SUMPRODUCT($C$11:$G$11, C7:G7)
可用工时	J6:J8	H8	=SUMPRODUCT($C$11:$G$11, C8:G8)
实际使用	H6:H8	J11	=SUMPRODUCT($C$11:$G$11, C3:G3)
总利润	J11		

(b) 定义单元格

图 6-1 数据录入与定义单元格

然后单击【工具】菜单,弹出【规划求解参数】对话框(如果没有,可以加载宏,找到【规划求解】选项卡),如图 6-2(a)所示,输入相应的内容。如图 6-2(b)所示,单击【选项】按钮,勾选【假定非负】和【采用线性模型】复选框,其他选项保持不变,选择【确定】,返回【规划求解参数】对话框。单击【求解】按钮,得到规划求解结果如图 6-2(c)所示。

(a) 规划求解参数

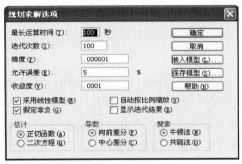
(b) 规划求解选项

(c) 规划求解结果

图 6-2 规划求解参数、规划求解选项与规划求解结果

由图 6-2(c)中的求解结果可以看到,当阀门自制产量为 800 件,钢管外协产量为 300 件,其余部分产量均为 0 件时,公司所获得的总利润最大,为 14 700 元,此时装配工时有 500 小时的空闲。

2. 问题 2

问题 2 描述的问题属于典型的库存问题,根据问题描述,可以直接使用允许缺货的经济批量订货模型来求解。

需求量 $D=5\,200$(件/年),单位存储费 $c_1=0.2+2\times10\%=0.4$(元/件·年),一次订货费 $c_2=10$(元),单位缺货费 $c_3=2$ 元。则由允许缺货的经济订货批量(EOQ)公式可得

最佳实际订货批量:
$$Q_1^* = \sqrt{\frac{2c_2 D}{c_1}\left(\frac{c_3}{c_1+c_3}\right)} = \sqrt{\frac{2\times 10 \times 5\,200}{0.4}\times\left(\frac{2}{0.4+2}\right)} \approx 466(件)$$

最佳缺货量:
$$Q_2^* = \sqrt{\frac{2c_2 D}{c_3}\left(\frac{c_1}{c_1+c_3}\right)} = \sqrt{\frac{2\times 10 \times 5\,200}{2}\times\left(\frac{0.4}{0.4+2}\right)} = 93(件)$$

最优订货周期：
$$T^* = \frac{Q_1^* + Q_2^*}{D} = \frac{466 + 93}{5\,200} \approx 0.107\,5(年) = 30(天)$$

此时，最低总库存费用为
$$TC^* = \sqrt{2c_1 c_2 D\left(\frac{c_3}{c_1 + c_3}\right)} = \sqrt{2 \times 0.4 \times 10 \times 5\,200 \times \left(\frac{2}{0.4 + 2}\right)}$$
$$\approx 186(元)$$

3. 问题 3

问题 3 中一个地点要么建分公司(或配送中心)，要么不建分公司(或配送中心)，属于二元问题，因此可以考虑将决策变量设为 0 或 1，即每个决策变量只有两个选择，是或者否，1 表示对于这个决策变量选择"是"，0 表示对于这个决策变量选择"否"，则此问题中的决策变量如表 6-3 所示。

表 6-3　分公司选址问题的 0—1 决策变量

是非决策问题	决策变量	可能取值
是否在长春设立分公司	x_1	0 或 1
是否在武汉设立分公司	x_2	0 或 1
是否在长春建配送中心	x_3	0 或 1
是否在武汉建配送中心	x_4	0 或 1

接下来，考虑问题的目标函数。由问题描述可知，此问题的目标是要求总的净现值最大，因此，设总的净现值为 Z，则 $Z = 800x_1 + 500x_2 + 600x_3 + 400x_4$。

根据问题描述，此问题的约束条件有以下四个。

(1) 总预算支出(资金)约束(不超过 1 000 万元)：
$$600x_1 + 300x_2 + 500x_3 + 200x_4 \leqslant 1\,000$$

(2) 公司最多只建一个配送中心。如果用相应的决策变量 x_3 和 x_4 来表示，这表示至多只有一个变量可以取值为 1，因此，作为该数学模型的一部分，这些变量必须满足互斥约束
$$x_3 + x_4 \leqslant 1$$

(3) 公司只在新设分公司的城市建配送中心，也就是说，新设分公司的那个城市可以建配送中心。以长春为例：

不难发现，无论 x_1 取何值，x_3 可能的取值都小于或等于 x_1。由于 x_1 和 x_3 都是 0—1 变量，因此有相应的相依约束 $x_3 \leqslant x_1$。

同理，对于武汉也有相应的相依约束 $x_4 \leqslant x_2$。

(4) $x_i = 0, 1 (i = 1, 2, 3, 4)$。

可以建立问题 3 的数学模型为
$$\max Z = 800x_1 + 500x_2 + 600x_3 + 400x_4$$

$$
\text{s. t.}\begin{cases}600x_1+300x_2+500x_3+200x_4\leqslant 1\,000\\ x_3+x_4\leqslant 1\\ x_3\leqslant x_1\\ x_4\leqslant x_2\\ x_i=0,1\quad (i=1,2,3,4)\end{cases}
$$

该模型属于典型的整数线性规划问题，也可以方便快速地用 Excel 中的【规划求解】宏来进行求解，在新建立的工作表中按照图 6-3 所示录入数据，并对单元格进行定义。

	A	B	C	D	E	F	G
1	问题3：						
2		净现值	长春	武汉			
3		建配送中心	600	400			
4							
5		设立分公司	800	500			
6							
7		所需资金	长春	武汉			
8		建配送中心	500	200			
9					实际使用		可用资金
10		设立分公司	600	300	0	≤	1000
11							
12		是否?	长春	武汉	实际建		最多一个
13		建配送中心	0	0	0	≤	1
14			≤	≤			
15		设立分公司	0	0			
16							
17			总的净现值	0			

(a) 数据录入

区域名称	单元格	单元格	公式
建配送中心	C13:D13	E10	=SUMPRODUCT(所需资金,是否？)
净现值	C3:D5	E13	=SUM(建配送中心)
可用资金	G10	D17	=SUMPRODUCT(净现值,是否？)
设立分公司	C15:D15		
实际建	E13		
实际使用	E11		
是否?	C13:D15		
所需资金	C8:D10		
总的净现值	D17		
最多一个	G13		

(b) 定义单元格

图 6-3　数据录入与定义单元格

然后，与问题 1 一样，打开【规划求解参数】对话框，按照图 6-4(a)所示添加相应内容，在这里要注意的是，决策变量为二进制；然后勾选【采用线性模型】和【假定非负】复选框，其他选项保持不变，返回【规划求解参数】对话框。单击【求解】按钮，得到规划求解结果如图 6-4(c)所示。

由图 6-4(c)的求解结果可以看出，该公司应该在武汉和长春都设立分公司，并且不建配送中心，此时总的净现值最大，为 1 300 万元。

6.1.3　结束语

本案例使用数学规划中的线性规划模型、库存模型和整数规划模型分别解决了企业实际运营中的生产计划问题、库存问题和厂址选择问题。企业实际运营中的许多其他问

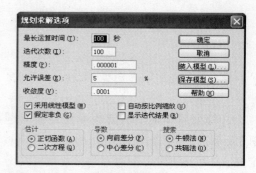

(a) 规划求解参数　　　　　　　　　　(b) 规划求解选项

(c) 规划求解结果

图 6-4　规划求解参数、规划求解选项与规划求解结果

题如运输问题、人力资源分配问题都可以通过建立数学规划模型,并对方案进行优化得到解决。目前,数学规划已成为企业制定决策过程中不可缺少的工具之一。

但企业实际运营中的因素复杂多变,模型中用到的大部分参数如单位利润、单位工时都是通过估计得到的,所以优化得到的结果并不一定符合企业的实际情况。因此,在使用数学规划模型进行决策的同时,还应当对参数进行灵敏度分析,考察参数变化对决策方案的影响,这样作出的决策才能更为科学、合理。

此外,本案例中数学规划模型的求解主要借助 Excel 软件中的【规划求解】宏来完成,对于大规模优化问题,读者可以考虑使用 Matlab、Lingo、Xpress-MP 等软件对模型进行求解;对于一些较为复杂的、具有随机性的模型,可以考虑使用计算机模拟的方法来进行求解。

6.2　网络分析综合案例

网络分析是运筹学的一个重要分支,它是建立和处理离散数学模型的一种重要工具。许多工程设计问题、生产和经营管理问题都可以用网络模型来描述,如一个实际的交通网络可以抽象成一个网络图来计算两点之间的最短路径,输水管网、信息网络等现实网络系统可以用网络流模型来计算网络的最大承载能力。近年来,随着图论研究的不断深入,网络分析模型在工程设计、生产和经营管理等领域中得到了广泛的应用。

6.2.1 案例背景

M 公司是欧洲一家豪华汽车制造商,在业界一直以来都有着良好的声誉,而保持这个声誉一个很重要的秘诀就在于它有充裕的汽车配件供应,能够随时供货给众多的经销商和授权维修店。这些供应件主要存放在公司的配送中心,一旦有需求便可以立即送货。但 M 公司当前所面临的问题让销售经理卡尔伤透了脑筋。

问题是这样的。M 公司在美国有几个配送中心,而且保证洛杉矶的供应对 M 公司来说是尤为重要的。但是离洛杉矶最近的一个配送中心却坐落在距离洛杉矶 1 000 多英里的西雅图,由此造成了洛杉矶配件供应量的不断减少,到货延迟和加急配件的不断增加。这一问题严重制约着 M 公司在美国的发展,因此,公司高层对这一问题高度重视,要求卡尔尽快拿出一个切实可行的解决方案,以缓解洛杉矶的供应问题。同时,公司高层希望以合适的成本建立转运点、配送中心和工厂间的内部信息网络,以便对配件运输进行更好的监控。

M 公司大部分的汽车配件和新车是由该公司坐落于德国斯图加特的一家工厂生产的。这家工厂同时负责向西雅图的配送中心供应汽车配件。配件路线示意图如图 6-5 所示,即首先通过铁路把汽车配件从工厂运输到欧洲的三个港口:鹿特丹、波尔多或里斯本,然后通过航运把配件运输到美国的港口城市:纽约或新奥尔良,最后通过陆路将汽车配件送到位于西雅图的配送中心。

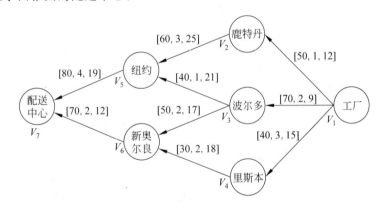

图 6-5 配件运输路线图

注:图中方括号内的数字分别表示路径上所能承载的最大容量(单位:箱)、路径的运输时间(单位:天)和信息网络建设成本(单位:万元)。

卡尔分析了公司高层的要求,认为需要解决以下几个问题。

问题 1:如何安排配送路线,才可以使加急配件到达位于西雅图的配送中心的时间最短?

问题 2:如何建立信息网络,才可以使工厂、转运点和位于西雅图的配送中心之间的网络建设成本最低?

问题 3:如何安排配送路线上的运输量,才可以使从工厂运送到位于西雅图的配送中心的供应配件最多?

第 6 章 综合案例分析

6.2.2 案例分析

1. 问题1

问题1要求加急配件运送的时间最短,如果将不同地点间的运输时间看做它们之间的距离,则问题1显然可以转化为如图6-5所示的网络中从寻找一条从工厂(结点 v_1)到位于西雅图的配送中心(结点 v_7)的最短路径。因此,可以使用网络分析中的最短路模型来求解。

先来考虑问题1的决策变量。设 $x_{ij} \in \{0, 1\}$,如果路径 v_i—v_j 被选为最短路中的一部分,则 $x_{ij}=1$,否则 $x_{ij}=0$。对于结点自身,即当 $i=j$ 时,$x_{ij}=0$。则问题1的目标函数可以表示为

$$Z = x_{11} + 2x_{13} + 3x_{14} + 3x_{25} + 2x_{36} + 2x_{46} + 4x_{57} + 2x_{67}$$

问题1的约束条件主要涉及流量的守恒问题,也即汽车配件要离开工厂,要么选择路径 v_1—v_2,要么选择路径 v_1—v_3,要么选择路径 v_1—v_4,因此,结点 v_1 的约束应该是

$$x_{11} + x_{13} + x_{14} = 1$$

对结点 v_2,汽车配件从路径 v_1—v_2 进入,从路径 v_2—v_5 离开,其约束可以表示为

$$x_{12} = x_{25} \quad 即 \quad x_{12} - x_{25} = 0$$

同理,对结点 v_3,其约束可以表示为

$$x_{13} - x_{35} - x_{36} = 0$$

其他结点的约束条件类似,则问题1的数学模型可以表示为

$$\min Z = x_{11} + 2x_{13} + 3x_{14} + 3x_{25} + 2x_{36} + 2x_{46} + 4x_{57} + 2x_{67}$$

$$\text{s.t.} \begin{cases} x_{11} + x_{13} + x_{14} = 1 \\ x_{12} - x_{25} = 0 \\ x_{13} - x_{35} - x_{36} = 0 \\ x_{14} - x_{46} = 0 \\ x_{25} + x_{35} - x_{57} = 0 \\ x_{36} + x_{46} - x_{67} = 0 \\ x_{57} + x_{67} = 1 \\ x_{ij} \in \{0,1\}, \quad i=1,2,\cdots,7, j=1,2,\cdots,7 \end{cases}$$

该模型是一个典型的整数线性规划模型,可以使用 Excel 软件中的【规划求解】宏来求解。具体操作如下:首先新建一个 Excel 工作表,按照图6-6所示输入相应的数据。

然后按照图6-7(a)所示在单元格中输入相应的公式,在【规划求解参数】对话框中按照图6-7(b)输入约束条件。

单击【求解】按钮,可以得到如图6-8所示的优化结果。

根据图6-8的优化结果,可以看到最短路径为 $v_1 \to v_3 \to v_6 \to v_7$,所用的最短时间为6天。

2. 问题2

问题2要求使工厂、转运点和位于西雅图的配送中心之间的信息网络建立成本最低

	A	B	C	D	E	F	G	H
1	问题1：最短路模型							
2								
3								
4	选择的路径	结点		结点	所需时间		结点	网络流
5	0	1	→	2	1		1	0
6	0	1	→	3	2		2	0
7	0	1	→	4	3		3	0
8	0	2	→	5	3		4	0
9	0	3	→	5	1		5	0
10	0	3	→	6	2		6	0
11	0	4	→	6	2		7	0
12	0	5	→	7	4			
13	0	6	→	7	2			
14				总时间	0			

图 6-6　数据录入

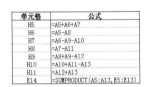

单元格	公式
H5	=A5+A6+A7
H6	=A5−A8
H7	=A6−A9−A10
H8	=A7−A11
H9	=A8+A9−A12
H10	=A10+A11−A13
H11	=A12+A13
E14	=SUMPRODUCT(A5:A13,E5:E13)

(a) 相关公式

(b) 约束条件

图 6-7　约束条件和相关公式

	A	B	C	D	E	F	G	H
1	问题1：最短路模型							
2								
3								
4	选择的路径	结点		结点	所需时间		结点	网络流
5	0	1	→	2	1		1	1
6	1	1	→	3	2		2	0
7	0	1	→	4	3		3	0
8	0	2	→	5	3		4	0
9	0	3	→	5	1		5	0
10	1	3	→	6	2		6	0
11	0	4	→	6	2		7	1
12	0	5	→	7	4			
13	1	6	→	7	2			
14				总时间	6			

图 6-8　优化结果

的路径。由于信息网络中各个结点都必须连通，因此该问题可以用网络分析中的最小生成树模型来求解。

网络的最小生成树可以用破圈法和避圈法求得。在这里使用破圈法，可以迅速得到此网络的最小生成树（图6-9(d)）。图6-9(a)～图6-9(d)给出了最小生成树的求解步骤，读者可以尝试使用避圈法求解此问题。

3. 问题3

根据问题3的描述，欲使从工厂运送到位于西雅图的配送中心的供应配件最多，即网络上的流量最大，可以使用网络分析中的最大流模型来求解。

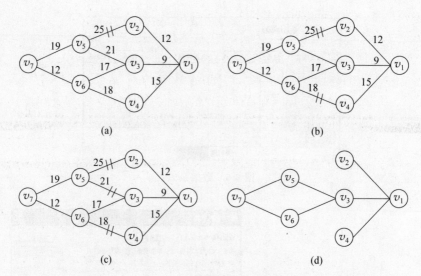

图 6-9 破圈法过程示意图

先来考虑问题 3 的决策变量，即任意两个结点形成的路径上的流量。在这里，设 x_{ij} 表示路径 v_i—v_j 上的流量。

由于目标是要求网络上的流量最大，不妨设网络上的总流量为 v。

约束条件与问题 2 类似，即每个结点的流入、流出量要一致。对于结点 1，要求从它流出的所有流量之和等于网络总流量 v。因此，结点 1 的约束条件可以写成

$$v - x_{12} - x_{13} - x_{14} = 0$$

类似地，结点 2 的约束可以写成

$$x_{12} - x_{25} = 0$$

其他结点的约束均类似，在此不再赘述。

除此之外，还应当考虑两个结点形成的路径上的运输能力，对于路径 v_1—v_2，应有

$$x_{12} \leqslant 50$$

其他路径上的约束类似，则问题 3 的数学模型可以表示为

$$\max v$$

$$\text{s.t.} \begin{cases} v - x_{12} - x_{13} - x_{14} = 0 \\ x_{12} - x_{25} = 0 \\ x_{13} - x_{35} - x_{36} = 0 \\ x_{14} - x_{46} = 0 \\ x_{25} + x_{35} - x_{57} = 0 \\ x_{36} + x_{46} - x_{67} = 0 \\ v - x_{57} - x_{67} = 0 \\ x_{12} \leqslant 50, \quad x_{13} \leqslant 70, \quad x_{14} \leqslant 40 \\ x_{25} \leqslant 60, \quad x_{35} \leqslant 40, \quad x_{36} \leqslant 50 \\ x_{46} \leqslant 30, \quad x_{57} \leqslant 80, \quad x_{67} \leqslant 70 \\ x_{ij} \geqslant 0, \text{且为整数 } i = 1, 2, \cdots, 7, j = 1, 2, \cdots, 7 \end{cases}$$

该模型同样是一个整数线性规划模型,求解步骤和最短路的求解方法类似,具体过程在此不再赘述。图 6-10(a)给出了初始的 Excel 工作表,图 6-10(b)和(c)分别给出了需要输入的公式和添加的约束条件。最终得到的优化结果如图 6-11 所示,可以看到,当 $x_{12}=50, x_{13}=70, x_{14}=30, x_{25}=50, x_{35}=30, x_{36}=40, x_{46}=40, x_{57}=80, x_{67}=70$ 时,网络上的流量最大,也即从工厂运输到位于西雅图的配送中心的汽车配件最多,为 150 箱。

(a) 数据录入

(b) 相关公式

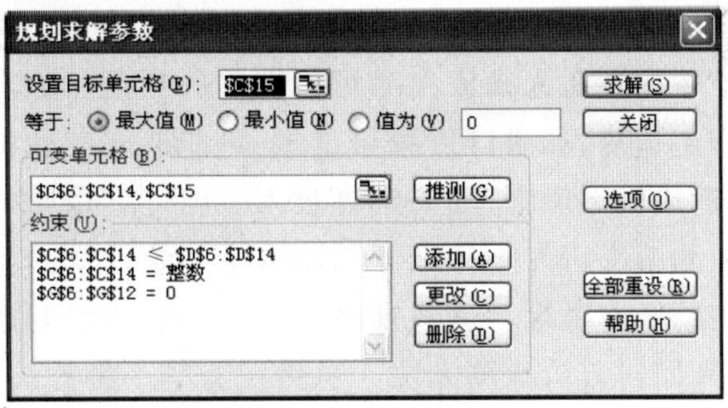

(c) 约束条件

图 6-10　数据录入、相关公式与约束条件

图 6-11　优化结果

6.2.3　结束语

本案例运用网络分析中的最短路模型、最小生成树模型和最大流模型解决了 M 公司

在经营管理中汽车配件的配送问题与信息网络建设问题。一直以来,物资的配送调度问题都是企业管理人员所关注的重要问题之一。将图论中的网络模型运用到企业的实际问题中,可以快速、有效地解决这些实际问题。

当然,实际问题要比本案例所介绍的问题复杂得多,在进行方案优化的时候,需要将问题抽象成一个合理的网络模型,这就需要管理人员对实际问题认真进行调查、分析。而且,优化得到的方案也需要管理人员对优化结果进行仔细分析,这样才能得到更为科学的决策结果,从而给企业带来更好的效益。

最后要强调的是,网络模型的求解方法有很多,如最短路问题可以使用 Dijkstra 标号法快速求得,最小生成树问题还可以用避圈法来求解,最大流问题可以使用 Ford-Fulkerson 等方法求解。本案例中最短路模型和最大流模型的求解借助了 Excel 中【规划求解】宏来完成,但是当问题规模较大的时候,运用专业的网络优化软件或者编写计算机程序来求解问题将会更加有效。

6.3 预测分析综合案例

决策者经常需要在未来状况未知的条件下作出决策。为了作出更科学的决策,决策者往往希望能够对未来作出尽可能准确的预测。如在确定订货数量之前,要先对下个月的产品作出预测,如果订货数量过多,可能造成产品积压,增加库存成本;如果订货数量过少,可能造成供不应求,降低销售收入。但一直以来,决策者经常根据自己的看法和历史经验来预测未来将发生什么。随着数学和统计学的不断发展,许多定量的预测方法逐渐被用于辅助企业决策。这些预测方法主要包括时间序列预测方法(如移动平均法和指数平滑法)和回归分析预测方法。虽然没有哪一种方法技术可以完全准确地预测未来,但实践已经证明,这些预测方法可以为企业的决策提供可靠的依据。

6.3.1 案例背景

DUTCorp 是一家计算机销售公司,主要出售计算机和外部设备及软件。由于该公司位于该地大学城所在的城镇,并且在销售中经常给客户很多折扣,吸引了大量的客户。

随着 DUTCorp 销售规模不断的扩大,在销售过程中暴露出的一些问题引起了经理 Mark 的注意。问题是这样的,DUTCorp 每年都要提前向供货商说明所需产品的供货量,以便供货商安排生产计划。以往销售量都是根据上年的销售量来确定,但 Mark 发现每年的产品销量波动较大,如 1994 年打印机的销量为 355 台,1995 年打印机的销量为 286 台,而 1996 年的销量又上升为 379 台。所以,对未来年份销量的预测就成了需要 Mark 解决的一个难题,因为如果预测数量过高,会提高库存成本;预测数量过少,会造成产品短缺,降低销售利润。为此,Mark 找到了公司新聘任的营销经理 John,和他讨论下一年(2006 年)打印机的订货量问题。

John 毕业于某大学工商管理专业(MBA),主攻方向为市场调查与预测。John 分析了 Mark 提出的问题之后说:"我们确实不应该按照原来的方法预测来年的需求,因为事实已经证明,这种方法给我们带来了许多不必要的损失,我觉得我们应该对近些年的销售数据进行综合分析,这样预测出的结果才会更科学。"

Mark 说:"正好你以前的主攻方向是市场调查与预测,你看看可不可以用你所学到的那些预测方法来预测公司明年的打印机销售量呢?"

John 说:"我觉得应该没有问题,我大致看了下公司这些年的销售数据,完全可以用时间序列预测和回归分析的方法来对明年的销售量作出预测。"

Mark 说:"那好,这件事就交给你去办了,希望我们公司明年不会再有这样那样无谓的损失。"

John 认为,打印机的销售量可能与打印机的价格和个人计算机的销量有关,因此,他收集了公司过去 15 年的计算机和打印机的销售数据,如表 6-4 所示。

表 6-4 DUTCorp 相关销售数据

序号	年份	打印机销量/台	个人计算机销量/台	打印机平均价格/元
1	1991	295	1 232	2 350
2	1992	283	1 354	2 450
3	1993	322	1 574	2 250
4	1994	355	1 512	2 150
5	1995	286	1 525	2 400
6	1996	379	1 641	1 950
7	1997	381	1 697	1 825
8	1998	431	1 328	1 750
9	1999	424	1 486	1 800
10	2000	473	2 012	1 750
11	2001	470	1 854	1 775
12	2002	481	1 845	1 825
13	2003	449	2 105	1 750
14	2004	544	2 110	1 700
15	2005	530	2 167	1 725

现在假设你是 John,你决定用多少种预测方法对来年的销售量进行预测?

问题 1:用线性趋势预测法预测来年的打印机销售量。

问题 2:使用移动平均模型和指数平滑模型对来年的打印机销量进行预测。

问题 3:如果来年个人计算机销售量为 2 300 台,打印机的平均价格为 1 850 元,使用回归分析对来年的打印机销售量进行预测。

6.3.2 案例分析

1. 线性趋势预测

观察表 6-4 中的打印机销售量数据,可以发现在这 15 年里,打印机的销售数量存在明显的线性趋势,因此,可以使用线性趋势预测法对来年的打印机销售数量进行预测。

设 t 表示时间(序号),y_t 表示在第 t 年打印机的销售量,则可以建立起二者的线性趋势方程为

$$y_t = a + bt$$

线性趋势方程的参数可以用线性回归的最小二乘法来计算,在这里使用 Excel 中【数据分析】宏中的【回归】来估计方程的参数。

在新建立的 Excel 工作表中,在单元格 A5：D19 中输入表 6-4 中的数据。在【工具】菜单中选定【数据分析】,再单击【回归】,打开【回归】对话框,分别在 Y 值输入区域和 X 值输入区域输入 B2：B17 和 A2：A17,同时勾选【标志】选项。为了对比观察预测的效果,勾选【残差】和【线性拟合图】选项,然后单击【确定】按钮,即可得到如图 6-12 所示的结果。

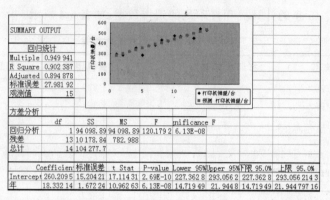

图 6-12　线性趋势分析结果

图 6-12 中的 G19 和 G20 单元格的数据即是参数 a 和 b 的估计值,因此,y_t 和 t 的线性趋势方程可以写作

$$\hat{y}_t = 260.209\,5 + 18.332\,1\,\hat{t}$$

由图 6-12 中的线性拟合图也可以看出,拟合趋势很好,因此,可以快速地预测出来年 ($t=16$) 打印机的销售量为 553 台。

2. 移动平均法、指数平滑法预测

本案例中打印机销售量数据属于典型的时间序列数据,因此也可以使用移动平均法和指数平滑法来对来年的打印机销售量进行预测。

1) 移动平均法预测

移动平均法预测主要是用过去的但是是最近一段时间的数据来预测,从而消除仅用一期数据预测所带来的随机上升和下降。

下面使用 Excel 软件中【数据分析】宏中的【移动平均】来预测 DUTCorp 公司来年打印机的销售量。新建一个 Excel 工作表,按照图 6-13 输入数据,然后在【数据分析】宏中找到【移动平均】,在输入区域中选择 $B$5：$B$19,间隔分别选 3 和 5,并选定【标准误差】和【图标输出】,单击【确定】按钮,则可以得到数据的三期和五期移动平均预测值,如图 6-13 所示。

从图 6-13 中可以看出,使用三期移动平均预测,来年的打印机销售量预测值约为 508 台;使用五期移动平均预测,来年的打印机销售量预测值约为 494 台。

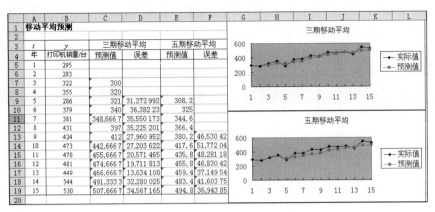

图 6-13　移动平均法预测

2）指数平滑法预测

指数平滑法预测也是一种平均方法，这种方法一般赋予最近的数据更大的权重，这样，预测会对数据的最近改变有更好的反应。

下面使用 Excel 软件中【数据分析】宏中的【指数平滑】来预测该公司来年打印机的销售量。操作步骤与移动平均类似，在【数据分析】宏中找到【指数平滑】，在输入区域中选择 $B$5：$B$19，阻尼系数分别输入 0.7 和 0.6（阻尼系数＝1－平滑系数），并选定【标准误差】和【图标输出】，单击【确定】按钮，则可以得到该数据的指数平滑预测值，如图 6-14 所示。

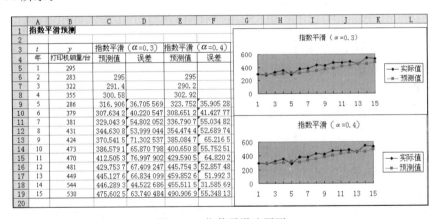

图 6-14　指数平滑法预测

从图 6-14 中可以看出，平滑系数分别取 0.3 和 0.4 的时候，使用指数平滑法预测，来年的打印机销售量预测值分别为 476 台和 491 台。

3. 回归分析

案例中，John 认为打印机的销售量可能与打印机的价格和个人计算机的销售量有关，因此，先来分析几个变量之间的相关系数。

用 y 表示打印机的销售量，用 x_1 表示个人计算机销售量，用 x_2 表示打印机的平均销售价格，则使用Excel软件中的【数据分析】宏的【相关系数】功能，可以快速求得y、x_1和x_2之间的相关系数，如表6-5所示。

表6-5 相关系数计算

相关系数	y	x_1	x_2
y	1		
x_1	0.808 68	1	
x_2	−0.918 6	−0.684 6	1

由相关系数来看，y与x_1和x_2存在着较强的线性关系，因此，可以建立y与x_1和x_2的回归模型。设回归模型为

$$y = \alpha + \beta_1 x_1 + \beta_2 x_2$$

下面使用Excel中【数据分析】宏中的【回归】来估计回归方程的参数。具体操作步骤与线性趋势预测类似，在此不再赘述。使用Excel进行回归，得到的结果如图6-15所示。

```
SUMMARY OUTPUT

回归统计
Multiple      0.951 147
R Square      0.904 68
Adjusted      0.888 793
标准误差       28.780 44        ŷ = 667.89 + 0.095 82x̂₁ − 0.215 7x̂₂
观测值         15

方差分析
              df      SS          MS         F          Significance F
回归分析        2    94 337.97   47 168.98  56.945 79    7.500 8E−07
残差           12    9 939.766   828.313 8
总计           14    104 277.7

            Coefficien 标准误差   t Stat    P-value    Lower 95%    Upper 95% 下限 95.0%   上限 95.0%
Intercept   667.888 1  123.494   5.408 266 0.000 158  398.817 917 4 936.958 3  398.817 9  936.958 325 2
x1          0.095 825  0.034 626 2.767 42  0.017 043  0.020 381 086 0.171 268  0.020 381  0.171 268 02
x2         −0.215 73   0.038 399 −5.618 12 0.000 113 −0.299 396 144 −0.132 07 −0.299 4   −0.132 066 681
```

图6-15 回归分析结果

图6-15中的B38、B39和B40单元格的数据即是参数α、β_1和β_2的估计值。因此，y与x_1和x_2的回归方程可以写作

$$\hat{y} = 667.89 + 0.095\,82\,\hat{x}_1 - 0.215\,7\,\hat{x}_2$$

当来年个人计算机销售量为2 300台、打印机的平均价格为370美元时，可以计算得到，来年打印机的销售量约为489台。

6.3.3 结束语

本案例使用线性趋势预测法、移动平均预测法、指数平滑预测法和回归分析对DUTCorp来年的打印机销售量作出了预测。这些预测方法由于简单易用、成本不高，目前在企业的经营中已经得到了普遍应用。

此外，本案例在进行预测的时候，考虑的因素较为简单，实际的时间序列一般还存在季节性和周期性因素，如果把这些因素考虑在内，得到的预测结果可能会更加准确。

最后，从本案例的预测结果可以看出，每种预测方法都有自己的适用范围，不同的预测方法得出的预测结果也可能会存在很大的差异，要想得到更为准确、更为科学的预测结果，就需要经营管理人员充分了解数据的特性，并根据数据的特性来选

择合适的预测方法。这样，得到的预测结果才会尽可能地准确，才能更好地辅助决策。

6.4 决策分析综合案例

现实中的很多决策问题，都是在不确定情况下作出的。如对一家公司来说，下个月的产品需求量可能不是 100 单位，而是为 50～200 单位，其具体数值取决于市场的状态，而市场的状态是不确定的。当企业面临这样的情况时应当如何决策才更为科学，成为困扰决策者的一个难题之一。随着运筹学和管理科学的不断发展，出现了各种不确定性决策分析方法，这类方法主要着眼于解决不确定状态下的决策问题，在企业经营管理中也已经得到了广泛的应用，并且产生了巨大的效益。

6.4.1 案例背景

DLSoft 公司是一家软件公司，公司主要通过网络向客户销售产品。公司产品销售的主要流程是：公司在网上给出软件的试用版，供用户免费下载使用，用户在试用期内使用测试，觉得满意便可购买正式版继续使用。

DLSoft 公司新开发出了一种新产品 B，在当前软件行业竞争如此激烈的形势下，如不抓紧推向市场，公司将会错失先机，毕竟公司在 B 产品的开发上投入了大量的资金和人力。但 B 产品的定价到底多少合适让公司经理 Tom 伤透了脑筋。思考再三，他找来了产品推广部经理 Kevin。

Tom 说："我们得尽快制定出一个合理的价格，将 B 产品推向市场。时间不等人啊，如果迟了，我们的损失可就大了。"

Kevin 说："是啊，我也一直在考虑这个问题呢。"

Tom 说："我目前考虑了三种定价方案：一是售价 50 美元，这样可以最大化我们的销售利润；二是售价 40 美元，这样我们可以获得更多的市场份额；三是售价 45 美元，兼顾这两方面。每种方案看起来都不错，所以很难选择。为此，我找人收集了我们行业的一些数据，你回去好好研究一下，看看有没有什么思路，明天我们再讨论。"

Tom 收集的这些数据的主要内容是三张表，表 6-6 给出了当产品定价为 50 美元时，在不同市场竞争状态下同类产品销售量为 5 万份、3 万份和 2 万份的概率。

表 6-6

销售量/万份	市场竞争		
	严重	中等	一般
5	0.2	0.25	0.3
3	0.25	0.3	0.35
2	0.55	0.45	0.35

表 6-7 给出了当产品定价为 45 美元时,在不同市场竞争状态下同类产品销售量为 5 万份、3 万份和 2 万份的概率。

表 6-7

销售量/万份	市场竞争		
	严重	中等	一般
5	0.25	0.3	0.4
3	0.35	0.4	0.5
2	0.4	0.3	0.1

表 6-8 给出了当产品定价为 40 美元时,在不同市场竞争状态下同类产品销售量为 5 万份、3 万份和 2 万份的概率。

表 6-8

销售量/万份	市场竞争		
	严重	中等	一般
5	0.45	0.4	0.5
3	0.4	0.5	0.45
2	0.15	0.1	0.05

Kevin 看了这些数据,思考了一下,他觉得有思路了。

第二天一早,Kevin 就踏入了 Tom 的办公室,他对 Tom 说:"根据目前的情况来看,我认为可以作一次市场调查,以对我们当前面临的市场竞争状态进行预测分析。我和 C 公司联系过了,他们说一周内可以给出一个详细的调查结果。"

Tom 说:"调查费用需要多少?"

Kevin 说:"差不多得 1 万美元,我觉得差不多,挺合理的。"

Tom 沉思了一下说:"你有没有关于这家公司市场调查质量的相关数据?"

Kevin 说:"C 公司的调查质量还是不错的。在以往的调查中,当市场竞争实际为严重时,C 公司预测为严重的概率为 80%,预测为中等的概率为 15%;当市场竞争实际为中等时,C 公司预测为严重的概率为 15%,预测为中等的概率为 80%;当市场竞争实际为一般时,C 公司预测为严重的概率为 3%,预测为中等的概率为 7%,预测为一般的概率为 90%。"

Tom 说:"你对市场竞争形势有没有一个初步的估计?"

Kevin 说:"有的。根据公司以往的销售经验,当产品面市之后,市场竞争激烈的概率为 20%,市场竞争为中等的概率为 70%,市场竞争状态为一般的概率为 10%。"

Tom 说:"你心里有谱了吗?"

Kevin 说:"我以前读工商管理硕士的时候,曾经学习过管理决策方法课程,根据目前获得的这些信息,我相信可以作出一个合理的决策。"

Tom 说："那好，你抓紧时间，等有结果了我们再讨论一下。"

现在假设你是 Kevin，你决定使用管理决策方法课程中学到的决策分析知识对该问题作出决策。

问题 1：不考虑市场竞争状态的概率，B 产品应当如何定价？

问题 2：考虑市场竞争状态的概率，B 产品应当如何定价？

问题 3：公司是否应该委托 C 公司对 B 产品的市场竞争状态进行调查？如果不行，那么公司可以接受的调查费用是多少？

6.4.2 案例分析

1. 问题 1

在不考虑市场竞争状态概率的情况下，对产品的定价策略作出选择，可以视作无概率决策问题，因此，可以根据决策者的偏好，使用乐观准则、悲观准则、等可能准则和最小后悔值准则进行决策。

首先计算，不同定价方案下，B 产品在各竞争状态下的期望收益。

当 B 产品定价为 50 美元时，在各竞争状态下的期望收益为

$$P(高) = (0.2 \times 5 + 0.25 \times 3 + 0.55 \times 2) \times 50 = 142.5 (万美元)$$
$$P(中) = (0.25 \times 5 + 0.3 \times 3 + 0.45 \times 2) \times 50 = 152.5 (万美元)$$
$$P(低) = (0.3 \times 5 + 0.35 \times 3 + 0.35 \times 2) \times 50 = 162.5 (万美元)$$

同理，可以求得 B 产品定价分别为 45 美元和 40 美元时，在各竞争状态下的期望收益如表 6-9 所示。

表 6-9

价格	市场竞争		
	严重	中等	一般
50	142.5	152.5	162.5
45	139.5	148.5	166.5
40	150	148	158

（1）如果决策者属于风险偏好型，则可以选择乐观准则，计算结果如表 6-10 所示。

表 6-10

定价	市场竞争			最大收益
	严重	中等	一般	
50	142.5	152.5	162.5	162.5
45	139.5	148.5	166.5	166.5
40	150	148	158	158

根据乐观准则，B产品应该定价为45美元。

（2）如果决策者是风险回避型，则选用悲观准则，计算结果如表6-11所示。

表 6-11

定价	市场竞争			最小收益
	严重	中等	一般	
50	142.5	152.5	162.5	142.5
45	139.5	148.5	166.5	139.5
40	150	148	158	148

根据乐观准则，B产品应该定价为40美元。

（3）若决策者认为各种状态的出现概率均等，可以选用等可能准则，计算结果如表6-12所示。

表 6-12

定价	市场竞争			收益
	严重	中等	一般	
50	142.5	152.5	162.5	152.5
45	139.5	148.5	166.5	151.5
40	150	148	158	152

根据等可能准则，B产品应该定价为50美元。

（4）若决策者对机会损失较为敏感，可以选用最小后悔值准则进行决策。首先计算后悔值矩阵 H：

$$H = \begin{bmatrix} 7.5 & 0 & 4 \\ 10.5 & 4 & 0 \\ 0 & 4.5 & 8.5 \end{bmatrix}$$

根据最小后悔值准则，可知B产品应该定价为50美元。

2. 问题2

若市场竞争状态的概率已知，对产品的定价策略作出选择，可以视作风险型决策问题，可以根据最大可能性准则和期望值准则进行决策。

不同定价方案下，各市场竞争状态下的期望收益值及市场竞争状态概率的如表6-13所示。

（1）最大可能性准则，由于市场竞争状态为中等的概率最高，为70%，在此状态下，定价50美元，收益值最大，因此根据最大可能性准则，B产品应该定价为50美元。

（2）期望值准则，先计算各定价方案下，B产品的期望收益，可得

表 6-13

定价	市场竞争			期望收益
	严重(20%)	中等(70%)	一般(10%)	
50	142.5	152.5	162.5	152.5
45	139.5	148.5	166.5	151.5
40	150	148	158	152

$E(50) = 0.2 \times 142.5 + 0.7 \times 152.5 + 0.1 \times 162.5 = 151.5$(万美元)

$E(45) = 0.2 \times 139.5 + 0.7 \times 148.5 + 0.1 \times 166.5 = 148.5$(万美元)

$E(40) = 0.2 \times 150 + 0.7 \times 148 + 0.1 \times 158 = 149.4$(万美元)

因此,根据期望值收益准则,B产品应该定价为50美元。

3. 问题3

问题3中由于涉及通过市场调查对B产品面临的市场竞争状态概率进行修正,因此问题3属于典型的贝叶斯决策问题。

不妨用s_1、s_2、s_3分别表示市场实际竞争状态为严重、中等、一般;用θ_1、θ_2、θ_3分别表示通过调查后认为市场竞争状态为严重、中等、一般。则根据贝叶斯公式,可以计算得到问题的后验概率,如表6-14所示。

表 6-14

s_i	(1)	(2)			(3)=(1)×(2)			(4)=(3)/$P(\theta_j)$		
	$P(s_i)$	$P(\theta_1\|s_i)$	$P(\theta_2\|s_i)$	$P(\theta_3\|s_i)$	$P(\theta_1 s_i)$	$P(\theta_2 s_i)$	$P(\theta_3 s_i)$	$P(s_i\|\theta_1)$	$P(s_i\|\theta_2)$	$P(s_i\|\theta_3)$
s_1	0.2	0.8	0.15	0.05	0.16	0.03	0.01	0.597	0.05	0.074
s_2	0.7	0.15	0.8	0.05	0.105	0.56	0.035	0.392	0.938	0.259
s_3	0.1	0.03	0.07	0.9	0.003	0.007	0.09	0.011	0.012	0.667
					$P(\theta_1)=$ 0.268	$P(\theta_2)=$ 0.597	$P(\theta_3)=$ 0.135			

绘制问题3的决策树,如图6-16所示。从图6-16中的决策树可以看出,如果对B产品的市场竞争状态进行调查,净收益为152.41−1=151.41(万美元);若不对B产品的市场竞争状态进行调查,净收益为151.5(万美元),因此,不值得花费1万美元用于对市场竞争状态进行调查,可根据期望值准则定价50美元。

当然,公司可以通过谈判,将市场调查的成本降到152.41−151.5=0.91(万美元)以下,此时,对B产品的市场竞争状态进行调查是值得的。也即公司可以接受的调查预测费用最高为0.91万美元。

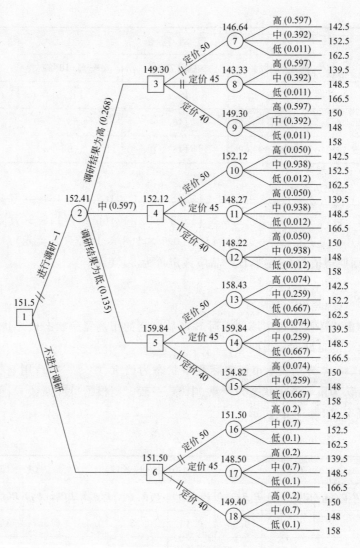

图 6-16 决策树

6.4.3 结束语

本案例综合运用了决策分析中的不确定决策（乐观准则、悲观准则、等可能准则和最小后悔值准则）、风险型决策（最大可能性准则和期望值准则）和贝叶斯决策方法，对 DLSoft 公司 B 产品的定价问题作了分析。从分析结果可以看出，决策结果与问题面临的状态和决策者的偏好，是否愿意花费一定的代价获得后验信息有着密切的关系。

不确定条件下的决策问题属于决策科学中的一个难题，决策者要想得到真正最优的决策方案，除了会使用这些决策准则及相应的软件工具之外，也需要决策者能够正确地认识问题、分析问题，从而抓住问题的本质。唯有如此，得到的决策结果才可能更为科学，才能给企业带来更大的利润价值。

参 考 文 献

[1] 戴维·R.安德森,丹尼斯·J.斯维尼,托马斯·A.威廉斯.2003.数据、模型与决策(第 10 版).于森等译.北京:机械工业出版社

[2] Hamdy A.Taha.2008.运筹学导论:初级篇(第 8 版).薛毅,刘德刚,朱建明等译.北京:人民邮电出版社

[3] Peter C. Bell.2000.管理科学(运筹学).韩伯棠等译.北京:机械工业出版社

[4] 韩大卫.2009.管理运筹学:模型与方法.北京:清华大学出版社

[5] 韩大卫.2006.MBA 管理运筹学(第 5 版).大连:大连理工大学出版社

[6] 蔡美德,徐剑虹.1986.管理决策分析.广州:华南理工大学出版社

[7] 董肇君.2003.系统工程与运筹学.北京:国防工业出版社

[8] 傅国华.2005.管理学原理.广州:华南理工大学出版社

[9] 韩伯棠.2000.管理运筹学.北京:高等教育出版社

[10] 韩伯棠.2005.管理运筹学(第 2 版).北京:高等教育出版社

[11] 《运筹学》教材编写组.2005.运筹学(第 3 版).北京:清华大学出版社

[12] 何坚勇.2000.运筹学基础.北京:清华大学出版社

[13] 江道琪,何建坤,陈松华.2006.实用线性规划方法及其支持系统.北京:清华大学出版社

[14] 刘金冷.1998.预测与决策技术——原理及应用软件设计.天津:天津科学技术出版社

[15] 刘心报.2009.决策分析与决策支持系统.北京:清华大学出版社

[16] 宁宣熙,刘思峰.2008.管理预测与决策方法.北京:科学出版社

[17] 茹少峰,申卯兴.2008.管理运筹学.北京:清华大学出版社

[18] 陶菊春,吴劲锋.2006.信息分析:预测与决策.甘肃:兰州大学出版社

[19] 谢金星,薛毅.2005.优化建模与 LINDO/LINGO 软件.北京:清华大学出版社

[20] 徐玖平,胡知能,李军.2008.运筹学(Ⅱ类)(第 2 版).北京:科学出版社

[21] 阳明盛,熊西文,林建华.2003.MATLAB 基础及数学软件.大连:大连理工大学出版社

[22] 张世英.1994.技术经济预测与决策.天津:天津大学出版社

[23] 谢金星,邢文训.2000.网络优化(第 1 版).北京:清华大学出版社

[24] 杜端甫.1990.运筹图论(第 1 版).北京:北京航空航天大学出版社

[25] 戴维·R.安德森,丹尼斯·J.斯威尼,托马斯·A.威廉斯.2006.数据、模型与决策(第 11 版).侯文华译.北京:机械工业出版社

[26] 胡运权.2004.运筹学基础及应用(第 4 版).北京:高等教育出版社

[27] 徐玖平,胡知能.2009.运筹学——数据 模型 决策(第 2 版).北京:科学出版社

[28] 李丽明,王众托,王延章.1991.一种类神经元网络模型及其学习算法初探.第一届全国青年管理科学与系统科学研讨会

[29] 刘起运.1993.经济系统规划方法和模型.北京:中国统计出版社

[30] 刘起运,陈璋,苏汝劼.2006.投入产出分析.北京:中国人民大学出版社

[31] 郭崇慧,唐焕文.2001.宏观经济智能预测模型体系研究.运筹与管理,10(4):1~8

[32] 唐焕文,贺明峰.2005.数学模型引论(第 3 版).北京:高等教育出版社

[33] 胡运权.2003.运筹学教程(第 2 版).北京:清华大学出版社

[34] 岳超源.2003.决策理论与方法.北京:科学出版社

[35] 简祯富.2007.决策分析与管理.北京：清华大学出版社
[36] 张维迎.2004.博弈论与信息经济学.上海：上海人民出版社
[37] 于英川.2005.现代决策理论与实践.北京：科学出版社
[38] 泰勒.2008.数据、模型与决策(第9版).侯文华等译.北京：机械工业出版社
[39] Hillier F S，Hillier M S. 2003. Introduction to Management Science：A Modeling and Case Studies Approach with Spreadsheets(Second Edition). McGraw Hill
[40] 贾俊平.2006.统计学原理(第2版).北京：清华大学出版社
[41] 叶向.2007.实用运筹学：运用Excel建模和求解.北京：中国人民大学出版社
[42] 吴建春.1996.数学规划.北京：中国水利水电出版

教师服务

感谢您选用清华大学出版社的教材！为了更好地服务教学，我们为授课教师提供本书的教学辅助资源，以及本学科重点教材信息。请您扫码获取。

》 教辅获取

本书教辅资源，授课教师扫码获取

》 样书赠送

企业管理类重点教材，教师扫码获取样书

 清华大学出版社

E-mail: tupfuwu@163.com
电话: 010-83470332 / 83470142
地址: 北京市海淀区双清路学研大厦 B 座 509

网址: http://www.tup.com.cn/
传真: 8610-83470107
邮编: 100084